国家出版基金项目
NATIONAL PUBLICATION FOUNDATION

新时代马克思主义教育理论创新与发展研究丛书

总主编 靳 诺
执行主编 翟 博 张 剑

坚持深化教育改革创新

樊 伟等 著

中国人民大学出版社
· 北京 ·

编 委 会

总　序

（一）

党的十八大以来，以习近平同志为主要代表的中国共产党人高举马克思主义伟大旗帜，深入总结中国共产党成立100年来的历史经验，全面概括新中国成立70多年来我国建设社会主义的历史成就，系统汲取改革开放40多年来中国特色社会主义的理论营养，深刻揭示共产党执政规律、社会主义建设规律和人类社会发展规律，逐步发展、形成了习近平新时代中国特色社会主义思想。党的十九大把习近平新时代中国特色社会主义思想确立为我们党必须长期坚持的指导思想并庄严地写入党章。第十三届全国人民代表大会第一次会议通过宪法修正案，郑重地把习近平新时代中国特色社会主义思想载入宪法。习近平新时代中国特色社会主义思想，是新时代中国共产党的思想旗帜，是国家政治生活和社会生活的根本指针，是当代中国马克思主义、21世纪马克思主义。

教育是国之大计、党之大计。习近平总书记高度重视教育在国家发展、民族复兴、人民幸福总体战略中的基础性、全局性、先导性作用，对教育的功能、地位、方向、属性、任务、改革、科研、评价、法治、保障、队伍建设、对外开放、信息化，以及研究生教育、在教育领域加强党的全面领导等许多重大的、带有根本性的问题都作出了科学、系统的论述，对推进教育改革发展作出了一系列重大决策，对教育改革创新作出了一系列重大部署，为中国特色社会主义教育事业的发展指明了方向。

2018 年 9 月 10 日，全国教育大会在北京隆重召开。习近平总书记出席会议并发表了重要讲话。面对世界百年未有之大变局，面对新时代坚持和发展什么样的中国特色社会主义、怎样坚持和发展中国特色社会主义的重大时代课题，面对中国教育改革发展新的历史起点上的新的战略抉择，他旗帜鲜明地提出了教育“九个坚持”新理念新思想新观点，即坚持党对教育事业的全面领导，坚持把立德树人作为根本任务，坚持优先发展教育事业，坚持社会主义办学方向，坚持扎根中国大地办教育，坚持以人民为中心发展教育，坚持深化教育改革创新，坚持把服务中华民族伟大复兴作为教育的重要使命，坚持把教师队伍建设作为基础工作。

教育“九个坚持”对改革开放 40 多年来我们党领导中国特色社会主义教育事业改革发展的成功实践作出了科学总结，系统阐述了新时代关系我国教育事业改革发展的一系列方向性、全局性、战略性问题，是新时代习近平总书记关于教育工作的最集中、最全面、最系统的重要论述，集中反映了习近平总书记关于教育的重要论述的核心思想，是新时代我国教育事业改革发展的行动指南，是新时代马克思主义教育理论的创新与发展，把我们党对中国特色社会主义教育事业本质和规律的认识提升到了新的高度，为新时代我国深入推进教育领域综合改革、加快推进教育现代化、努力建设教育强国提供了科学思想指引和强大精神动力。

教育“九个坚持”全面体现了马克思主义理论和社会主义教育的历史逻辑，紧紧围绕培养什么人、怎样培养人、为谁培养人、谁来培养人这一根本问题，深刻回答了新时代坚持和发展什么样的中国特色社会主义教育、怎样坚持和发展中国特色社会主义教育等重大课题，全面反映了社会主义教育的本质和规律。教育"九个坚持"从教育的地位和作用、人的全面发展、教育与生产劳动相结合等理论维度出发，创新发展了马克思主义教育思想，开辟了中国特色社会主义教育理论新境界。

(二)

中国人民大学是新中国成立后建立的第一所新型正规大学，在中国人文社会科学研究领域独树一帜，是中国共产党扎根中国大地创办的新型高等教育的杰出代表。我们党 100 年来办教育的经验表明，新中国成立 70 多年来教育改革发展的伟大成就表明，改革开放 40 多年来中国特色社会主义教育的伟大实践表明，新时代我国教育改革创新的伟大探索表明：坚持扎根中国大地办教育，必须坚持马克思主义的指导地位，努力把高校建设成为学习、研究、宣传马克思主义的坚强阵地；坚持扎根中国大地办教育，必须加强党对教育事业的全面领导，把党的教育方针全面贯彻到学校工作的各个方面；坚持扎根中国大地办教育，必须以人民为中心办教育，努力办好人民满意的教育；坚持扎根中国大地办教育，必须坚持中国特色社会主义教育发展道路，办具有中国特色、世界水平的现代教育；坚持扎根中国大地办教育，必须把立德树人作为根本任务，培养德智体美劳全面发展的社会主义建设者和接班人。

中国人民大学的教育学科有着悠久的历史传统，传承了延安时期中国共产党建设马克思主义教育学的红色基因。以吴玉章先生、成仿吾先生等为代表的中国共产党的红色教育家和教育学家是开创我们党在现代正规大学中建设教育学科事业的先驱者。1950 年 10 月 3 日，以华北大学为基础合并组建的中国人民大学正式开办，设教育学教研室以及专修科教育班，在全国最早引进以马克思主义为指导的苏联教育家凯洛夫主编的《教育学》，招收了新中国第一届教育学硕士研究生。可以说，当时的中国人民大学是培养新中国马克思主义教育学家的摇篮，为新中国教育学科的建设与发展、马克思主义教育理论在中国的传播与研究作出了历史性贡献。长期以来，无论是在延安时期还是中华人民共和国成立以后，无论是在改革开放的新时期还是党的十八大以来的新时代，中国人民大学始终不忘历史，不忘初心，把继承我们党马克思主义教育学研究的历史传统、赓续红色基因作为自己的重要使命。

在新时代，我们深入研究、学习和领会习近平总书记教育“九个坚持”新理念新思想新观点，能够更加深刻地解释并更加全面地解答新时代坚持和发展什么样的中国特色社会主义教育、怎样坚持和发展中国特色社会主义教育等重大课题，同时也能够在世界百年未有之大变局中寻找指导教育改革创新和对外开放的战略思路，推动中国特色社会主义教育“走出去”，为世界教育发展提供中国经验、中国智慧和中国方案。深入研究、学习和领会习近平总书记教育“九个坚持”新理念新思想新观点，必须把握好以下几个维度：一是历史的维度。“九个坚持”是在继承马克思主义教育思想，科学总结我国社会主义教育特别是中国特色社会主义教育改革发展历史经验的基础上提出来的，是习近平新时代中国特色社会主义思想的有机组成部分。我们要用历史的眼光来研究、学习和领会“九个坚持”。二是问题的维度。“九个坚持”从新时代我国教育的战略定位、根本任务、根本宗旨、发展道路、依靠力量、领导核心等方面，系统阐述了我国教育事业改革发展的一系列方向性、全局性、战略性问题。我们要从新时代中国特色社会主义教育改革发展的实际出发研究、学习和领会“九个坚持”。三是国际的维度。“九个坚持”从推动构建人类命运共同体和人类文明对话与互鉴的高度，充分借鉴了世界各国和国际组织先进的教育改革发展理论和经验，也为世界提供了教育改革发展的中国经验与中国方案。我们要从国际视野出发研究、学习和领会“九个坚持”。四是未来的维度。“九个坚持”面向“两个一百年”奋斗目标，立足于实现教育现代化，建设教育强国，把服务中华民族伟大复兴作为教育的重要使命。我们要从建设社会主义现代化强国的未来目标出发研究、学习和领会“九个坚持”。

（三）

“新时代马克思主义教育理论创新与发展研究丛书”正是我们深入研究、学习和领会习近平总书记教育“九个坚持”新理念新思想新观点的一套代表作品，是一套力图深刻揭示教育“九个坚持”中蕴含的习近平新时代中国特色社会主义思想基础和社会主义教育事业发展规律、反映新时代马克思主义教育理论研究新成果的丛书，是一套关于新时代中国特色社会主义教育理论的创新之作，对研究和阐释习近平总书记关于教育的重要论述和习近平新时代中国特色社会主义思想具有重要意义。该丛书可以为新时代中国特色社会主义教育改革创新提供理论参照，可以为以人民为中心发展教育、办好人民满意的教育提供理论支撑。

丛书共有九本，分别对坚持党对教育事业的全面领导、坚持把立德树人作为根本任务、坚持优先发展教育事业、坚持社会主义办学方向、坚持扎根中国大地办教育、坚持以人民为中心发展教育、坚持深化教育改革创新、坚持把服务中华民族伟大复兴作为教育的重要使命、坚持把教师队伍建设作为基础工作等“九个坚持”的核心要义的理论价值和实践意义进行了系统阐释。一是重点阐述了教育“九个坚持”的历史背景，二是系统研究、深刻理解和把握了教育“九个坚持”的科学内涵，三是概括和分析了教育“九个坚持”的历史逻辑、理论创新和时代价值，四是阐释了教育“九个坚持”对马克思主义的继承、发展与创新，五是研究和提出了贯彻落实教育“九个坚持”的手段和途径。

2021 年是“十四五”规划的开局之年，是全面建设社会主义现代化国家新征程的开启之年，也恰逢中国共产党成立 100 周年。在这样一个特殊的历史时刻，希望“新时代马克思主义教育理论创新与发展研究丛书”的出版，能够全面总结我们党百年来的教育理论与实践经验，系统学习、研究习近平总书记关于教育的重要论述，重点展现新时代马克思主义教育理论研究的新成果，切实为支持与引领新时代我国的教育改革创新、发展新时代中国化马克思主义教育学作出新的理论贡献！

靳　诺

2021 年 5 月 12 日

前　言

教育是国之大计、党之大计。在 2018 年 9 月 10 日召开的全国教育大会上，习近平总书记发表重要讲话，就教育改革发展提出一系列新理念新思想新观点，可以概括为“九个坚持”：坚持党对教育事业的全面领导，坚持把立德树人作为根本任务，坚持优先发展教育事业，坚持社会主义办学方向，坚持扎根中国大地办教育，坚持以人民为中心发展教育，坚持深化教育改革创新，坚持把服务中华民族伟大复兴作为教育的重要使命，坚持把教师队伍建设作为基础工作。“坚持深化教育改革创新”作为“九个坚持”之一，既是对我国教育改革发展规律的科学升华，又为坚决破除制约教育事业发展的体制机制障碍指明了方向，对于加快推进教育现代化、建设教育强国、办好人民满意的教育具有重大战略意义。

一、教育改革创新必须明确改革永远是教育发展的根本动力

改革创新是时代发展的不竭动力，更是教育发展的时代主题。深化教育改革创新、推动新时代教育改革发展，是改革开放和社会主义现代化建设、促进人的全面发展和社会进步对教育提出的新的更高要求的持续响应，不仅是中华民族复兴的力量源泉，也是教育自身发展的方向与路径。

从我国教育发展的大历史来看，每一时期的教育发展都离不开改革。从党的十一届三中全会做出改革开放决策到党的十九大对新时代教育工作做出重大部署的整个历史过程，教育改革伴随始终。在改革开放初期，教育改革主要是在邓小平理论指引下进行重要的转型，通过采取拨乱反正、整顿秩序等措施，纠正了“文化大革命”时期所犯的严重错误。1983 年，邓小平提出“教育要面向现代化，面向世界，面向未来。”“三个面向”教育指导方针，为教育改革指明了方向。在教育改革发展期，在“三个代表”重要思想和科学发展观指引下，国家出台了科教兴国战略和《中华人民共和国义务教育法》《中华人民共和国教师法》《中华人民共和国教育法》等政策法规，实行了以教育体制为重点的一系列改革，包括各级各类教育体制改革、课程教学改革、普及义务教育、推进素质教育以及教师队伍建设等。在教育改革新阶段，主要是从党的十八大至今，在习近平新时代中国特色社会主义思想特别是习近平关于教育的重要论述指引下，国家全面深化教育领域综合改革。2013 年，党的十八届三中全会通过了《中共中央关于全面深化改革若干重大问题的决定》。2017 年 9 月，中共中央办公厅、国务院办公厅印发了《关于深化教育体制机制改革的意见》；10 月，党的十九大报告进一步强调了实行教育优先发展的方针。2018 年，习近平总书记在全国教育大会上提出了“九个坚持”，明确要深化教育改革创新。

从世界教育发展的大变革来看，每一个国家的教育发展都离不开改革。世界科技进步日新月异，互联网、大数据、人工智能、3D 技术等领域呈现群体跃进态势，颠覆性技术不断涌现，深刻改变着人类的生产生活方式和学习教育方式。许多国家都把教育作为最为重要的国家战略，进行开发和规划。美国在推动创建全面且具有竞争力的教育体系，日本则坚持“教育立国”理念，俄罗斯通过优先发展教育、培养创新人才来提升国家竞争力。德国、日本的经济能够在第二次世界大战后快速恢复，得益于它们的人才，得益于它们的教育。所有一切都可以失去，但不能失去“人”。人的素质、人的技能、人的信心对于一个国家来说非常重要。

从全面深化改革的大背景来看，每一个领域的发展都离不开改革。新时代我国社会的主要矛盾已经转化为人民日益增长的美好生活需要和不平衡不充分的发展之间的矛盾，各类矛盾和问题多发、并发、突发，只有通过全面深化改革才能解决它们。教育是全面深化改革和推进依法治国的重要领域。深化教育领域综合改革，推进教育治理体系和治理能力现代化，是新时代中国特色社会主义的必然要求。“上好学”成为社会的普遍及迫切需求。努力办好人民满意的教育，使全体人民学有所教、幼有所育，保障公民依法享有接受更加公平、更高质量教育的机会，成为党和政府义不容辞的职责，也是教育改革发展的内在动力。

二、教育改革创新必须更加注重教育改革的系统性、整体性、协同性

教育改革不是一个单纯的教育问题，而是一个广泛的社会问题。它不仅涉及教育系统本身，还涉及社会、政治、经济、文化、科技、家庭等方方面面，涉及政府、学校、教师、家长、学生等在内的多元主体。因此，教育改革处于一个超级复杂的系统之中，必须用系统的思维认识改革，用普遍联系的观念设计改革，用统筹兼顾的方法推进改革。只有更加注重教育改革的系统性、整体性、协同性，才能形成改革合力，产生“一加一大于二”的整体改革效果。

要从系统性着眼思考教育改革创新。由于我国教育体制改革已进入攻坚阶段，改革中的利益格局日益复杂，不同改革事项间的联系日益紧密，矛盾和问题相互交织，单项改革自身也难以深入，这在客观上要求我们在设计教育改革方案、推进教育改革时，必须由国家从战略层面加强顶层设计，对教育改革进行系统布局和总体指导，将每一项具体的改革都放在“系统性”改革全局中进行考察，抓住教育改革的关键领域，明确教育改革的先后顺序，凝聚教育改革的合力。

要从整体性着手谋划教育改革创新。教育改革进入深水区后，问题千头万绪，矛盾错综复杂，不可避免地会触碰一些固有利益，甚至遭到某些“利益团体”的反对。不是每个部门都愿意改革，也不是每个群体都想改革，过去的单项突破或局部突进的方式已无法适应改革发展的要求。“革思想的命、削手中的权、去部门的利”等于是“革”自己的“命”，这个是最难的。同时，教育改革不仅涉及人才培养、课程设计、管理体制机制等教育方面“条条框框”的问题，还涉及经济、政治、文化、科技、社会等诸多领域的改革，要放在经济社会发展全局中统筹谋划。

要从协同性着力推进教育改革创新。协同性是改革进入系统性、整体性推进阶段的必然要求。发展涉及的矛盾和问题越多，就越需要协同，只有这样，各项改革之间才会互相促进、相得益彰，顺利实现系统性、整体性推进的效果。教育改革必须改变单纯“自上而下”或“自下而上”的线性思维逻辑，将两者结合起来。要重视顶层设计，各级政府、学校、社会组织、家庭、教育对象和受益者均应当成为教育改革协调与合作的参与者，既要加强个体的力量，也要加强整体的力量，在系统内谋求改进，共同行动。

三、教育改革创新必须运用法治思维和法治方式深化进行

习近平总书记强调，“在整个改革过程中，都要高度重视运用法治思维和法治方式，发挥法治的引领和推动作用”。这是对改革与法治的关系的深刻总结。运用法治思维和法治方式深化教育改革，是新时代教育发展的基本要求。必须牢固树立法治意识，时刻铭记“法无授权不可为”“法定职责必须为”。教育发展需要一手抓“改革创新、攻坚克难”，一手抓“依法治教、依法治校”，用法治为改革护航。因此，推动改革与依法治教，是促进教育发展的“两翼”，不可偏废。

以立法来提供教育改革的依据。法治护航下的教育综合改革，不仅意味着有法可依，而且意味着良法善政。现在我们有《中华人民共和国教育法》《中华人民共和国义务教育法》《中华人民共和国教师法》《中华人民共和国高等教育法》《中华人民共和国职业教育法》《中华人民共和国民办教育促进法》等，另外还有诸多部门法规以及党内法规，如《普通高等学校学生管理规定》《中国共产党普通高等学校基层组织工作条例》等，已经形成了一套教育法律法规体系，可以依法治教。这些都是教育改革的依据，需要我们遵循。

以普法来达成教育改革的共识。各级政府、学校、社会组织、家庭、教育对象和受益者等教育改革的参与者，都是普法的对象。通过把法治教育纳入国民教育体系，从青少年抓起，在中小学设立法治知识课程，创新法治人才培养机制，推动中国特色社会主义法治理论进教材、进课堂、进头脑，增强社会大众的教育法治观念和提高教育改革参与者的法律道德修养，使人们在潜移默化中增强法治意识，达成共识。

以守法来维护教育改革的成果。把教育改革决策与教育法治

建设紧密结合，围绕全面推进依法治国总目标和依法治教总抓手来谋划、推进教育综合改革，确保在法治轨道上深化教育综合改革。在推进教育改革的过程中，要以法治的原则确定改革的方向与路径，让教育改革在法治的轨道上取得实效。

四、教育改革创新必须及时研究解决教育改革发展的重大问题和群众关心的热点问题

习近平总书记在考察大中小学时发表的一系列重要讲话中，在聚焦教育事业发展牵头制定的一系列纲领性文件中，在针对教育领域群众关心的热点、难点问题做出的重要指示、批示中，在给教育领域重大活动、重要会议、重点群体、模范代表发出的贺信、回信中，提出了一系列关于教育发展的重大问题。

及时研究解决教育改革发展的重大理论问题。要探究和明确推进教育现代化、实现教育强国的战略愿景、阶段目标、整体部署、实践路径、重点任务和需要解决的关键问题，要围绕中国共产党为什么“能”、马克思主义为什么“行”、中国特色社会主义为什么“好”、“九个坚持”如何协同推进、“培养什么人、怎样培养人、为谁培养人”是教育的根本问题等重大理论问题进行研究。要研究解决我国教育发展不平衡、不充分的问题，使教育同党和国家事业的发展要求相适应，同人民群众的期待相契合，同我国的综合国力和国际地位相匹配，这关系到教育改革发展的方向。

及时研究解决教育改革发展的重大现实问题。习近平总书记在 2018 年全国教育大会上要求破“五唯”，即“唯分数、唯升学、唯文凭、唯论文、唯帽子”。教育质量特别是人才培养质量相对滞后于教育规模的扩张，教育体系和人才培养体系还不完善，教育结构不能完全适应经济社会发展需要，一些不利于教育发展的体制机制障碍明显存在，教育对外开放与合作办学的水平有待提高，优质教育资源不足，区域、城乡、不同学校、不同群体之间的教育差距还比较明显，高水平教师队伍建设相对滞后，等等，这些都是重大现实问题。要扭转不科学的教育评价导向，深化办学体制和教育管理改革，提升教育服务经济社会发展的能力，深化教育对外开放。要创新人才培养模式，大力推进教育理念、体系、制度、内容、方法的现代化建设，这关系到教育改革发展的路径选择。

及时研究解决群众关心的教育热点问题。民有所呼，我们要有所应。“入园难”“入园贵”如何破，中小学课业负担怎样减，择校难题怎么破，职业教育质量如何提升，“双一流”大学怎么建，这些问题与群众关心的高考改革、毕业生就业、师德师风建设等方方面面的问题都要及时研究解决，这关系到教育改革发展的效果好坏。

五、教育改革创新必须精准用好教育评价改革的“指挥棒”

2020 年 10 月，中共中央、国务院印发的《深化新时代教育评价改革总体方案》（简称《总体方案》）是新中国第一个关于教育评价系统改革的文件，也是指导深化新时代教育评价改革的纲领性文件。深化新时代教育评价改革，既是国家所需，也是群众所盼，更是教育所急。教育评价改革是一项世界性、历史性、实践性的难题，涉及历史文化传统、经济社会发展水平、思想观念等多重因素，涉及不同主体，牵一发而动全身，被喻为教育综合改革的“龙头之战”“关键一役”“最硬一仗”。精准用好教育评价改革，是深化教育改革的重要任务，必须抓紧抓紧再抓紧，落实落实再落实。

以立德树人为主线，明确为何“破”、为何“立”。教育评价改革就是要树立德智体美劳全面发展的育人观，坚决克服重智育轻德育、重分数轻素质等片面办学行为，促进学生身心健康、全面发展，引导各级教育机构和学生在加强品德修养上下功夫，教育引导学生培育和践行社会主义核心价值观。《总体方案》明确要求，坚持把立德树人成效作为根本标准，从根本上回答为什么办教育、什么是人民满意的教育，回答“培养什么人、怎样培养人、为谁培养人”的问题。坚持深化教育评价改革要以立德树人为主线，着眼于全面贯彻党的教育方针，牢记为党育人、为国育才使命，把落实立德树人根本任务贯穿于教育评价改革各项任务的始终，引导确立科学的育人目标，确保教育正确的发展方向，坚定不移走中国特色社会主义教育发展道路。《总体方案》突出育人主线，为教育评价改革定了基调，需要我们准确把握。

以教育问题为导向，明确“破”什么、“立”什么。目前，大家对教育评价中的突出问题都有共识，都支持破“五唯”，关键在于“破”之后“立”什么。《总体方案》坚持破立结合，重点设计了5个方面22项改革任务。针对党委和政府教育工作评价，提出“破”的是短视行为和功利化倾向，“立”的是科学履行职责的体制机制；针对学校评价，提出“破”的是重智育轻德育、重分数轻素质等片面办学行为，“立”的是立德树人落实机制；针对教师评价，提出“破”的是重科研轻教学、重教书轻育人等现象，“立”的是潜心教学、全心育人的制度要求；针对学生评价，提出“破”的是用分数给学生贴标签的不科学做法，“立”的是德智体美劳全面发展的育人要求；针对用人评价，提出“破”的是文凭学历至上等不合理用人观，“立”的是以品德和能力为导向的人才使用机制。《总体方案》突出问题导向，为教育评价改革指明了方向，需要我们深刻领会。

以体制机制为路径，明确怎样“破”、怎样“立”。关于这个问题，《总体方案》规定得比较全面和详细，有些用词应当仔细研究。比如说，出现“不得”10处、“改进”13处、“探索”15处。这些用词对教育改革创新有着很强的指向性。“不得”指的是这个问题非常明显突出，应该是教育改革必须解决的。例如，不得下达升学指标或以中高考升学率考核下一级党委和政府、教育部门、学校和教师，不得将升学率与学校工程项目、经费分配、评优评先等挂钩，不得通过任何形式以中高考成绩为标准奖励教师和学生，不得将论文数、项目数、课题经费等科研量化指标与绩效工资分配、奖励挂钩，不得把人才称号作为承担科研项目、职称评聘、评优评奖、学位点申报的限制性条件，不得通过设置奖金等方式违规争抢生源，不得将毕业院校、国（境）外学习经历、学习方式作为限制性条件，等等。“改进”指的是需要我们在现有基础上，进一步优化完善，向着更好的方面发展。例如，改进本科教育教学评估，改进学科评估，改进师范院校评价，改进高校经费使用绩效评价，等等。“探索”指的是需要我们进行大胆尝试，敢于创新的改革举措。例如，探索开展高校服务全民终身学习情况评价，促进学习型社会建设；探索实施教育全行业禁入制度；探索长周期评价；等等。《总体方案》突出路径创新，为教育评价改革勾画了路线图，需要我们积极推进。

以多元主体为抓手，明确谁来“破”、谁来“立”。《总体方案》提出以五类主体为抓手，针对党委和政府、学校、教师、学生、社会不同主体，充分考虑基础教育、职业教育、高等教育等不同教育领域和大中小幼不同学段的特点，分类分层研究教育评价改革思路，提出改革措施，明确实施路径，增强改革的系统性、整体性、协同性。各级党委和政府要强力推动，把深化教育评价改革列入重要议事日程。《总体方案》规定：党政机关、事业单位、国有企业要带头扭转“唯名校”“唯学历”的用人导向，建立以品德和能力为导向、以岗位需求为目标的人才使用机制，改变人才“高消费”状况，形成不拘一格降人才的良好局面。各级公务员招录、事业单位和国有企业招聘要按照岗位需求合理制定招考条件、确定学历层次，在招聘公告和实际操作中不得将毕业院校、国（境）外学习经历、学习方式作为限制性条件。各级各类学校要狠抓落实，切实破除“五唯”顽瘴痼疾。改革的很多内容是由学校层面落实的，能落实的已经在落实。例如，高校领导班子成员年度述职要把上思政课、联系学生情况作为重要内容。完善学校党政管理干部选拔任用机制，原则上应有担任思政课教师、辅导员或班主任等学生工作经历。另外，全社会还要积极联动。我们的人才培养、教育教学都是为社会服务的，人才最终都会走向社会，这也是检验立德树人成效的地方。社会选人用人对于引导学生多样化成长成才具有重要牵引作用，要加大对科学教育理念和教育改革政策的宣传解读力度，合理引导预期，增进社会共识。《总体方案》突出主体责任，为教育评价改革明晰了责任，需要我们狠抓落实。

目 录

改革是教育事业发展的根本动力

习近平总书记在党的十九大报告中指出：“建设教育强国是中华民族伟大复兴的基础工程，必须把教育事业放在优先位置，深化教育改革，加快教育现代化，办好人民满意的教育。”① 在2018年全国教育大会上，习近平总书记再次强调：“在党的坚强领导下，全面贯彻党的教育方针，坚持马克思主义指导地位，坚持中国特色社会主义教育发展道路，坚持社会主义办学方向，立足基本国情，遵循教育规律，坚持改革创新，以凝聚人心、完善人格、开发人力、培育人才、造福人民为工作目标，培养德智体美劳全面发展的社会主义建设者和接班人，加快推进教育现代化、建设教育强国、办好人民满意的教育。”② 改革不仅是推动我国教育事业发展的有力杠杆，而且“是教育事业发展的根本动力”③。

一、教育改革是教育领域的一场革命

从根本上说，马克思主义是关于人的学说，是为人类谋幸福、实现人类解放的学说。马克思主义认为，社会的发展最终是为了实现人的全面发展，整个世界历史也是为“人作为人”做准备的历史，离开这个目标，所有发展都会失去价值和意义。回顾40多年来中国改革开放伟大实践，一条重要的宝贵经验就是：坚持以

---

① 习近平．决胜全面建成小康社会 夺取新时代中国特色社会主义伟大胜利：在中国共产党第十九次全国代表大会上的报告．北京：人民出版社，2017：45.

② 坚持中国特色社会主义教育发展道路 培养德智体美劳全面发展的社会主义建设者和接班人．人民日报，2018－09－11（1）.

③ 办好人民满意的教育．人民日报，2018－09－12（1）.

人民为中心，尊重人民主体地位，发挥群众首创精神，紧紧依靠人民推动改革，以改革来促进人的全面发展。党的十八大以来，以习近平同志为核心的党中央始终坚持改革的“人民”属性，把“人民有所呼，改革有所应”作为全面深化改革的价值遵循，这充分体现了我们党“一切为了人民”的立党初心，充分体现了人民利益高于一切的马克思主义价值观，也充分体现了人民是推动发展的根本力量的唯物史观。①

1. 改革是推动社会发展的重要动力

马克思主义认为，支配人类社会发展的基本规律是生产关系一定要适合生产力发展状况的规律和上层建筑一定要适合经济基础发展状况的规律。生产力与生产关系之间的矛盾、经济基础与上层建筑之间的矛盾是推动人类社会发展进步的根本动力。这两对矛盾的地位是不平等的，生产力与生产关系之间的矛盾比经济基础与上层建筑之间的矛盾更为根本。在不同历史条件下，解决矛盾的方式也不一样。当生产力与生产关系之间的矛盾、经济基础与上层建筑之间的矛盾在性质上是对抗性的时候，解决矛盾的方式就是革命，通过革命推翻跟生产力不相适应的生产关系，推翻跟经济基础不相适应的上层建筑，从而强制性地使生产关系适应生产力发展状况，使上层建筑适应经济基础发展状况。当生产力与生产关系、经济基础与上层建筑之间的矛盾在性质上不是对抗性的时候，生产关系跟生产力发展状况基本适合，上层建筑跟经济基础发展状况基本适合，但生产关系的某些方面或环节不适合生产力发展状况、上层建筑的某些方面或环节不适合经济基础发展状况时，解决矛盾的方式就是改革，改变生产关系中不适合

① 杨明．全面深化改革的马克思主义意蕴．红旗文稿，2018（18）：14.

生产力发展状况的方面或环节，改变上层建筑中不适合经济基础发展状况的方面或环节，从而推动社会的发展进步。古今中外，一切社会的发展都离不开改革。改革是社会发展的重要动力。

社会主义社会两对基本矛盾的关系在本质上是基本适合的，因此，我们社会主义社会只需要诉诸改革而无须通过社会革命来推动社会的发展，但就其引起社会的深刻变化和社会的巨大进步而言，我们正在进行的社会主义改革也是一场伟大变革，甚至可以说，这是一场伟大的社会革命。当然，从性质上看，社会主义社会的改革只是社会主义制度的自我完善和自我发展。恩格斯曾指出："我认为，所谓'社会主义社会'不是一种一成不变的东西，而应当和任何其他社会制度一样，把它看成是经常变化和改革的社会。"① 40 多年改革开放历程无可辩驳地证明：改革开放是当代中国发展进步的必由之路，是实现中国梦的必由之路。当然，改革也是我国教育事业发展进步的必由之路，如果没有改革，教育事业的发展就失去了动力。2013 年 11 月，习近平总书记就《中共中央关于全面深化改革若干重大问题的决定》向全会做说明时强调："实践发展永无止境，解放思想永无止境，改革开放也永无止境，停顿和倒退没有出路，改革开放只有进行时、没有完成时。"② 2014 年 11 月 9 日，国家主席习近平在亚太经合组织工商领导人峰会开幕式上发表演讲时强调："惟改革者进，惟创新者强，惟改革创新者胜。"③ 2018 年 12 月 18 日，习近平总书记在庆祝改革开放 40 周年大会上发表重要讲话时强调："改革开放已走

---

① 马克思，恩格斯．马克思恩格斯选集：第 4 卷．3 版．北京：人民出版社，2012：601.

② 习近平．习近平谈治国理政：第 1 卷．2 版．北京：外文出版社，2018：71.

③ 习近平．谋求持久发展 共筑亚太梦想：在亚太经合组织工商领导人峰会开幕式上的演讲．人民日报，2014－11－10（2）.

过千山万水，但仍需跋山涉水，摆在全党全国各族人民面前的使命更光荣、任务更艰巨、挑战更严峻、工作更伟大。”①

2. 教育改革是教育事业发展量变和质变的辩证统一

1978 年 12 月，党的十一届三中全会批评了“两个凡是”的错误方针，高度评价了关于真理标准问题的讨论；停止使用“以阶级斗争为纲”这个口号，否定了“无产阶级专政下继续革命”的理论；确立了解放思想、实事求是的思想路线，拉开了改革开放的大幕。在庆祝改革开放 40 周年大会上习近平总书记指出：“改革开放是我们党的一次伟大觉醒，正是这个伟大觉醒孕育了我们党从理论到实践的伟大创造。改革开放是中国人民和中华民族发展史上一次伟大革命，正是这个伟大革命推动了中国特色社会主义事业的伟大飞跃!”② 教育改革发展是这个伟大飞跃的一部分。

1978 年 6 月，邓小平听取关于清华大学情况的汇报，在同几位负责人谈话时指出：“学校要办成学校，学校要按学校的要求办。我赞成增大派遣留学生的数量，派出去主要学习自然科学。要成千上万地派，不是只派十个八个。请教育部研究一下，在这方面多花些钱是值得的。这是五年内快见成效、提高我国科教水平的重要方法之一。现在我们迈的步子太小，要千方百计加快步伐，路子要越走越宽。我们一方面要努力提高自己的大学水平，一方面派人出去学习，这样可以有一个比较，看看我们自己的大学究竟办得如何。留学生管理制度也要改变一下，不要看得死死的。留学生可以住在学校，也可以住在外国朋友家里。暑假还可以让他们回来一下，了解国内情况。教育部要有一个专管留学生

①② 习近平．在庆祝改革开放 40 周年大会上的讲话．人民日报，2018－12－19（2）．

的班子，可以到留学生较多的国家去看看，经常了解留学生的状况和需要解决的问题。”[①] 从1978年第一批52人启程赴美，到如今中国已有500余万人到海外留学，遍布世界100多个国家和地区，涌现出了一大批中国现代化建设的卓越人才。留学生已成为中华民族复兴和中国连接世界的生力军。

如果说1985年之前教育的主要工作是恢复和重建，那么《中共中央关于教育体制改革的决定》则真正启动了教育体制机制的全面改革。

党的十一届三中全会后，经过指导思想的拨乱反正，党中央对教育工作做出了一系列新的论断和决策，我国教育事业得到了恢复，开始走上蓬勃发展的道路。但是，轻视教育、轻视知识、轻视人才的错误思想仍然存在，教育不适应社会主义现代化建设需要的局面还没有根本扭转。

而改革最直接的动因，则是面对经济体制改革全面展开，面对世界范围内新技术革命的蓬勃兴起，教育事业的落后和教育体制的弊端：政府职能与办学自主权划分不清、教育结构不合理、中央与地方关系问题以及多元筹资难题等，无法适应经济社会快速转型发展的需要。

怎么改？1985年颁布的《中共中央关于教育体制改革的决定》作为改革开放后中共中央颁布的关于教育体制改革的第一个决定，提出了“教育必须为社会主义建设服务，社会主义建设必须依靠教育”的根本指导思想，将教育改革纳入改革开放和现代化建设的总设计。

具体如何实施？《中共中央关于教育体制改革的决定》提出了

---

① 中共中央文献研究室．邓小平思想年谱（1975—1997）．北京：中央文献出版社，1998：70－71.

四个方面的内容：一是把基础教育的责任交给地方，有步骤地实行九年义务教育；二是调整中等教育结构，大力发展职业教育；三是改革高等学校招生计划和毕业生分配制度，扩大高校办学自主权；四是加强领导，调动各方面积极因素，保证教育体制改革顺利进行。①

自此，我国教育事业各项改革蓬勃开展。

1986 年 7 月，《中华人民共和国义务教育法》颁布实施，规定国家实行九年义务教育制度。义务教育是国家统一实施的所有适龄儿童、少年必须接受的教育，是国家必须予以保障的公益性事业。实施义务教育不收学费、杂费。国家建立义务教育经费保障机制，保证义务教育制度实施。

1993 年，《中国教育改革和发展纲要》印发，确立了到 20 世纪末教育发展总目标：基本普及九年义务教育，基本扫除青壮年文盲（“两基”）；全面贯彻党的教育方针，全面提高教育质量（“两全”）；建设好一批重点学校和一批重点学科（“两重”）。

1999 年，《中共中央、国务院关于深化教育改革全面推进素质教育的决定》发布，提出全面推进素质教育，培养适应 21 世纪现代化建设需要的社会主义新人。

2010 年，《国家中长期教育改革和发展规划纲要（2010—2020 年）》发布，明确了“优先发展、育人为本、改革创新、促进公平、提高质量”的工作方针。

1992 年邓小平考察南方发表谈话，党的十四大确立了社会主义市场经济体制的改革目标，我国改革开放和社会主义现代化建设进入新阶段。

---

① 中共中央关于教育体制改革的决定//关于教育体制改革的文件．北京：人民出版社，1985：5－18.

然而，中国作为世界第一人口大国，人口众多且科技文化水平偏低是基本国情。如何把沉重的人口负担转化为人力资源优势？如何为改革开放和社会主义现代化建设提供人力和智力支撑？必须依靠教育来解决。

穷国办大教育，教育投入不足、教育经费紧张是客观现实。1986 年颁布的《中华人民共和国义务教育法》规定："义务教育事业，在国务院领导下，实行地方负责，分级管理"。这一体制极大地调动了地方政府和广大人民群众办学的积极性，增加了投入，改善了办学条件，为实现"两基"战略目标做出了极大贡献。

"两基"攻坚，重点、难点在农村和西部。为此，国家实施了新中国成立以来对农村教育支持最大的工程，即"国家贫困地区义务教育工程"，前后两期投入近 200 亿元，大大改善了贫困地区义务教育办学条件。其成果迅速显现，截至 2000 年底，全国普及九年义务教育地区人口覆盖率达 85%，青壮年文盲率下降到 5%以下。2001 年 1 月 1 日，国家主席江泽民向全世界宣布：中国如期完成了向世界的庄严承诺，实现了基本普及九年义务教育和基本扫除青壮年文盲的战略目标。

然而，21 世纪初所实现的普及九年义务教育还是初步的、低水平的，基础教育的管理体制和投入机制尚不完善，特别是在广大农村地区，由于地方政府财政拨款有限，大规模"普九"只能辅以征收教育税费、学杂费等多渠道筹资，严重制约了基础教育的发展。而农村经济体制改革后，集体积累已经不多，农村义务教育管理体制到了非改不可的时候。

2001 年，《国务院关于基础教育改革与发展的决定》出台，明确农村义务教育"实行在国务院领导下，由地方政府负责、分级管理、以县为主的体制”①，实现了从向农民收费集资办学转变为主要由政府出资办学、农村义务教育管理由乡镇为主转变为以县为主的两大变革。

此后，基础教育发展进入“快车道”。2006 年 6 月，全国人大常委会通过了新修订的《中华人民共和国义务教育法》，规定实施义务教育，不收学费、杂费。2006 年春，西部地区农村的学龄儿童不再交学费、杂费和书本费。2007 年春，全国农村义务教育阶段免除学杂费。2008 年秋，全国城市义务教育阶段免除学杂费。至此，中国义务教育实现了由“人民教育人民办”到“义务教育政府办”的重大历史性转变。中国义务教育全免费可以说是改革开放 40 多年乃至百年来中国教育成就的重要标志。

基础教育是提高国民素质，促进现代化建设的奠基工程；高等教育则直接为国家经济社会发展输送高素质人才。然而，直到 1998 年，我国大学生在校人数只有 780 万，高等教育毛入学率仅为 9.8%，远远不能满足人民群众接受高等教育的需求和国家经济社会发展对人才的需求。

高校扩招是民心所向，势在必行。1998 年全国高校的招生人数为 108 万，1999 年扩招比例高达 47.4%，到 2002 年我国高等教育毛入学率达到 15%，标志着中国高等教育进入大众化阶段。此后，这一数字仍大跨步增长，2010 年达到 26.5%，2017 年达到 45.7%，2018 年达到 48.1%，高等教育向普及化阶段②快速迈进。

伴随扩招，过去“条块分割、部门办学”的旧体制已经不能适应高等教育快速发展的现实需要，“共建、调整、合作、合并”

① 王伟光．社会主义通史：第 8 卷．北京：人民出版社，2011：512.

② 中国高等教育毛入学率达到 50%是高等教育发展进入普及化阶段的显著标志。

的管理体制改革使高等教育采取了“三级办学、两级管理、以省为主”的发展路径，极大调动了中央、地方及社会各方面参与办学的积极性，教育质量和办学效益大幅提升。

为迎接世界新技术革命和日益激烈的国际竞争，1992 年中央政府提出“要面向 21 世纪，重点办好一批（100 所）高等院校”（“211 工程”），以带动整个高等教育发展。1998 年又决定重点支持国内部分高校创建世界一流大学和高水平大学（“985 工程”）。此后，国家又先后开始实施“2011 计划”、“双一流计划”等，推动我国高等教育向世界一流挺进。

高等教育领域的系列改革影响是深远的，不仅改善了高校过去资金匮乏、设施陈旧、队伍不稳的局面，而且形成了一批高水平的综合性研究型大学，增强了高校拔尖创新人才培养能力、科研实力、创新能力和为经济社会发展服务的能力，为中国改革开放和现代化建设做出了重大贡献，促进了国家综合国力的全面提升。

攻坚克难，综合改革进入“深水区”。进入新世纪，科学技术突飞猛进，知识经济已见端倪，国力竞争日趋激烈。面向 21 世纪，教育改革发展的方向何在？1998 年 5 月 4 日，江泽民在庆祝北京大学建校 100 周年大会上指出：我们的大学应该成为科教兴国的强大生力军。教育应与经济社会发展紧密结合，为现代化建设提供各类人才支持和知识贡献。然而，伴随中国教育持续高速发展，各种新情况、新问题纷至沓来：高等教育领域，扩招后大学教学质量下降、大学生就业难、学术造假等问题日渐突出；基础教育在“效率优先”的发展观影响下，教育公平被忽视，城乡、区域、学校之间差距不断拉大；职业教育发展滞后，职校生被视为“二等公民”；等等。

改革由问题倒逼产生，又在解决问题中得以深化。历时一年零九个月，两次向社会公开征求意见，2010 年 7 月，《国家中长期教育改革和发展规划纲要（2010—2020 年）》（简称《教育规划纲要》）正式发布。作为中国进入 21 世纪之后的第一个教育规划，《教育规划纲要》根据党的十七大关于“优先发展教育，建设人力资源强国”的战略部署，对人才培养体制改革、考试招生制度改革、办学体制改革、管理体制改革、扩大教育开放等进行了全面部署。

党的十八大继续把“坚持教育优先发展”“努力办好人民满意的教育”作为教育改革与发展的中心任务，公平与质量成为中国教育改革的两个重要维度。党的十九大报告明确提出“建设教育强国是中华民族伟大复兴的基础工程”，“加快教育现代化，办好人民满意的教育”，是时代赋予教育的使命，也是今后教育改革发展的方向。

2014 年 9 月，国务院启动新一轮考试招生制度改革，吹响了自 1977 年恢复高考以来力度最大的一轮高考改革号角，分类考试、综合评价、多元录取，从育分到育人，着眼终身发展，让教育真正回归育人本质。

随着我国城镇化进程的加快，义务教育出现“城镇挤”“乡村弱”的现象，城乡教育质量差距扩大。2016 年，《国务院关于统筹推进县域内城乡义务教育一体化改革发展的若干意见》（简称《意见》）应运而生。从“基本均衡”到“优质均衡”，《意见》要求各级政府以缩小校际差距为立足点，统筹城乡义务教育资源均衡配置，义务教育公办学校标准化建设、校长教师交流轮岗等十大举措随之出台。

高等教育发展水平是一个国家发展水平和发展潜力的重要标

志。2015 年，《统筹推进世界一流大学和一流学科建设总体方案》《关于引导部分地方普通本科高校向应用型转变的指导意见》两个重要文件出台，中国 2 600 多所高校重新洗牌，焕发出了新的活力和生机。

为了让每个人都有人生出彩的机会，我国建成了世界上规模最大的职业教育体系。据教育部教育统计数据，2019 年，我国共有高职（专科）院校 1 423 所，中等职业学校 10 078 所。仅中等职业教育学校毕业生人数就达 490 多万。

教育发展，经费先行。据教育部全国教育经费执行情况统计公告，国家财政性教育经费在 2012 年首次实现占 GDP 比例达 4%后，连续 8 年超过 4%。2016 年国家财政性教育经费达到 3.14 万亿元，首次突破 3 万亿元。2017 年达 3.42 万亿元。仅 2012—2016 年，国家财政性教育经费 5 年累计投入 13.5 万亿元，超过 1952—2011 年 60 年累计投入之和。2019 年，全国教育经费总投入约 5 万亿元，比上年增长 8.74%。

教育是民族振兴的基石。经过 40 多年的教育改革与发展，中国创造了穷国办大教育的奇迹，而且正在完成从人口大国向人力资源大国的历史性转变。[①]

事物的发展变化是量变和质变的辩证统一，中国教育改革的历程也是量变和质变不断相互促进的过程。有学者从教育实验的角度讲教育改革分为四个阶段，即承先启后的“复兴期”、践行致知的“繁盛期”、静水深流的“反思期”和殊途同归的“再兴期”。（1）承先启后的“复兴期”是指从 1977 年恢复高考、中小学教育走上正轨到 20 世纪 80 年代的教育改革实验。“所谓承先，是指继

---

① 万玉凤，董鲁皖龙．中国教育的发展动力：庆祝改革开放 40 年系列述评·深化改革篇．中国教育报，2018-12-10（1）.

承了 20 世纪上半叶我国教育实验在方法论上‘移植、改造、融合、创新’的特点。启后，则是改革开放 40 年来我国教育改革实验走过了从移植模仿到探索求新的历程。”（2）践行致知的“繁盛期”是指“20 世纪 80 年代，中国迎来了教育改革实验的第二个大繁荣时期”。（3）静水深流的“反思期”是指“在 1988 年至 1993 年间的教育实验理论争鸣热潮之后，理性探讨和实验方法引导的实践也在持续进行”。（4）“教育实验的‘再兴期’伴随新世纪而来，伴随着新一轮基础教育课程改革而生，且在城市化进程加剧、教育问题变得复杂、教育公平与均衡发展的诉求日益强烈及教育综合改革逐步深化的过程中得到助推。”① 从教育实验的角度来反观整个教育改革，虽有一定的道理，但角度比较单一，时间段的划分也比较模糊，更重要的是不能呈现出教育改革的整体面貌。

从综合考虑的角度，我们可以将教育改革的历程划分为五个阶段。第一个阶段是拨乱反正阶段（1977—1984 年）。这一阶段国家确立以经济建设为中心的发展路线，教育领域逐步恢复正常的秩序，高等院校恢复统一招生考试，工宣队从大中小学校撤出；恢复大规模派遣留学生，恢复职称制度，恢复重点学校制度，恢复和增设了一批高等学校；颁布《中华人民共和国学位条例》，规定我国的学位分为学士、硕士、博士三级；允许自费出国留学。这个阶段的工作是否定之否定的工作。拨乱反正和恢复整顿的工作，为教育事业的迅速发展准备了基本条件。第二个阶段是教育体制改革阶段（1985—1989 年）。1985 年颁布的《中共中央关于教育体制改革的决定》，是教育体制改革的真正起点。当时，中央

① 杨小微，金哲，胡雅静．从移植到探新 中国教育改革实验 40 年．中国教育报，2018－06－07（6）.

相继颁布了关于经济体制改革、科技体制改革和教育体制改革的三个决定，形成了 20 世纪 80 年代以体制改革为主的强劲旋律，极大地推动了社会主义现代化进程。第三个阶段是产业化改革阶段（1990—2002 年）。“20 世纪 90 年代以来的教育发展，有两个主要的特征，一是‘发展大于改革’，追求教育发展的规模、数量、速度，呈现‘跨越式发展’。二是 20 世纪 90 年代中期之后，教育逐渐走上了一条被舆论称为‘教育产业化’的特殊发展路径。在发展主义、经济主义的发展背景下，教育以扩大规模、总量增长和提高宏观效率为主要追求。由于教育经费严重不足，政府热衷于利用市场机制扩大资源，学校通过教育活动营利创收。它被视为一种‘财政视角的教育改革’，或者说是一种‘经济主义路线’的教育改革。”① 第四个阶段是促进公平的教育改革阶段（2003—2012 年）。“随着科学发展观和建设和谐社会的任务的提出，单纯追求经济增长的思路开始受到质疑。从 2003 年下半年起，教育部开始高调批评‘产业化’思路，围绕解决农村义务教育问题，对农村教育、义务教育、教育公平的关注逐渐取代了此前以数量、规模、速度为主的追求，促进教育公平逐渐成为教育公共政策的基本价值。”② 第五个阶段是新时代的教育改革阶段（2013 年至今）。党的十八大指出：我们要努力办好人民满意的教育。教育是民族振兴和社会进步的基石。要坚持教育优先发展，全面贯彻党的教育方针，坚持教育为社会主义现代化建设服务、为人民服务，把立德树人作为教育的根本任务，培养德智体美全面发展的社会主义建设者和接班人。全面实施素质教育，深化教育领域综合改革，着力提高教育质量，培养学生社会责任感、创

①② 杨东平．我国教育改革与发展 30 年//邹东涛．发展和改革蓝皮书：中国经济发展和体制改革报告 No.1. 北京：社会科学文献出版社，2008：697-721.

新精神、实践能力。办好学前教育，均衡发展九年义务教育，基本普及高中阶段教育，加快发展现代职业教育，推动高等教育内涵式发展，积极发展继续教育，完善终身教育体系，建设学习型社会。大力促进教育公平，合理配置教育资源，重点向农村、边远、贫困、民族地区倾斜，支持特殊教育，提高家庭经济困难学生资助水平，积极推动农民工子女平等接受教育，让每个孩子都能成为有用之才。鼓励引导社会力量兴办教育。加强教师队伍建设，提高师德水平和业务能力，增强教师教书育人的荣誉感和责任感。党的十八大以来，我国教育事业全面发展，中西部和农村教育明显加强，教育作为中华民族伟大复兴的基础工程取得了巨大成就，教育现代化迈上了新台阶。

教育改革的每一个阶段，既是整个教育事业发展历程中的一次量的积累和扩张，也是教育事业发展过程中的阶段性质变。量的积累和扩张必然导致新的阶段性质变，众多的阶段性质变必然导致教育质量提升的根本性变化。

3. 深化教育改革要进一步破除体制机制障碍

习近平总书记在2018年全国教育大会上强调：要深化教育体制改革，健全立德树人落实机制，扭转不科学的教育评价导向，坚决克服唯分数、唯升学、唯文凭、唯论文、唯帽子的顽瘴痼疾，从根本上解决教育评价指挥棒问题。要深化办学体制和教育管理改革，充分激发教育事业发展生机活力。要提升教育服务经济社会发展能力，调整优化高校区域布局、学科结构、专业设置，建立健全学科专业动态调整机制，加快一流大学和一流学科建设，推进产学研协同创新，积极投身实施创新驱动发展战略，着重培养创新型、复合型、应用型人才。要扩大教育开放，同世界一流资源开展高水平合作办学。[①] 习近平总书记的讲话为深化教育体制机制改革提供了根本遵循，指明了进一步前进的方向。

（1）体制机制改革的目标是落实好立德树人的根本任务，办好人民满意的教育，建设教育强国。

立德树人的问题，就是要解决好培养什么人、如何培养人的问题，这是我们党和国家历来高度重视的问题。“立德树人”四个字不但揭示了教育的本质，即培养人的问题，而且揭示了德育在学校教育中的突出地位。德育要摆在教育的首要地位，增进德行是个人成长的首要任务。立德树人还揭示了道德发展与人的全面发展之间的辩证关系。党的十八大以来，以习近平同志为核心的党中央始终把立德树人作为教育事业的根本任务。“人才培养一定是育人和育才相统一的过程，而育人是本。人无德不立，育人的根本在于立德。这是人才培养的辩证法。办学就要尊重这个规律，否则就办不好学。”[②]

立德树人，首先要用习近平新时代中国特色社会主义思想铸魂育人，教育青年学生扣好人生的第一粒扣子。2014 年 5 月 4 日，习近平总书记在北京大学师生座谈会上强调：“青年的价值取向决定了未来整个社会的价值取向，而青年又处在价值观形成和确立的时期，抓好这一时期的价值观养成十分重要。这就像穿衣服扣扣子一样，如果第一粒扣子扣错了，剩余的扣子都会扣错。人生的扣子从一开始就要扣好。”[③] 学校的思想政治理论课就是教育青少年扣好人生扣子的关键课程。

---

① 坚持中国特色社会主义教育发展道路 培养德智体美劳全面发展的社会主义建设者和接班人．人民日报，2018－09－11（1）.

② 习近平．在北京大学师生座谈会上的讲话．人民日报，2018－05－03（2）.

③ 习近平．青年要自觉践行社会主义核心价值观：在北京大学师生座谈会上的讲话．北京：人民出版社，2014：9.

立德树人要教育青少年自觉践行社会主义核心价值观。2013 年 5 月 4 日，习近平总书记在同各界优秀青年代表座谈时强调："广大青年要把正确的道德认知、自觉的道德养成、积极的道德实践紧密结合起来，自觉树立和践行社会主义核心价值观，带头倡导良好社会风气。"[①] 2019 年 3 月 18 日，习近平总书记在学校思想政治理论课教师座谈会上强调，教师要"引导学生增强中国特色社会主义道路自信、理论自信、制度自信、文化自信，厚植爱国主义情怀，把爱国情、强国志、报国行自觉融入坚持和发展中国特色社会主义事业、建设社会主义现代化强国、实现中华民族伟大复兴的奋斗之中"[②]。

立德树人要教育青少年立志奋斗。2018 年 5 月 2 日，习近平总书记在北京大学师生座谈会上讲：青春理想，青春活力，青春奋斗，是中国精神和中国力量的生命力所在。今天，在实现中华民族伟大复兴新征程上，青少年学生更应该要励志，立鸿鹄志，做奋斗者。"志之所趋，无远弗届，穷山距海，不能限也。"青少年学生要立志为民族、为国家、为人民做出新的更大的贡献。

立德树人是办好人民满意的教育的根本要求。教育是国之大计、党之大计。党的十八大以来，以习近平同志为核心的党中央全面加强党对教育工作的领导，坚持立德树人，加强学校思想政治工作，推进教育改革，加快补齐教育短板，教育事业的中国特色更加鲜明，教育现代化加速推进，在教育方面人民群众的获得感明显增强，我国教育的国际影响力加快提升，14 亿多中国人民

---

① 习近平．在同各界优秀青年代表座谈时的讲话//中共中央文献研究室．十八大以来重要文献选编：上．北京：中央文献出版社，2014：280.

② 习近平主持召开学校思想政治理论课教师座谈会强调 用新时代中国特色社会主义思想铸魂育人 贯彻党的教育方针落实立德树人根本任务．人民日报，2019－03－19（1）.

的思想道德素质和科学文化素质全面提升。

立德树人是建设教育强国的根本所在。习近平总书记在党的十九大报告中指出，“建设教育强国是中华民族伟大复兴的基础工程”。在2018年全国教育大会上，习近平总书记进一步提出了“加快推进教育现代化、建设教育强国”的新要求。“两个一百年”奋斗目标的实现、中华民族伟大复兴中国梦的实现，归根到底靠人才、靠教育。改革开放以来，特别是党的十八大以来，我们党一直十分重视教育事业的发展，先后提出并实施了科教兴国战略、人才强国战略和创新驱动发展战略，把教育放在优先发展的战略位置，大力推动教育事业发展，建成了世界上最大规模的教育体系，为我国社会主义现代化建设事业提供了坚实的人才支撑和智力保障。

（2）体制机制改革必须要克服顽瘴痼疾，以立促破、破立结合，高度重视教育评价改革的引导作用。

2018年9月10日，习近平总书记在全国教育大会上强调：“要深化教育体制改革，健全立德树人落实机制，扭转不科学的教育评价导向，坚决克服唯分数、唯升学、唯文凭、唯论文、唯帽子的顽瘴痼疾，从根本上解决教育评价指挥棒问题。”[①] 习近平总书记用“顽瘴痼疾”来形容“五唯”问题，足见这些问题积淀之久、弊害之深、解决之难。“五唯”问题说到底是教育评价机制问题，指挥棒如何转的问题。“唯分数”，就是“唯分数是瞻”，把考试成绩作为评价学生的唯一标准，学生学习的好坏看分数，教师教学的好坏看学生的分数。“唯分数”只是表象，背后的实质是“唯升学”。“升学率”成了教师和学校的“紧箍儿”，衡量学生个

① 坚持中国特色社会主义教育发展道路 培养德智体美劳全面发展的社会主义建设者和接班人．人民日报，2018-09-11（1）.

人成败看是否考上了好学校，衡量学校的好坏看学生考上了什么样的学校，教师的收入、学校的排名都与升学率直接挂钩。“唯分数”“唯升学”极大地扭曲了教育的本质，扼杀了学生多方面的潜能和个性，使得立德树人的根本任务落空。真正具有创新能力的人才不是分数能衡量的，升学也不是学生自由全面发展的判断标准。“唯升学”后面起支撑作用的是“唯文凭”。找工作看文凭，继续深造看文凭，晋升机会看文凭，薪资待遇看文凭。文凭或许能说明一些问题，但文凭不等于创造性的能力，文凭也不等于德行。“唯论文”是高校的痼疾。教师晋升职称、年终考核、选拔人才、评奖、申请项目基本上都主要看论文。论文的好坏又主要看外表，即发表论文的刊物，而不是看论文的内容本身。这就难免会滋生学术腐败，败坏学术风气，甚至造成大量人力、物力和财力的巨大浪费。“唯帽子”，就是“以帽取人”，人才的层次看“帽子”的高低，人才待遇靠“帽子”的大小，引进人才的年薪、科研启动经费、配套政策都看“帽子”，甚至“帽子”的大小高低在学科水平评估中起到了举足轻重的作用，甚至有不少高校都对“帽子”明码标价。

教育评价机制是教育事业发展的指挥棒，必须下大力气进行改革。教育评价要回归教育的本质，回归教育的规律，回归教育的根本任务，回归教育的初心；要始终贯彻党的教育方针，落实立德树人根本任务，促进人的全面发展；要着眼提高人的综合素质，促进人的全面发展，把更加公平、更高质量、更有效能、更具活力的教育现代化作为评价教育活动的根本准绳。如何把抽象的性质规定细化为科学的评价指标，这是改革进程中必须回答好的现实问题。

(3) 体制机制改革要注重交流互鉴，以教育开放促进教育改革。

2014 年 3 月 27 日，国家主席习近平在联合国教科文组织总部的演讲中指出："文明因交流而多彩，文明因互鉴而丰富。文明交流互鉴，是推动人类文明进步和世界和平发展的重要动力。"① 教育领域是文明交流互鉴的关键领域，教育改革也要在坚持中国特色社会主义办学方向的前提下通过扩大教育开放促进文明交流互鉴，通过交流互鉴进一步扩大教育开放。2013 年 4 月，习近平总书记在致清华大学苏世民学者项目启动的贺信中说："今天的世界是各国共同组成的命运共同体。战胜人类发展面临的各种挑战，需要各国人民同舟共济、携手努力。教育应该顺此大势，通过更加密切的互动交流，促进对人类各种知识和文化的认知，对各民族现实奋斗和未来愿景的体认，以促进各国学生增进相互了解、树立世界眼光、激发创新灵感，确立为人类和平与发展贡献智慧和力量的远大志向。"② 2016 年 9 月，习近平总书记在致首届清华大学苏世民书院开学典礼的贺信中再次强调："教育传承过去、造就现在、开创未来，是推动人类文明进步的重要力量。当今时代，世界各国人民的命运更加紧密地联系在一起，各国青年应该通过教育树立世界眼光、增强合作意识，共同开创人类社会美好未来。"③

教育对外开放，是不同国家之间相互交流、相互借鉴、相互学习，共同探究、共同成长、共同发展的过程。对我们来说，教育开放本身就是教育改革的过程，也是促进教育现代化的过程。

---

① 习近平．出席第三届核安全峰会并访问欧洲四国和联合国教科文组织总部、欧盟总部时的演讲．北京：人民出版社，2014：10.

② 清华大学苏世民学者项目启动仪式在京举行．人民日报，2013－04－22（1）.

③ 习近平致首届清华大学苏世民书院开学典礼的贺信．人民日报，2016－09－11（1）.

我们今天的教育开放比以往任何时候都更有信心，更有实力，更能以令人信服的证据展示中国特色社会主义理论自信、道路自信、制度自信和文化自信。做好教育开放，首先要做好我们自己的教育。党的十九大报告首次以党的代表大会的形式提出了建设教育强国的宏伟目标，建设教育强国是中华民族伟大复兴的基础工程，为此我们必须“加快教育现代化，办好人民满意的教育”[①]。这是我们党对教育的总体要求，教育开放也必须围绕这个总体要求而展开。

二、教育改革必须坚持正确方向

改革是教育事业发展的根本动力。动力不仅仅是力量，而且是符合特定发展方向的力量，不符合教育事业发展方向的力量是教育发展的阻力，方向相反的力量越大，阻力就越大。教育改革首先是要遵循习近平新时代中国特色社会主义思想指引的方向。2019 年 2 月，中共中央、国务院印发的《中国教育现代化 2035》指出，推进教育现代化的指导思想是：以习近平新时代中国特色社会主义思想为指导，全面贯彻党的十九大和十九届二中、三中全会精神，坚定实施科教兴国战略、人才强国战略，紧紧围绕统筹推进“五位一体”总体布局和协调推进“四个全面”战略布局，坚定“四个自信”，在党的坚强领导下，全面贯彻党的教育方针，坚持马克思主义指导地位，坚持中国特色社会主义教育发展道路，坚持社会主义办学方向，立足基本国情，遵循教育规律，坚持改革创新，以凝聚人心、完善人格、开发人力、培育人才、造福人

① 习近平．决胜全面建成小康社会 夺取新时代中国特色社会主义伟大胜利：在中国共产党第十九次全国代表大会上的报告．人民日报，2017-10-28（1）.

民为工作目标，培养德智体美劳全面发展的社会主义建设者和接班人，加快推进教育现代化、建设教育强国、办好人民满意的教育，将服务中华民族伟大复兴作为教育的重要使命，坚持教育为人民服务、为中国共产党治国理政服务、为巩固和发展中国特色社会主义制度服务、为改革开放和社会主义现代化建设服务，优先发展教育，大力推进教育理念、体系、制度、内容、方法、治理现代化，着力提高教育质量，促进教育公平，优化教育结构，为决胜全面建成小康社会、实现新时代中国特色社会主义发展的奋斗目标提供有力支撑。①

1. 以习近平新时代中国特色社会主义思想为指导

教育改革首先要面对的是改什么和朝什么方向改的问题。党的十九大报告强调："只有社会主义才能救中国，只有改革开放才能发展中国、发展社会主义、发展马克思主义。必须坚持和完善中国特色社会主义制度，不断推进国家治理体系和治理能力现代化，坚决破除一切不合时宜的思想观念和体制机制弊端，突破利益固化的藩篱，吸收人类文明有益成果，构建系统完备、科学规范、运行有效的制度体系，充分发挥我国社会主义制度优越性。"② 只有改革开放才能发展社会主义，也只有坚持不断深化教育改革才能办好人民满意的教育。在教育问题上，究竟什么东西要改、什么东西不能改，我们的判断标准或根本尺度是什么呢？习近平总书记在庆祝改革开放 40 周年大会上强调："改什么、怎么改必须以是否符合完善和发展中国特色社会主义制度、推进国家治理体系和治理能力现代化的总目标为根本尺度，该改的、能

① 中共中央国务院印发《中国教育现代化 2035》. 人民教育，2019（5）：7.

② 习近平. 决胜全面建成小康社会 夺取新时代中国特色社会主义伟大胜利：在中国共产党第十九次全国代表大会上的报告. 北京：人民出版社，2017：21.

改的我们坚决改，不该改的、不能改的坚决不改。”① 对于教育而言，什么该改、什么能改、什么不该改、什么不能改，我们做出判断的“根本尺度”在于是否有利于完善和发展中国特色社会主义制度、推进国家治理体系和治理能力现代化。完善和发展中国特色社会主义制度、推进国家治理体系和治理能力现代化必须以马克思主义为指导。党的十九届四中全会指出，坚持马克思主义在意识形态领域指导地位是中国特色社会主义的一项“根本制度”②。习近平新时代中国特色社会主义思想是当代中国马克思主义、21 世纪马克思主义，所以教育改革首先要以习近平新时代中国特色社会主义思想为指导。

党的十九大把习近平新时代中国特色社会主义思想确立为党必须长期坚持的指导思想并庄严地写入党章，实现了党的指导思想的与时俱进。第十三届全国人民代表大会第一次会议通过的《中华人民共和国宪法修正案》，郑重地把习近平新时代中国特色社会主义思想载入宪法，实现了国家指导思想的与时俱进，反映了全国各族人民的共同意识和全社会的共同意愿。习近平新时代中国特色社会主义思想，坚持马克思主义立场观点方法，坚持科学社会主义基本原则，科学总结世界社会主义运动经验教训，根据时代和实践发展变化，以崭新的思想内容丰富和发展了马克思主义，形成了系统科学的理论体系。习近平新时代中国特色社会主义思想内涵十分丰富，涵盖新时代坚持和发展中国特色社会主义的总目标、总任务、总体布局、战略布局和发展方向、发展方式、发展动力、战略步骤、外部条件、

---

① 习近平．在庆祝改革开放 40 周年大会上的讲话．北京：人民出版社，2018：28.

② 中共中央关于坚持和完善中国特色社会主义制度 推进国家治理体系和治理能力现代化若干重大问题的决定．北京：人民出版社，2019：5.

政治保证等基本问题，并根据新的实践对经济、政治、法治、科技、文化、教育、民生、民族、宗教、社会、生态文明、国家安全、国防和军队、“一国两制”和祖国统一、统一战线、外交、党的建设等各方面做出新的理论概括和战略指引。①

具体而言，习近平新时代中国特色社会主义思想的核心内容包括“八个明确”和“十四个坚持”。② “八个明确”，就是明确坚持和发展中国特色社会主义，总任务是实现社会主义现代化和中华民族伟大复兴，在全面建成小康社会的基础上，分两步走在21世纪中叶建成富强民主文明和谐美丽的社会主义现代化强国；明确新时代我国社会主要矛盾是人民日益增长的美好生活需要和不平衡不充分的发展之间的矛盾，必须坚持以人民为中心的发展思想，不断促进人的全面发展、全体人民共同富裕；明确中国特色社会主义事业总体布局是“五位一体”、战略布局是“四个全面”，强调坚定道路自信、理论自信、制度自信、文化自信；明确全面深化改革总目标是完善和发展中国特色社会主义制度、推进国家治理体系和治理能力现代化；明确全面推进依法治国总目标是建设中国特色社会主义法治体系、建设社会主义法治国家；明确党在新时代的强军目标是建设一支听党指挥、能打胜仗、作风优良的人民军队，把人民军队建设成为世界一流军队；明确中国特色大国外交要推动构建新型国际关系，推动构建人类命运共同体；明确中国特色社会主义最本质的特征是中国共产党领导，中国特色社会主义制度的最大优势是中国共产党领导，党是最高政治领

---

① 中共中央宣传部．习近平新时代中国特色社会主义思想学习纲要．北京：学习出版社，2019：7－8.

② 习近平．决胜全面建成小康社会 夺取新时代中国特色社会主义伟大胜利：在中国共产党第十九次全国代表大会上的报告．北京：人民出版社，2017：19－26.

导力量，提出新时代党的建设总要求，突出政治建设在党的建设中的重要地位。“十四个坚持”，就是坚持党对一切工作的领导，坚持以人民为中心，坚持全面深化改革，坚持新发展理念，坚持人民当家作主，坚持全面依法治国，坚持社会主义核心价值体系，坚持在发展中保障和改善民生，坚持人与自然和谐共生，坚持总体国家安全观，坚持党对人民军队的绝对领导，坚持“一国两制”和推进祖国统一，坚持推动构建人类命运共同体，坚持全面从严治党。

习近平新时代中国特色社会主义思想内涵十分丰富，为教育改革指明了方向。习近平总书记关于教育的一系列重要论述更是明确地解答了教育领域该改些什么、怎样改的问题。2018 年习近平总书记在全国教育大会上的重要讲话，更是为新时代我国教育改革发展描绘了细致的蓝图，被概括为“九个坚持”。“九个坚持”，就是坚持党对教育事业的全面领导，坚持把立德树人作为根本任务，坚持优先发展教育事业，坚持社会主义办学方向，坚持扎根中国大地办教育，坚持以人民为中心发展教育，坚持深化教育改革创新，坚持把服务中华民族伟大复兴作为教育的重要使命，坚持把教师队伍建设作为基础工作。

习近平总书记关于教育的重要论述举旗定向，体现了鲜明的政治性，强调培养什么样的人、怎样培养人、为谁培养人的问题，强调办学的社会主义方向，培养的是社会主义建设者和接班人；体现了高度的战略性，强调教育是国之大计、党之大计，将优先发展教育事业作为推动党和国家各项事业发展的重要先手棋；体现了强烈的人民性，强调教育公平是社会公平的重要基础，要坚持教育公益性原则，把教育公平作为基本教育政策；体现了深刻的规律性，强调中国的事情必须按照中国的特点、中国的实际办，遵循教育规律和人才成长规律，坚决破除制约教育事业发展的体制机制障碍；体现了突出的创新性，立足于最新的教育实践和社会发展需要，把劳动教育纳入社会主义建设者和接班人的要求，提出德智体美劳全面发展的总体要求，丰富了中国特色社会主义的教育理念，实现了马克思主义基本原理与中国教育实践的有机结合，标志着我们党对教育事业的规律性认识达到了新高度，为新时代的教育改革发展提供了强大的精神动力和思想指引。

2. 坚持中国特色社会主义教育发展道路

2018年12月18日，习近平总书记在庆祝改革开放40周年大会上强调："必须坚持走中国特色社会主义道路，不断坚持和发展中国特色社会主义。改革开放40年的实践启示我们：方向决定前途，道路决定命运。我们要把命运掌握在自己手中，就要有志不改、道不变的坚定。改革开放40年来，我们党全部理论和实践的主题是坚持和发展中国特色社会主义。在中国这样一个有着5 000多年文明史、13亿多人口的大国推进改革发展，没有可以奉为金科玉律的教科书，也没有可以对中国人民颐指气使的教师爷。鲁迅先生说过：'什么是路？就是从没路的地方践踏出来的，从只有荆棘的地方开辟出来的。'中国特色社会主义道路是当代中国大踏步赶上时代、引领时代发展的康庄大道，必须毫不动摇走下去。"① 中国教育改革是以中国特色社会主义为指引的教育改革，必须沿着中国特色社会主义道路进行，而不是沿着其他什么道路改革。2018年9月10日，习近平总书记在全国教育大会上强调，我们要"在党的坚强领导下，全面贯彻党的教育方针，坚持马克思主义指导地位，坚持中国特色社会主义教育发展道路，坚持社

① 习近平．在庆祝改革开放40周年大会上的讲话．北京：人民出版社，2018：27-28.

会主义办学方向，立足基本国情，遵循教育规律，坚持改革创新，以凝聚人心、完善人格、开发人力、培育人才、造福人民为工作目标，培养德智体美劳全面发展的社会主义建设者和接班人，加快推进教育现代化、建设教育强国、办好人民满意的教育”①。坚持中国特色社会主义教育发展道路是教育改革的根本道路。

坚持中国特色社会主义教育发展道路，首先是要坚持社会主义办学方向。在全国教育大会上，习近平总书记强调：“我国是中国共产党领导的社会主义国家，这就决定了我们的教育必须把培养社会主义建设者和接班人作为根本任务，培养一代又一代拥护中国共产党领导和我国社会主义制度、立志为中国特色社会主义奋斗终身的有用人才。”② 坚持社会主义办学方向是我们办学的根本方向。《中华人民共和国宪法》第一条规定：“中华人民共和国是工人阶级领导的、以工农联盟为基础的人民民主专政的社会主义国家。社会主义制度是中华人民共和国的根本制度。中国共产党领导是中国特色社会主义最本质的特征。禁止任何组织或者个人破坏社会主义制度。”第十九条规定：“国家发展社会主义的教育事业，提高全国人民的科学文化水平。”可见，坚持社会主义办学方向是由我国国家性质决定的根本办学方向。

“培养什么人、怎样培养人、为谁培养人”这一根本问题，事关国家长治久安，事关民族兴旺发达，事关党的前途命运，事关人民幸福生活。教育改革发展的方向对于国家富强、民族振兴、社会进步、人民幸福具有十分重要的意义，对于加快推进教育现代化、建设教育强国、办好人民满意的教育具有全局性的深远影响。2018 年 5 月 2 日，习近平总书记在北京大学师生座谈会上

①② 坚持中国特色社会主义教育发展道路 培养德智体美劳全面发展的社会主义建设者和接班人．人民日报，2018－09－11（1）．

讲："近代以来我国历史告诉我们，只有社会主义才能救中国，只有中国特色社会主义才能发展中国，才能实现中华民族伟大复兴。坚持好、发展好中国特色社会主义，把我国建设成为社会主义现代化强国，是一项长期任务，需要一代又一代人接续奋斗。我们的今天就是这样走过来的，我们的明天需要青年人接着奋斗下去，一代接着一代不断前进。"① 青年们一代接着一代地为中国特色社会主义事业接续奋斗，要求我们培养的必须是社会主义建设者和接班人。社会主义的建设者和接班人是什么样的人呢？习近平总书记对青年提出的四点希望为社会主义建设者和接班人勾勒出了基本形象，即爱国、励志、求真、力行。社会主义建设者和接班人，一是忠于祖国、忠于人民的人。爱国，是人世间最深层、最持久的情感之一，是一个人立德之源、立功之本。爱国不是口号，而是"要把自己的理想同祖国的前途、把自己的人生同民族的命运紧密联系在一起，扎根人民，奉献国家"②。二是有坚忍不拔之志的奋斗者。苏轼说："古之立大事者，不惟有超世之才，亦必有坚忍不拔之志。"王守仁说："志不立，天下无可成之事。"社会主义建设者和接班人必须"理想坚定，信念执着，不怕困难，勇于开拓，顽强拼搏，永不气馁"。三是有真学问、真本领的人。"学习就必须求真学问，求真理、悟道理、明事理，不能满足于碎片化的信息、快餐化的知识。要通过学习知识，掌握事物发展规律，通晓天下道理，丰富学识，增长见识。"③ 四是身体力行、知行合一的实干者。"道虽迩，不行不至；事虽小，不为不成。"这是永恒的道理。社会主义是"干"出来的，不是"说"出来的，更不是"想"出来的。

---

①②③ 习近平．在北京大学师生座谈会上的讲话．人民日报，2018-05-03（2）．

怎样才能成为爱国、励志、求真、力行的社会主义建设者和接班人呢？习近平总书记在全国教育大会上提出了“六个下功夫”。一是“要在坚定理想信念上下功夫，教育引导学生树立共产主义远大理想和中国特色社会主义共同理想，增强学生的中国特色社会主义道路自信、理论自信、制度自信、文化自信，立志肩负起民族复兴的时代重任”[①]。理想信念问题就是人的世界观、人生观、价值观的问题，对此，习近平总书记有一个非常形象的比喻：“理想信念就是共产党人精神上的‘钙’，没有理想信念，理想信念不坚定，精神上就会‘缺钙’，就会得‘软骨病’。”[②] 二是“要在厚植爱国主义情怀上下功夫，让爱国主义精神在学生心中牢牢扎根，教育引导学生热爱和拥护中国共产党，立志听党话、跟党走，立志扎根人民、奉献国家”[③]。爱国是始终把祖国和人民放在心里，“苟利国家生死以，岂因祸福避趋之”。爱国主义始终是激励我国各族人民自强不息的强大精神力量。三是“要在加强品德修养上下功夫，教育引导学生培育和践行社会主义核心价值观，踏踏实实修好品德，成为有大爱大德大情怀的人”[④]。古人讲：“君子挟才以为善，小人挟才以为恶。挟才以为善者，善无不至矣；挟才以为恶者，恶亦无不至矣。”古往今来、扰乱国家、祸害民众的都不是无才者，而是缺德者，有德无才尚可是一个好人，有才无德必会害人，德才兼备是我们党选人用人一贯坚持的原则。四是“要在增长知识见识上下功夫，教育引导学生珍惜学习时光，心无旁骛求知问学，增长见识，丰富学识，沿着求真理、悟道理、

① 坚持中国特色社会主义教育发展道路 培养德智体美劳全面发展的社会主义建设者和接班人．人民日报，2018-09-11（1）.

② 中共中央文献研究室．习近平总书记重要讲话文章选编．北京：中央文献出版社，2016：15.

③④ 同②.

明事理的方向前进”①。古人讲，“非学无以广才，非志无以成学”。学习知识是无止境的。学习知识既要囊括“上下五千年”，又要“纵横八万里”；既要学好数理化，又要学好文史哲。五是“要在培养奋斗精神上下功夫，教育引导学生树立高远志向，历练敢于担当、不懈奋斗的精神，具有勇于奋斗的精神状态、乐观向上的人生态度，做到刚健有为、自强不息”②。每个人都向往美好生活，美好生活不是靠等靠要实现的，美好生活是奋斗出来的。我们要实现伟大梦想，推进伟大事业，建设伟大工程，进行伟大斗争，都必须靠艰苦奋斗。六是“要在增强综合素质上下功夫，教育引导学生培养综合能力，培养创新思维。要树立健康第一的教育理念，开齐开足体育课，帮助学生在体育锻炼中享受乐趣、增强体质、健全人格、锤炼意志。要全面加强和改进学校美育，坚持以美育人、以文化人，提高学生审美和人文素养。要在学生中弘扬劳动精神，教育引导学生崇尚劳动、尊重劳动，懂得劳动最光荣、劳动最崇高、劳动最伟大、劳动最美丽的道理，长大后能够辛勤劳动、诚实劳动、创造性劳动”③。任何健全的教育，都必须是综合素养的培育，否则就不是全面发展，而是片面发展。中国古代的教育，强调礼、乐、射、御、书、数“六艺”的教育，这是适合古代社会的综合素质教育。今天我们强调德智体美劳全面发展，意指教育贵在全面，既要立德增智，又要强体育美。这六个“下功夫”是对怎样培养人、怎样成为优秀的建设者和接班人这一问题的科学解答。

解答培养什么人、怎样培养人的问题，蕴含着“为谁培养人”的答案。我们是“为党育人，为国育才”。我们办的是社会主义教

---

①②③ 坚持中国特色社会主义教育发展道路 培养德智体美劳全面发展的社会主义建设者和接班人．人民日报，2018-09-11 (1).

育，必须坚持教育为人民服务、为中国共产党治国理政服务、为巩固和发展中国特色社会主义制度服务、为改革开放和社会主义现代化建设服务，始终做到为党育人，为国育才。教育部门和各级各类学校的党组织要增强“四个意识”、坚定“四个自信”，坚定不移维护党中央权威和集中统一领导，自觉在政治立场、政治方向、政治原则、政治道路上同党中央保持高度一致。① 我们培养的是“立志听党话、跟党走，立志扎根人民、奉献国家”的有用人才。

坚持中国特色社会主义教育发展道路，必须坚持党对教育事业的全面领导。习近平总书记强调，“中国特色社会主义最本质的特征是中国共产党领导，中国特色社会主义制度的最大优势是中国共产党领导”②。本质是一事物区别于其他事物的根本规定性，中国特色社会主义最本质的特征就是中国社会制度区别于其他社会制度最根本的规定性。“近些年来，国内外有些舆论提出中国现在搞的究竟还是不是社会主义的疑问，有人说是‘资本社会主义’，还有人干脆说是‘国家资本主义’、‘新官僚资本主义’。这些都是完全错误的。”③ 中国特色社会主义有很多特点和特征，其最本质的特征是中国共产党领导。中国的事情关键在党，中国的事情要办好，关键是党的事情要办好。“党政军民学，东西南北中，党是领导一切的。必须增强政治意识、大局意识、核心意识、看齐意识，自觉维护党中央权威和集中统一领导，自觉在思想上政治上行动上同党中央保持高度一致，完善坚持党的领导的体制

---

① 坚持党对教育事业的全面领导：论学习习惯彻习近平总书记全国教育大会重要讲话．人民日报，2018-09-18（2）.

② 习近平．决胜全面建成小康社会 夺取新时代中国特色社会主义伟大胜利：在中国共产党第十九次全国代表大会上的报告．北京：人民出版社，2017：20.

③ 习近平．关于坚持和发展中国特色社会主义的几个问题．求是，2019（7）：5.

机制，坚持稳中求进工作总基调，统筹推进‘五位一体’总体布局，协调推进‘四个全面’战略布局，提高党把方向、谋大局、定政策、促改革的能力和定力，确保党始终总揽全局、协调各方。”[①] 这是党的十九大报告阐明的党的领导地位。党的十九届四中全会强调：“中国共产党领导是中国特色社会主义最本质的特征，是中国特色社会主义制度的最大优势，党是最高政治领导力量。必须坚持党政军民学、东西南北中，党是领导一切的，坚决维护党中央权威，健全总揽全局、协调各方的党的领导制度体系，把党的领导落实到国家治理各领域各方面各环节。”[②] 党的领导制度体系是我国的根本领导制度。教育兴则国家兴，教育强则国家强。建设教育强国是中华民族伟大复兴的基础工程。教育事业的改革发展必须坚持党对教育事业的全面领导。

党对教育事业的全面领导是教育改革发展的根本保证。党的十八大以来，我国教育事业发展之所以取得显著成就，最根本的就是在以习近平同志为核心的党中央坚强领导下，党对教育事业的全面领导得到了有力贯彻，党对教育工作的领导得到了全面加强。坚持党对教育改革发展的全面领导，首先是思想政治领导。2019 年 3 月 18 日，习近平总书记在学校思想政治理论课教师座谈会上强调：“各级党委要把思想政治理论课建设摆上重要议程，抓住制约思政课建设的突出问题，在工作格局、队伍建设、支持保障等方面采取有效措施。要建立党委统一领导、党政齐抓共管、有关部门各负其责、全社会协同配合的工作格局，推动形成全党

① 习近平．决胜全面建成小康社会 夺取新时代中国特色社会主义伟大胜利：在中国共产党第十九次全国代表大会上的报告．北京：人民出版社，2017：20－21.

② 中共中央关于坚持和完善中国特色社会主义制度 推进国家治理体系和治理能力现代化若干重大问题的决定．北京：人民出版社，2019：6.

全社会努力办好思政课、教师认真讲好思政课、学生积极学好思政课的良好氛围。学校党委要坚持把从严管理和科学治理结合起来。学校党委书记、校长要带头走进课堂，带头推动思政课建设，带头联系思政课教师。要配齐建强思政课专职教师队伍，建设专职为主、专兼结合、数量充足、素质优良的思政课教师队伍。要把统筹推进大中小学思政课一体化建设作为一项重要工程，推动思政课建设内涵式发展。要完善课程体系，解决好各类课程和思政课相互配合的问题，鼓励教学名师到思政课堂上讲课。各地区各部门负责同志要积极到学校去讲思政课。”[①] 办好思想政治理论课是落实党领导教育改革发展的重要方式。思想政治理论课也是落实立德树人根本任务的关键课程。坚持党对教育事业改革发展的全面领导，关键要落实落细做到位。各级党委要把教育改革发展纳入议事日程，党政主要负责同志要关心教育、研究教育、熟悉教育、亲自抓好教育。

坚持中国特色社会主义教育发展道路，必须坚持以人民为中心发展教育，回应人民对教育改革发展的期待。坚持以人民为中心发展教育，核心就是办好人民满意的教育，想民之所想、忧民之所忧、盼民之所盼、行民之欲行。坚持以人民为中心发展教育，回应人民对教育改革发展的期待，既是党“以人民为中心的发展思想”的重要体现，也是党执政为民的内在要求。党的十九大报告指出：“中国特色社会主义进入新时代，我国社会主要矛盾已经转化为人民日益增长的美好生活需要和不平衡不充分的发展之间

① 习近平主持召开学校思想政治理论课教师座谈会强调 用新时代中国特色社会主义思想铸魂育人 贯彻党的教育方针落实立德树人根本任务．人民日报，2019－03－19（1）.

的矛盾。”[①] 人民对美好生活的向往必然包含着对高质量公平教育的向往。教育是根本的民生需求，也是美好生活的内在环节。党的十九届四中全会对教育回应人民的期盼做出了全面部署：聚焦办好人民满意的教育，完善立德树人体制机制，深化教育领域综合改革，加强师德师风建设，培养德智体美劳全面发展的社会主义建设者和接班人。推动城乡义务教育一体化发展，健全学前教育、特殊教育和普及高中阶段教育保障机制，完善职业技术教育、高等教育、继续教育统筹协调发展机制。支持和规范民办教育、合作办学。构建覆盖城乡的家庭教育指导服务体系。发挥网络教育和人工智能优势，创新教育和学习方式，加快发展面向每个人、适合每个人、更加开放灵活的教育体系，建设学习型社会。[②]

教育回应人民的期盼，首要的是以问题为导向，强弱项、补短板。例如，针对学前教育“入园难”“入园贵”问题，党和政府从优化学前资源配置等方面着力解决；针对教育培训乱象频出、冲击普通学校的教育教学改革和正常教学秩序的问题，中央有关部门密集发布校外培训机构的规范化政策文件，调控校外培训机构，将校外线上培训也纳入了监管范围，促进了教育生态的良性发展；针对义务教育资源分布不均的问题，国家出台了包括《中共中央 国务院关于深化教育教学改革全面提高义务教育质量的意见》等在内的一系列政策文件，推进义务教育由外延式发展向内涵式发展转变，推动各地城乡教育均衡发展；针对素质教育中的“体育”“美育”“劳动教育”等薄弱环节，中央有关部门发布系列

① 习近平．决胜全面建成小康社会 夺取新时代中国特色社会主义伟大胜利：在中国共产党第十九次全国代表大会上的报告．北京：人民出版社，2017：11.

② 中共中央关于坚持和完善中国特色社会主义制度 推进国家治理体系和治理能力现代化若干重大问题的决定．北京：人民出版社，2019：28.

政策文件，从教材、课程、学时、评价方式等多个方面加以引导和规范，全面推进素质教育。

3. 加快推进教育现代化

教育现代化是国家现代化的基础工程，也是国家现代化的关键部分。教育改革的过程也就是教育现代化的过程。改革是教育事业发展的根本动力，也是加快推进教育现代化的根本动力。改革开放以来，以国家有关现代化的重大方针政策的颁布和实施为标志，大致可以将教育现代化分为四个阶段。

1978 年至 1985 年是教育现代化的开启阶段。1978 年 12 月党的十一届三中全会在北京举行，会议做出把工作重点转移到社会主义现代化建设上来和实行改革开放的决策，重新确立了马克思主义的思想路线、政治路线和组织路线，从此我国进入了社会主义现代化建设的新时期。社会主义现代化建设的关键在于科学技术的现代化，科学技术的现代化靠人才，人才靠教育培养，教育现代化是国家现代化的基础。人们意识到了教育是生产力的构成要素，它作为渗透性要素极大地改变着劳动者、劳动对象、劳动工具等实体性要素。邓小平 1983 年为北京景山学校题词："教育要面向现代化，面向世界，面向未来"。"三个面向"的题词使教育现代化的目标指向逐渐成为强有力的大众话语和公共政策话语。1985 年《中共中央关于教育体制改革的决定》再次以中央文件的形式确认了"三个面向"。该文件指出："轻视教育、轻视知识、轻视人才的错误思想仍然存在，教育工作方面的'左'的思想影响还没有完全克服，教育工作不适应社会主义现代化建设需要的局面还没有根本扭转。"该文件强调："要改革同社会主义现代化不相适应的教育思想、教育内容、教育方法。经过改革，要开创教育工作的新局面，使基础教育得到切实的加强，职业技术教育得到广泛的发展，高等学校的潜力和活力得到充分的发挥，学校教育和学校外、学校后的教育并举，各级各类教育能够主动适应经济和社会发展的多方面需要。”① 这充分体现了社会主义现代化要依靠教育现代化的战略定位。

1986 年至 2002 年是教育现代化的推进阶段。1986 年颁布了推进教育现代化的基础性法律《中华人民共和国义务教育法》。1987 年，党的十三大提出了“把发展科学技术和教育事业放在首要位置”的要求，“坚持教育为社会主义现代化建设服务的方针”。1992 年党的十四大报告强调：“科技进步、经济繁荣和社会发展，从根本上说取决于提高劳动者的素质，培养大批人才。我们必须把教育摆在优先发展的战略地位。”1993 年颁布的《中国教育改革和发展纲要》再次提出了教育现代化的目标，即“经过几十年的努力，建立起比较成熟和完善的社会主义教育体系，实现教育的现代化”，并明确指出，“教育是社会主义现代化建设的基础，必须坚持把教育摆在优先发展的战略地位”“必须坚持教育为社会主义现代化建设服务”，将教育现代化作为社会主义现代化的必由之路。1995 年，《中共中央、国务院关于加速科学技术进步的决定》出台，提出了科教兴国的战略，“坚持教育为本，把科技和教育摆在经济、社会发展的重要位置”。1997 年，党的十五大报告指出建设中国特色社会主义要“培育适应社会主义现代化要求的一代又一代有理想、有道德、有文化、有纪律的公民”。1998 年颁布的《面向 21 世纪教育振兴行动计划》再次强调邓小平“实现社会主义现代化，科技是关键，教育是基础”的观念。1999 年，《中共中央、国务院关于深化教育改革全面推进素质教育的决定》

---

① 中共中央关于教育体制改革的决定．人民日报，1985-05-27.

要求："全面推进素质教育，培养适应二十一世纪现代化建设需要的社会主义新人。" 2002 年，党的十六大报告指出："教育是发展科学技术和培养人才的基础，在现代化建设中具有先导性全局性作用，必须摆在优先发展的战略地位。全面贯彻党的教育方针，坚持教育为社会主义现代化建设服务，为人民服务，与生产劳动和社会实践相结合，培养德智体美全面发展的社会主义建设者和接班人。"① 这是教育现代化叙事不断得到强化、教育现代化不断向前推进的阶段。

2003 年至 2012 年是教育现代化快速发展阶段。2004 年 2 月，教育部发布的《2003—2007 年教育振兴行动计划》指出："要实现全面建设小康社会和中华民族伟大复兴的宏伟目标，必须坚持实施科教兴国战略和人才强国战略，把教育摆在现代化建设优先发展的战略地位。" 构建中国特色社会主义现代化教育体系，为建立全民学习、终身学习的学习型社会奠定基础。这个行动计划比较全面地描绘了推进教育现代化的阶段性蓝图。2006 年，党的十六届六中全会通过的《中共中央关于构建社会主义和谐社会若干重大问题的决定》要求"坚持教育优先发展，促进教育公平"，"大力实施科教兴国战略和人才强国战略，全面实施素质教育，深化教育改革，提高教育质量，建设现代国民教育体系和终身教育体系，保障人民享有接受良好教育的机会。"② 2007 年，党的十七大报告要求"优先发展教育，建设人力资源强国"。2010 年《国家中长期教育改革和发展规划纲要（2010—2020 年）》强调："坚持教育为社会主义现代化建设服务，为人民服务，与生产劳动和

① 江泽民．全面建设小康社会 开创中国特色社会主义事业新局面：在中国共产党第十六次全国代表大会上的报告．北京：人民出版社，2002：40.

② 中共中央关于构建社会主义和谐社会若干重大问题的决定．北京：人民出版社，2006：12.

社会实践相结合，培养德智体美全面发展的社会主义建设者和接班人。”“全面推进教育事业科学发展，立足社会主义初级阶段基本国情，把握教育发展阶段性特征，坚持以人为本，遵循教育规律，面向社会需求，优化结构布局，提高教育现代化水平。”并提出战略目标：“到2020年，基本实现教育现代化，基本形成学习型社会，进入人力资源强国行列”。①

2012年至今是新时代推进教育现代化阶段。2012年，党的十八大报告继续强调“坚持教育为社会主义现代化建设服务”。2013年，教育部部长在全国教育工作会议上强调：“到2020年基本实现教育现代化、全面建成小康社会，我们在教育观念、教育内容、教育方式、教育管理和教育保障等方面还有相当的差距。”② 2013年，党的十八届三中全会强调，“全面深化改革的总目标是完善和发展中国特色社会主义制度，推进国家治理体系和治理能力现代化”，教育领域则是要深化综合改革。2015年《统筹推进世界一流大学和一流学科建设总体方案》规定：“积极探索中国特色的世界一流大学和一流学科建设之路，努力成为世界高等教育改革发展的参与者和推动者，培养中国特色社会主义事业建设者和接班人，更好地为社会主义现代化建设服务、为人民服务。”③ 从此，“双一流”建设成为高校教育现代化的强劲动力。2017年，国务院印发了《国家教育事业发展“十三五”规划》，其总目标是：教育现代化取得重要进展，教育总体实力和国际影响力显著增强，

---

① 国家中长期教育改革和发展规划纲要（2010—2020年）. 北京：人民出版社，2010：12，14.

② 袁贵仁. 在2013年全国教育工作会议上的讲话.（2013-01-24）[2020-11-07]. http://www.moe.gov.cn/jyb_xwfb/moe/moe_176/201301/147151.html.

③ 国务院关于印发统筹推进世界一流大学和一流学科建设总体方案的通知.（2015-11-05）[2020-11-07]. http://www.moe.gov.cn/jyb_xxgk/moe_1777/moe_1778/201511/t20151105_217823.html.

推动我国迈入人力资源强国和人才强国行列，为实现中国教育现代化2030远景目标奠定坚实基础。党的十九大报告指出："建设教育强国是中华民族伟大复兴的基础工程，必须把教育事业放在优先位置，深化教育改革，加快教育现代化，办好人民满意的教育。"[①] 在2018年的全国教育大会上，习近平总书记再次强调了"优先发展教育事业、加快教育现代化、建设教育强国的重大部署"[②]。2019年，中共中央、国务院印发了《中国教育现代化2035》，这是我国第一个以教育现代化为主题的中长期战略规划，是新时代推进教育现代化、建设教育强国的纲领性文件。它具有全局性、战略性、指导性的特征，与以往的教育中长期规划相比，时间跨度更长，重在目标导向，对标新时代中国特色社会主义建设总体战略安排，从"两个一百年"奋斗目标和国家现代化全局出发，在总结改革开放以来特别是党的十八大以来教育改革发展成就和经验的基础上，面向未来描绘教育发展图景，系统勾画了我国教育现代化的战略愿景，明确了教育现代化的战略目标、战略任务和实施路径。[③]

中国特色社会主义进入新时代后，教育现代化提挡加速，进入了快速发展的阶段。新时代加速推进教育现代化，当下有十项重点任务：一是实施新时代立德树人工程，二是推进基础教育巩固提高，三是深化职业教育产教融合，四是推进高等教育内涵发展，五是全面加强新时代教师队伍建设，六是大力推进教育信息

---

① 习近平．决胜全面建成小康社会 夺取新时代中国特色社会主义伟大胜利：在中国共产党第十九次全国代表大会上的报告．北京：人民出版社，2017：45.

② 坚持中国特色社会主义教育发展道路 培养德智体美劳全面发展的社会主义建设者和接班人．人民日报，2018-09-11（1）.

③ 绘制新时代加快推进教育现代化建设教育强国的宏伟蓝图：教育部负责人就《中国教育现代化2035》和《加快推进教育现代化实施方案（2018—2022年）》答记者问．(2019-02-23)[2020-11-07]. http://www.moe.gov.cn/jyb_xwfb/s271/201902/t20190223_370865.html.

化，七是实施中西部教育振兴发展计划，八是推进教育现代化区域创新试验，九是推进共建“一带一路”教育行动，十是深化重点领域教育综合改革。[①]

三、教育改革必须坚持正确的方法论

方法论是我们认识世界和改造世界之方法的根本理论。教育改革最根本的方法论是辩证唯物主义和历史唯物主义的方法论。世界观和方法论是紧密联系在一起的，有什么样的世界观，就有什么样的方法论。唯心主义的世界观只能产生唯心主义的方法论，辩证唯物的世界观会带来辩证唯物的方法论。1895 年 3 月，恩格斯在致韦尔纳·桑巴特的信中告诫人们说：“马克思的整个世界观不是教义，而是方法。它提供的不是现成的教条，而是进一步研究的出发点和供这种研究使用的方法。”[②] 我们党历来高度重视方法论的问题。1934 年 1 月，毛泽东在《关心群众生活，注意工作方法》一文中强调：“我们不但要提出任务，而且要解决完成任务的方法问题。我们的任务是过河，但是没有桥或没有船就不能过。不解决桥或船的问题，过河就是一句空话。不解决方法问题，任务也只是瞎说一顿。”[③] 1959 年 4 月，毛泽东在党的八届七中全会上指出：“所谓方法，无非就是思想方法和工作方法。思想方法和工作方法是互相结合的，思想方法不对头，工作方法也就不对头。”说到底，我们想问题的思想方法，一是唯物论，二是辩证

① 中共中央办公厅、国务院办公厅印发《加快推进教育现代化实施方案（2018—2022 年）》.(2019-02-23)[2020-11-17]. http://www.moe.gov.cn/jyb_xwfb/s6052/moe_838/201902/t20190223_370859.html.

② 马克思，恩格斯. 马克思恩格斯文集：第 10 卷. 北京：人民出版社，2009：691.

③ 毛泽东. 毛泽东选集：第 1 卷. 2 版. 北京：人民出版社，1991：139.

法。工作方法是思想方法在实际工作中的运用和总结。习近平总书记指出："改革开放是党和人民大踏步赶上时代的重要法宝，是坚持和发展中国特色社会主义的必由之路，是决定当代中国命运的关键一招，也是决定实现'两个一百年'奋斗目标、实现中华民族伟大复兴的关键一招。"[①] 由此，我们可以说，教育改革是中国特色社会主义教育事业大踏步赶上时代的重要法宝，是推进我国教育现代化的必由之路，是决定当代中国教育事业发展程度的关键一招，也是实现科教兴国、人才强国、建设创新型国家的关键一招。教育改革的方法论就是加快推进教育事业发展的唯物论和辩证法，是加快推进教育事业发展的思想方法和工作方法。

中国教育改革已经取得了辉煌的成就，将来会取得更加辉煌的成就，这其中必有不少行之有效的方法论原则。改革开放 40 周年的时候，习近平总书记全面总结了"改革开放 40 年的实践启示"，在总结方法论启示的时候，他指出："必须坚持辩证唯物主义和历史唯物主义世界观和方法论，正确处理改革发展稳定关系。改革开放 40 年的实践启示我们：我国是一个大国，决不能在根本性问题上出现颠覆性错误。我们坚持加强党的领导和尊重人民首创精神相结合，坚持'摸着石头过河'和顶层设计相结合，坚持问题导向和目标导向相统一，坚持试点先行和全面推进相促进，既鼓励大胆试、大胆闯，又坚持实事求是、善作善成，确保了改革开放行稳致远。前进道路上，我们要增强战略思维、辩证思维、创新思维、法治思维、底线思维，加强宏观思考和顶层设计，坚持问题导向，聚焦我国发展面临的突出矛盾和问题，深入调查研究，鼓励基层大胆探索，坚持改革决策和立法决策相衔接，不断

① 习近平．在庆祝改革开放 40 周年大会上的讲话．北京：人民出版社，2018：21.

提高改革决策的科学性。我们要拿出抓铁有痕、踏石留印的韧劲，以钉钉子精神抓好落实，确保各项重大改革举措落到实处。我们既要敢为天下先、敢闯敢试，又要积极稳妥、蹄疾步稳，把改革发展稳定统一起来，坚持方向不变、道路不偏、力度不减，推动新时代改革开放走得更稳、走得更远。”① 这都是在讲方法论的问题，内涵十分丰富，既有最根本的方法论基础，也有重要的方法论原则，还有解决问题的原则性措施。教育改革的方法论跟整个改革开放的方法论是一致的。

1. 尊重客观规律与发挥主观能动性相统一

尊重客观规律与发挥主观能动性相统一是唯物主义的物质和意识的辩证关系的必然要求。辩证唯物主义的基本原理告诉我们：尊重客观规律是正确发挥主观能动性的前提。人们只有在认识和掌握客观规律的基础上，才能正确地认识世界，有效地改造世界。此外，只有充分发挥主观能动性，才能正确认识和利用客观规律。承认规律的客观性，并不是说人在规律面前无能为力、无所作为。人能够通过自觉活动去认识规律，并按照客观规律去改造世界，以满足自身的需要。因此，尊重事物发展的客观规律与发挥人的主观能动性是辩证统一的，实践是客观规律与主观能动性相统一的基础。深化教育改革首先要处理好尊重客观规律和发挥主观能动性的辩证关系，既要尊重教育事业发展的客观规律，又要充分发挥人的主观能动性，这是推进教育改革首要的方法论原则。

2013 年 12 月，习近平总书记在十八届中央政治局第十一次集体学习时强调：“在全面深化改革中，我们要处理好尊重客观规律和发挥主观能动性的关系。一方面，要坚持一切从实际出发，

① 习近平．在庆祝改革开放 40 周年大会上的讲话．北京：人民出版社，2018：36－37.

按照客观规律办事，一张蓝图抓到底，抓好打基础利长远的工作，不能拍脑袋、瞎指挥、乱决策，杜绝短期行为、拔苗助长。另一方面，要鼓励地方、基层、群众大胆探索、先行先试，及时总结经验，勇于推进理论和实践创新，不断深化对改革规律的认识。”[①] 尊重客观规律就是要坚持一切从实际出发，按照客观规律办事。既要尊重中国特色社会主义的办学规律，遵循教育教学规律，也要注重人才成长规律。青年学生不是靠残酷的分数竞争就可以成长为栋梁之材的，学校不应是高强度的竞技场，而是健康成长的乐园。任何事物的发展总有一个过程，人的身心发展也是一个渐进的过程。教育必须尊重人的身心发展的客观规律，要从实际出发，量力而行，循序渐进，用正确的教育方式，由浅入深、由易到难，逐步提高要求。

知识是教育的重要目标，但知识不是单纯的命题。联合国教科文组织在 2015 年的报告中提道：“知识在有关学习的任何讨论中都是核心议题，可以理解为个人和社会解读经验的方法。因此，可以将知识广泛地理解为通过学习获得的信息、认识、技能、价值观和态度。知识本身与创造及复制知识的文化、社会、环境和体制背景密不可分。”[②] 其实，有哲学家早就指出：知识不仅仅包括命题、陈述、判断，“或逻辑学家用来指明有关思想陈述规则的任何名称（或通过这些规则被陈述出来的东西，因为‘知识’既指认识活动，又指认识结果），而且还包括陈述、命题等所意欲回答的问题”[③]。命题性的知识都有真假之分，“如果一个命题的意

① 中共中央文献研究室．习近平关于全面深化改革论述摘编．北京：中央文献出版社，2014：48.

② 联合国教科文组织．反思教育：向“全球共同利益”的理念转变？．北京：教育科学出版社，2015：16.

③ 柯林伍德．柯林伍德自传．陈静，译．北京：北京大学出版社，2005：33.

义是与它回答的问题相关的，那么，它的真假也必定与它的问题相关。命题的意义、矛盾与否、真假与否，这都不是命题本身所具有的，因为命题只是命题。这些东西只有作为对问题的回答时，才属于命题：每一个命题都回答一个与自身严格相关的问题”[①]。我们可以说，问题＋答案＝知识。然而，通常的教育是不仔细探究问题本身而直接灌输给学生答案。如果只是记住答案，这还不是真正学到知识。即便连问题和答案一起都记住了，这还只是训练了记忆，还没真切地学到知识。哲学家杜威说，“整个教育过程应该当作是通过解答真实的问题而学习的过程”[②]。何谓真实的问题？有学者认为真实的问题应满足如下四个标准：（1）“一个真实的问题必须有个人的参照系，因为它涉及个人情感或情绪约束，也涉及理智和认知投入”；（2）“一个真实的问题没有现存的或唯一解答”；（3）“对既定的个人或群体而言，将某事称作一个问题，并不是必然使其成为真实的问题”；（4）“探求一个真实的问题，其目的是对科学、艺术或人文有所贡献或带来某种形式的变化”。[③] 前面谈到过 A、B、C 三种类型的问题，有些问题要转化为解答者自己的问题后才成其为个人或群体的真实问题，有些问题对发现者而言，当即成为真实的问题，但对其他人而言，在一定的条件下才可转化为他们自己的问题。“教育的使命是促进和保障人的成长的基本元素。遇到问题，解决问题；在这个过程中获得知识，提高了能力，培养了态度，感受到了人生的意义。这就

---

① 柯林伍德．柯林伍德自传．陈静，译．北京：北京大学出版社，2005：35.

② JONES J B，FLINT L J. The creative imperative：school librarians and teachers cultivating curiosity together. santa barbara：libraries unlimited，2013：173.

③ RENZULLI J S. What makes a problem real：stalking the illusive meaning of qualitative differences in gifted education. gifted child quarterly，1982，26（4）：149.

是成长。教育所能做的，就是促进和保障学生的成长。”[①] 教育的过程绝不是单纯训练记忆的过程，记忆能力和再现能力的训练只是教育附带实现的目标，绝不是教育的主要目标，教育是要通过解答自我相关的问题而实现全面发展，或者说实现健康成长。

创造和设计的欲望是教育必须保存、呵护和培育的东西，过度注重现成知识的接受和准确记忆，会压抑学生创造性思考和动手设计的欲望。学生通过解答自我相关的真实问题而学习，是保存和训练学生创造性解答问题之能力的主要方式。学生可能面临的问题主要有以下几个方面：一是生存问题，二是环境问题，三是因好奇心而产生的问题，四是成长中遇到的问题，五是因生活需要或创造欲驱使而形成的问题，六是因审美需求而产生的欣赏、创作问题。

知识创新在一定程度上源自好奇心。“好奇是人的本性，是人类进步的重要动力。教育的任务之一就是把学生源于本能的好奇转化为探究的热情，从而引导学生在探究中成长，在探究中体会人生的快乐。”[②] 但当下的基础教育，有个别的学校实际上是以各种考核指标、评比或规训来磨灭学生的好奇心。保卫学生的好奇心是当下基础教育亟须完成的一项时代任务。

学生的健康成长是教育的核心问题。“任何教育模式都是由成人设计和主宰的，因此教育很容易忽略学生在成长过程中遇到的和需要解决的属于学生自己的问题。这种做法的后果之一是：学生往往是在无奈、无助、恐惧、失败中带着累累伤痕走向成熟的。教育没有理由只要求学生关注客观的世界，而无视学生自身的成长。凡学生在成长过程中遇到的问题都应该像其他问题一样成为

---

① 张卓玉．第二次教育革命是否可能：人本主义的回答．北京：商务印书馆，2009：10.

② 同①29.

教育的内容。”[①] 例如，学生在学习成长过程中出现的心理问题、人际关系问题、异性之间的交往问题、专业选择问题等。

生存问题及其解答是教育的首要性问题，也是前提性问题。接受学校教育的前提是生存问题已得到了解答，教育首先是为了解答今后依然可能再次面临的生存问题，或者说，教育必须指向学生今后能更好生存的问题。学生首先是人，其次才是学生。“学生不是学习知识的机器，他们会像常人一样遇到生存的各种问题。学校教育不仅要关注学生未来就业、创业所需要的知识与能力，还要或者更要关注学生基本生存所需要的知识与能力。对学生来讲，这些知识与能力并不是可有可无或无师自通的。”[②] 比如如何防火防盗，如何面对坏人，如何处理家庭突发事件，如何选择安全的食品，等等。

学生的生活离不开家庭、社区、城市或乡村。“这些社会组织时刻发生这样那样的变化。它们要么直接和学生的生活相联系，要么通过教师引导而为学生所关注。不管是直接地还是间接地关心或参与，它们事实上都在影响着学生的成长。因此，由学生所生活的社会所构成的问题及其解决应该是教育的重要内容。”[③] 例如，跟熟悉或陌生的人打交道有哪些注意事项，社区组织是如何有效运作的，遇到困难该以什么样的方式求助，医院或商店是如何运作的，等等，这都是学生要仔细了解的。

问题的关键不是解释世界，而是改变世界，改变世界的目的是更好地生活。“因生活需求或创造欲驱使而形成的设计、制作问题及其解决，是教育的起点之一。动手制作是人的本性。如果说

① 张卓玉．第二次教育革命是否可能：人本主义的回答．北京：商务印书馆，2009：31.
② 同①25－26.
③ 同①27.

学生在学校期间不曾表现出这方面的强烈愿望，那是学校教育的原因。知识传授性教育压抑了学生的想象、设计和制作的天性。事实上，学生经常会对他们的服装、玩具、学习用具等产生某种改进、完善的想法，对卧室、教室或任何一处室内布置产生调整的念头，以至于对更复杂的事物，如桥梁、汽车、实验设备、建筑等都有设计、制作的激情。设计与制作必然涉及团队协作、经费预算与筹款、营销、维修等一系列社会事务。这一切都应该是教育的内容，特别是基础教育的内容。”① 世界在变，人们的物质生活方式在变，人们对美好生活的理解也在变，因而为美好生活准备条件的教育必须随之而变。教育必须培养当下和今后生活得更好的各种能力。教育要“以学习环境和新的学习方法为重点，以促进正义、社会公平和全球团结。教育必须教导人们学会如何在承受压力的地球上生活；教育必须重视文化素养，立足于尊重和尊严平等，有助于将可持续发展的社会、经济和环境方面结为一体”②。

2. 摸着石头过河和加强顶层设计相协调

人的正确认识不是天上掉下来的，也不是大脑自动分泌出来的，更不是人天生固有的，一切正确的认识都来自社会实践。实践是认识的来源，是认识发展的动力，也是检验认识是否正确的标准。深化教育改革并没有现成的本本或蓝图可以遵循，因此要靠实践摸索，在小规模实践摸索的基础上总结经验，上升为普遍认识，依据正确的认识进行顶层设计，然后将顶层设计化为具体实践。从具体实践到正确的认识，从正确的认识到顶层设计，再

---

① 张卓玉．第二次教育革命是否可能：人本主义的回答．北京：商务印书馆，2009：33.

② 联合国教科文组织．反思教育：向“全球共同利益”的理念转变？．北京：教育科学出版社，2015：3.

从顶层设计到实践，这是个循环往复，每次都进入更高阶段的过程。正如习近平总书记所强调的："改革开放是前无古人的崭新事业，必须坚持正确的方法论，在不断实践探索中推进。摸着石头过河，是富有中国特色、符合中国国情的改革方法。摸着石头过河就是摸规律，从实践中获得真知。摸着石头过河和加强顶层设计是辩证统一的，推进局部的阶段性改革开放要在加强顶层设计的前提下进行，加强顶层设计要在推进局部的阶段性改革开放的基础上来谋划。要加强宏观思考和顶层设计，更加注重改革的系统性、整体性、协同性，同时也要继续鼓励大胆试验、大胆突破，不断把改革开放引向深入。"① 马克思主义认为："生活、实践的观点，应该是认识论的首要的和基本的观点。"② "摸着石头过河"是马克思主义认识论之首要观点的生动表达。"摸石头"解决的是认识论的问题，"过河"解决的是目的论的问题，通过摸石头而达到过河的目的，这是方法论的问题。顶层设计依赖于摸着石头过河"摸"出来的真知和规律，依据顶层设计的蓝图再不断深入实践，教育改革就这样一茬接一茬地改，一茬接一茬地干。顶层设计就是要做出总体规划，提出改革的战略目标、战略重点、优先顺序、主攻方向、工作机制、推进方式，提出改革总体方案、路线图、时间表。"既对全面深化改革作出顶层设计，又强调突出抓好重要领域和关键环节的改革"③，摸着石头过河和顶层设计良性互动，先有基层探索实践的经验，形成规律性的认识，然后有普遍使用的制度和总体方案；先有脚踏实地的探索，然后有登高望远的设计。在落实规划和方案的过程中汲取新的经验，形成规律

① 习近平．习近平谈治国理政．北京：外文出版社，2014：67－68.
② 列宁．列宁选集：第2卷．3版修订版．北京：人民出版社，2012：103.
③ 习近平．习近平谈治国理政：第2卷．北京：外文出版社，2017：23.

性认识，使得顶层设计更加完善。40余年的教育改革历程就是摸着石头过河和顶层设计不断良性互动的历程。

党的十八大以来，以习近平同志为核心的党中央坚定不移实施科教兴国战略和人才强国战略，坚持优先发展教育，大力推进教育领域综合改革，持续加大教育投入，教育现代化加速推进，教育总体发展水平进入世界中上等行列，取得了全方位、开创性的历史性成就。党的十九大明确提出建设教育强国是中华民族伟大复兴的基础工程，必须把教育事业放在优先位置，深化教育改革，加快教育现代化，办好人民满意的教育。习近平总书记多次对教育工作做出重要指示批示，强调要发展具有中国特色、世界水平的现代教育，为建设教育强国指明了方向。2018年9月10日，党中央召开全国教育大会，习近平总书记在大会上发表重要讲话，系统回答了关系教育现代化的重大理论和实践问题，对加快教育现代化、建设教育强国、办好人民满意的教育做出了全面部署，向全党全国全社会发出了加快教育现代化的动员令，为新时代教育提供了根本遵循。李克强总理也在大会讲话中强调，要准确把握教育事业发展面临的新形势新任务，全面落实教育优先发展战略，以教育现代化支撑国家现代化。① 这些都是我们党对教育改革发展的顶层设计。

2019年，中共中央、国务院印发的《中国教育现代化2035》是加强教育改革顶层设计的又一个重要例证。该规划提出了推进教育现代化的八大基本理念：更加注重以德为先，更加注重全面发展，更加注重面向人人，更加注重终身学习，更加注重因材施

---

① 绘制新时代加快推进教育现代化建设教育强国的宏伟蓝图：教育部负责人就《中国教育现代化2035》和《加快推进教育现代化实施方案（2018—2022年）》答记者问.（2019-02-23）[2020-11-07]. http://www.moe.gov.cn/jyb_xwfb/s271/201902/t20190223_370865.html.

教，更加注重知行合一，更加注重融合发展，更加注重共建共享。明确了推进教育现代化的基本原则：坚持党的领导、坚持中国特色、坚持优先发展、坚持服务人民、坚持改革创新、坚持依法治教、坚持统筹推进。按照这些理念，推进教育现代化的总体目标是：到2020年，全面实现“十三五”发展目标，教育总体实力和国际影响力显著增强，劳动年龄人口平均受教育年限明显增加，教育现代化取得重要进展，为全面建成小康社会做出重要贡献。在此基础上，再经过15年努力，到2035年，总体实现教育现代化，迈入教育强国行列，推动我国成为学习大国、人力资源强国和人才强国，为到21世纪中叶建成富强民主文明和谐美丽的社会主义现代化强国奠定坚实基础。2035年的主要发展目标是：建成服务全民终身学习的现代教育体系、普及有质量的学前教育、实现优质均衡的义务教育、全面普及高中阶段教育、职业教育服务能力显著提升、高等教育竞争力明显提升、残疾儿童少年享有适合的教育、形成全社会共同参与的教育治理新格局。宏伟蓝图已经绘就，美好前景催人奋进。深化教育改革，加快教育现代化、建设教育强国是一个长期的过程，需要我们持之以恒，久久为功。

3. 从全局谋划一域与以一域服务全局相结合

教育决定未来。“教育者，非为已往，非为现在，而专为将来。”古人云：“不谋万世者，不足谋一时；不谋全局者，不足谋一域。”这话对于教育尤其实用。2018年3月，习近平总书记在“两会”期间参加重庆代表团审议时做出了“从全局谋划一域、以一域服务全局”的指示要求。处理好“全局”与“一域”的辩证关系对做好教育改革具有重要的方法论意义。“改革开放是一个系统工程，必须坚持全面改革，在各项改革协同配合中推进。改革开放是一场深刻而全面的社会变革，每一项改革都会对其他改革产生重要影响，每一项改革又都需要其他改革协同配合。要更加注重各项改革的相互促进、良性互动，整体推进，重点突破，形成推进改革开放的强大合力。”[①] 2013 年 11 月，习近平在党的十八届三中全会上强调：“全面深化改革需要加强顶层设计和整体谋划，加强各项改革的关联性、系统性、可行性研究。我们讲胆子要大、步子要稳，其中步子要稳就是要统筹考虑、全面论证、科学决策。经济、政治、文化、社会、生态文明各领域改革和党的建设改革紧密联系、相互交融，任何一个领域的改革都会牵动其他领域，同时也需要其他领域改革密切配合。如果各领域改革不配套，各方面改革措施相互牵扯，全面深化改革就很难推进下去，即使勉强推进，效果也会大打折扣。”[②] 整个改革开放是一个系统工程，涉及政治、经济、文化、社会、生态等各个方面，涉及中央和地方的各个层级。相对于整个中国特色社会主义事业的改革发展而言，教育是“一域”，中国特色社会主义事业是“全局”。教育本身也是一个复杂的系统。我国有 51 万多所学校、2.7 亿多在校学生、1 600 多万名教师，教育体量世界最大，但区域、城乡、校际的发展还不平衡，群众的教育需求差异很大。[③] 这样庞大的规模和复杂多样的情况决定了我国教育事业的改革必然是一项系统工程，甚至可以说任何一所学校要高质量地运行，都必然是一个精密的系统。相对全国整体的教育改革发展而言，教育的某个具体领域或方面是“一域”，而推进教育整体的现代化是“全局”。也就是说，教育改革会涉及众多不同方面不同层级的“全

① 习近平．习近平谈治国理政．北京：外文出版社，2014：68.

② 习近平．关于《中共中央关于全面深化改革若干重大问题的决定》的说明．人民日报，2013－11－16（1）.

③ 孙春兰．深入学习贯彻习近平总书记关于教育的重要论述 奋力开创新时代教育工作新局面．人民教育，2018（20）：7.

局”和“一域”，这都需要遵循“从全局谋划一域、以一域服务全局”的方法论原则。如果不注重这个原则，就会出现各搞一套、相互牵扯、相互抵消、相互损害的现象，局部改革的实际效果可能与整体的目标背道而驰。

落实从全局谋划一域与以一域服务全局相结合的原则，首先是要有大局观、系统观，要自觉从大局、全局和整体出发来考虑深化教育改革的事情。2018 年 4 月，习近平总书记在深入推动长江经济带发展座谈会上强调：“要落实中央统筹、省负总责、市县抓落实的管理体制。中央层面要做好顶层设计，主要是管两头，一头是在政策、资金等方面为地方创造条件，另一头是加强全流域、跨区域的战略性事务统筹协调和督促检查。省的层面主要是做到承上启下，把党中央大政方针和决策部署转化为实施方案，加强指导和督导，推动工作开展。市县层面主要是因地制宜，推动工作落地生根。”① 习近平总书记虽然讲的是推动长江经济带发展的问题，但其中的原则和要求也是深化教育改革必须遵循的。深化教育改革不是教育行业的“独角戏”，不是教育领域的“独奏曲”，而是教育领域与政治、经济、文化等各个行业之间的“协奏曲”。教育领域的每项改革措施的制定和实施，都要自觉将其置于全局的视野中考虑，自觉从服务全局的角度来考虑改不改、改什么、如何改的问题。

《中国教育现代化 2035》明确了实现教育现代化的实施路径：一是总体规划，分区推进。在国家教育现代化总体规划框架下，推动各地从实际出发，制定本地区教育现代化规划，形成一地一案、分区推进教育现代化的生动局面。二是细化目标，分步推进。

---

① 习近平．在深入推动长江经济带发展座谈会上的讲话．北京：人民出版社，2018：23.

科学设计和进一步细化不同发展阶段、不同规划周期内的教育现代化发展目标和重点任务，有计划有步骤地推进教育现代化。三是精准施策，统筹推进。完善区域教育发展协作机制和教育对口支援机制，深入实施东西部协作，推动不同地区协同推进教育现代化建设。四是改革先行，系统推进。充分发挥基层特别是各级各类学校的积极性和创造性，鼓励大胆探索、积极改革创新，形成充满活力、富有效率、更加开放、有利于高质量发展的教育体制机制。这些改革路径的确定正是“从全局谋划一域、以一域服务全局”这一方法论原则的生动体现。

4. 文明交流互鉴与扎根中国大地办教育相促进

知识是人类的共同财富，知识的获取以及获取和运用知识的能力都依赖于教育，因此教育是涉及人类共同利益的大事。知识是人类共同的宝库，不可得而私之；教育是心灵的沟通、灵魂的互助和智识的互鉴。不同国家、不同地区、不同民族、不同阶层的不同个体之间应交流合作，只有交流、合作、互鉴才能有效地保存、增长和利用人类共同的财富。中国教育改革的历程就是人类文明交流互鉴的历程。教育领域的改革开放是40多年来中国教育事业取得巨大成就的关键。党的十八大以来，我们协调推进“四个全面”战略布局，全面贯彻党的教育方针，以服务党和国家工作大局为宗旨，统筹国内国际两个大局、发展安全两件大事，坚持扩大开放，做强中国教育，推进人文交流，不断提升我国教育质量、国家软实力和国际影响力，为实现“两个一百年”奋斗目标和中华民族伟大复兴的中国梦提供了有力支撑。

近年来，教育领域对外开放的大门越开越大。2013年9月25日，“教育第一”全球倡议行动一周年纪念活动在联合国总部举行，国家主席习近平应邀在纪念活动上发表了贺词：“中国将坚定实施科教兴国战略，始终把教育摆在优先发展的战略位置，不断扩大投入，努力发展全民教育、终身教育，建设学习型社会，努力让每个孩子享有受教育的机会，努力让13亿人民享有更好更公平的教育，获得发展自身、奉献社会、造福人民的能力。中国将加强同世界各国的教育交流，扩大教育对外开放，积极支持发展中国家教育事业发展，同各国人民一道努力，推动人类迈向更加美好的明天。”① 2018年9月，习近平总书记在全国教育大会上指出：“要扩大教育开放，同世界一流资源开展高水平合作办学。”② 2016年4月，中共中央办公厅、国务院办公厅印发了《关于做好新时期教育对外开放工作的若干意见》，对做好新时期教育对外开放工作进行了重点部署。一是加快留学事业发展，提高留学教育质量；二是完善体制机制，提升涉外办学水平；三是加强高端引领，提升我国教育实力和创新能力；四是丰富中外人文交流，促进民心相通；五是促进教育领域合作共赢；六是实施“一带一路”教育行动，促进沿线国家教育合作。③ 2019年2月，中共中央、国务院印发的《中国教育现代化2035》提出要“开创教育对外开放新格局”：全面提升国际交流合作水平，推动我国同其他国家学历学位互认、标准互通、经验互鉴；扎实推进“一带一路”教育行动；加强与联合国教科文组织等国际组织和多边组织的合作；提升中外合作办学质量；优化出国留学服务；实施留学中国计划，建立并完善来华留学教育质量保障机制，全面提升来华留

---

① 习近平主席在联合国“教育第一”全球倡议行动一周年纪念活动上发表视频贺词．人民日报，2013-09-27 (3).

② 坚持中国特色社会主义教育发展道路 培养德智体美劳全面发展的社会主义建设者和接班人．人民日报，2018-09-11 (1).

③ 中共中央办公厅、国务院办公厅印发《关于做好新时期教育对外开放工作的若干意见》.(2016-04-29) [2020-11-07]. http://www.gov.cn/home/2016-04/29/content_5069311.htm.

学质量；推进中外高级别人文交流机制建设，拓展人文交流领域，促进中外民心相通和文明交流互鉴；促进孔子学院和孔子课堂特色发展；加快建设中国特色海外国际学校；鼓励有条件的职业院校在海外建设“鲁班工坊”；积极参与全球教育治理，深度参与国际教育规则、标准、评价体系的研究制定；推进与国际组织及专业机构的教育交流合作；健全对外教育援助机制。[①] 这些目标任务的实现，必将推动教育改革更加深入，中国教育的现代化必将为人类教育事业的发展做出更大的贡献。

出国留学和来华留学的数据可以从一个侧面说明中国教育开放和对外交流合作的大致面貌。2018 年度我国出国留学人员总计 66.21 万人。其中，国家公派 3.02 万人，单位公派 3.56 万人，自费留学 59.63 万人。2018 年度各类留学回国人员总计 51.94 万人。其中，国家公派 2.53 万人，单位公派 2.65 万人，自费留学 46.76 万人。从 1978 年到 2018 年底，各类出国留学人员累计达 585.71 万人。其中，153.39 万人正在国外进行相关阶段的学习和研究；432.32 万人已完成学业；365.14 万人在完成学业后选择回国发展，占已完成学业群体的 84.46%。据统计，2018 年共有来自 196 个国家和地区的 492 185 名各类外国留学人员在全国 31 个省（区、市）的 1 004 所高等院校学习，比 2017 年增加了 3 013 人，增长比例为 0.62%（以上数据均不含港、澳、台地区）。[②]

教育对外开放，交流合作，以开放促改革。我们秉持人类命运共同体理念，站在人类命运的高度，敏锐地思考和把握教育的

① 中共中央 国务院印发《中国教育现代化 2035》.（2019－02－23）［2020－11－07］. http：//www.gov.cn/xinwen/2019－02/23/content_5367987.htm.

② 2018 年度我国出国留学人员情况统计.（2019－03－27）［2020－11－17］. http：//www.moe.gov.cn/jyb_xwfb/gzdt_gzdt/s5987/201903/t20190327_375704.html.

未来，不断增进人民福祉，顺应时代潮流，以平等、谦虚、包容的态度，推动文明平等交流互鉴，为人类教育事业的发展贡献智慧，为人类面临的挑战提供中国解决方案。习近平总书记指出："文明因交流而多彩，文明因互鉴而丰富。文明交流互鉴，是推动人类文明进步和世界和平发展的重要动力。"① 只有交流互鉴，文明才能充满生机和活力，只有交流互鉴，教育才能获得革故鼎新的不竭动力。

人类文明交流互鉴是教育改革的一个重要维度，绝不是全部，教育改革的另一个维度是必须扎根中国大地办教育。中国的教育改革是中国特色社会主义教育事业的改革。"中国特色社会主义是植根于中国大地、反映中国人民意愿、适应中国和时代发展进步要求的科学社会主义，这条路能走得通、走得远。我们推进全面深化改革，就是要把这条路走得更踏实、走得更好。"② 习近平总书记在与北京大学师生座谈时强调："人才培养体系必须立足于培养什么人、怎样培养人这个根本问题来建设，可以借鉴国外有益做法，但必须扎根中国大地办大学。人才培养体系涉及学科体系、教学体系、教材体系、管理体系等，而贯通其中的是思想政治工作体系。加强党的领导和党的建设，加强思想政治工作体系建设，是形成高水平人才培养体系的重要内容。要坚持党对高校的领导，坚持社会主义办学方向，把我们的特色和优势有效转化为培养社会主义建设者和接班人的能力。"③ 我们的教育改革必须坚守中国特色，坚持社会主义办学方向，加强党的领导，加强思想政治工作体系建设。教育改革失去中国特色，丢掉中国优秀传统文化，

---

① 习近平．习近平谈治国理政．北京：外文出版社，2014：258.
② 习近平．在学习《胡锦涛文选》报告会上的讲话．人民日报，2016－09－30（2）.
③ 习近平．在北京大学师生座谈会上的讲话．人民日报，2018－05－03（2）.

就失去了灵魂、丢掉了根脉。“没有特色，跟在他人后面亦步亦趋，依样画葫芦，是不可能办成功的。这里可以套用一句话，越是民族的越是世界的。世界上不会有第二个哈佛、牛津、斯坦福、麻省理工、剑桥，但会有第一个北大、清华、浙大、复旦、南大等中国著名学府。我们要认真吸收世界上先进的办学治学经验，更要遵循教育规律，扎根中国大地办大学。”① 扩大教育开放，大力推进文明交流互鉴是教育改革的重要动力，扎根中国大地是教育改革的根脉，有了根脉才有源头活水，失去根脉就失去了一切。没有交流互鉴，就没有蓬勃生机，封闭僵化的老路是教育发展的死路，弃根忘本的岔路是教育改革的邪路。教育改革既不能走封闭僵化的老路，也不能走弃根忘本的岔路，而要走文明交流互鉴与扎根中国大地办教育相互促进的大路。

① 习近平．青年要自觉践行社会主义核心价值观：在北京大学师生座谈会上的讲话．北京：人民出版社，2014：12－13.

更加注重教育改革的系统性、整体性、协同性

习近平总书记指出："注重系统性、整体性、协同性是全面深化改革的内在要求，也是推进改革的重要方法。"[①] 教育改革作为全面深化改革的重要组成部分，不仅要依此作为价值引领、内在要求和行动指南，而且要在此基础上深刻把握教育的特殊逻辑和现实需要。随着终身学习和学习型社会的广泛建立，教育越来越泛化，越来越与经济、政治、社会、文化等方方面面相互影响、相互着力和相互融通，密不可分。深化教育改革不再是一个单纯的教育问题，而是一个广泛的社会问题。从改革的利益相关者来看，涉及政府、学校、教师、学生、家庭、市场、社会组织等多元主体；从改革的根本目的来看，既要推进教育治理体系的现代化，也要推进教育能力的现代化，既要建设教育强国，也要办好人民满意的教育，还要为建设社会主义现代化强国提供人力支撑；从改革的主要内容来看，着力点在优化教育体制机制，重构适合新时代的教育新型内外关系；从改革的深化进程来看，教育改革已经进入深水区、关键期，能够啃的硬骨头基本上都啃了，进一步改革涉及面更广，关联度更高，涉及深层次的矛盾和问题，难度更大，零敲碎打、"碎片化"的改革方法已行不通，已不能满足教育改革发展的现实需求。因此，更加注重系统性、整体性、协同性是深化教育综合改革的根本要求和必然选择。

---

① 习近平．习近平谈治国理政：第2卷．北京：外文出版社，2017：109．

一、更加注重教育改革的系统性就是要强化问题导向、统筹兼顾

唯物辩证法认为，世界上的万事万物都处在普遍联系之中，整个世界就是由各种事物相互联系组成的统一体。事物的相互作用形成系统，系统性是事物的基本属性。如果将整个社会作为一个大的系统来看待，教育便是其中的一个要素。如果将镜头拉近或者用放大镜来看的话，教育又包含了诸多的领域和要素，这些领域和要素并非完全独立，而是相互影响、牵一发而动全身的“命运共同体”，其本身就是一个系统。教育改革不仅要关照教育内在要素的构成及其之间的关系，而且要关照系统与要素之间的关联依存，理所当然是一个系统工程。深化教育综合改革必须坚持系统思维，统筹兼顾推进各项教育改革。

1. 紧扣教育系统性问题

马克思指出：“问题就是时代的口号，是它表现自己精神状态的最实际的呼声。”① 习近平总书记强调：“我们中国共产党人干革命、搞建设、抓改革，从来都是为了解决中国的现实问题。”② 教育改革也必须坚持问题导向，增强问题意识，奔着问题而来，瞄准问题而去，以解决教育发展中的问题为归宿。但是教育改革所紧扣的问题，并不是细枝末节的问题，也不是无病呻吟的假问题，更不是虚无缥缈的伪命题，而是教育发展中真实存在的系统性问题。所谓教育系统性问题，就是关乎教育这个大系统的主要

---

① 马克思，恩格斯．马克思恩格斯全集：第40卷．北京：人民出版社，1982：289－290.

② 中共中央文献研究室．习近平关于全面深化改革论述摘编．北京：中央文献出版社，2014：8.

矛盾和矛盾的主要方面的问题，就是其中牵一发而动全身的问题，就是影响教育发展质量和可持续发展最根本性的问题。

教育是不断演进的系统性实践。不同时期的教育所面临的系统性问题也不同。改革开放初期，“有学上”的问题是其突出问题，教育改革的着力点在扩大教育规模，最大限度普及教育。经过几十年的努力，进入新世纪，“上好学”的问题则成为主要问题，教育改革的着力点在促进均衡，最大限度地扩大优质资源供给。当前，“学得好”的问题正逐渐成为教育的主要问题，教育改革的着力点在提高质量，最大限度促进教育高质量发展。教育质量问题就是当前教育改革的系统性问题，是教育改革的主攻方向。

2. 突破教育关键性节点

教育系统性问题是教育突出矛盾的外在表现。解决这些问题必须深入系统内部，分析要素之间、要素与系统之间的关联性，找到攻克这些问题的关键节点，并在这些节点上集中优势兵力率先实现突破，方能取得系统性、全局性胜利。

就教育高质量发展的内在矛盾而言，教育评价就是一个关键性节点，有什么样的评价就有什么样的教育导向。习近平总书记在 2018 年全国教育大会上明确要求，深化教育体制改革，健全立德树人落实机制，扭转不科学的教育评价导向，坚决克服唯分数、唯升学、唯文凭、唯论文、唯帽子的顽瘴痼疾，从根本上解决教育评价指挥棒问题。2020 年 10 月 13 日，中共中央、国务院印发了《深化新时代教育评价改革总体方案》，开启了系统推进教育评价改革的大幕，打赢教育评价改革这个教育改革龙头之战有了系统方案和根本遵循。

就教育高质量发展的外在矛盾而言，教育难以适应经济社会发展的需要就是教育存在的系统性问题之一。要解决这个问题就必须抓住“供给-需求”这对矛盾所形成的关键节点，建立以人口变化为导向的教育规模调节机制、以产业调整为依据的教育转型升级机制、以制度创新为导向的教育改革激活机制，适应经济领域供给侧结构性改革，推动教育自身从注重“需求侧拉动”转向更加注重“供给侧推动”，建立以遵循教育规律为导向的教育标准管理机制、以明晰权责为抓手的教育公平促进机制、以消除壁垒为重点的教育体系完善机制、以众创众享为手段的教育质量提高机制、以适合学生为根本的教育选择机制。①

3. 鼓励全息性教育改革试点

全息思想认为，一粒微尘映世界，一瞬间含永远，眼睛所看到的复杂世界，其结构和规律往往可以在细小的事物、信息上得到反映印证。任何系统都具有全息特性，构成大系统的小系统往往具有大系统的某些特征。教育系统同样如此，学校里的教育世界往往具有整个教育世界的某些特征，其存在的问题往往与整个教育世界存在的问题具有同构性，甚至同质性。基于此，致力于全局性的教育改革可以在一定范围内、特定领域中进行试点，待取得成功经验后，再向更大范围推广。这不失为一条系统性的改革策略。这也是中央一再鼓励各地开展基层试点、各领域开展重难问题改革试点的原因。

要鼓励全息性教育改革试点。一是选择试点项目时要以一域谋全局，力图通过试点，推动教育改革走出困局、打破僵局、拓展全局。二是要集中力量推动试点取得实质性突破。由于试点能否迈开步子、蹚出路子，直接关系着实施系统性改革的成败，因此，需要倾注更多的改革热情、资源和心血，找到解决问题的新

① 刘云生．供给侧结构性改革：教育怎么办?．教育发展研究，2016（3）：1－7．

招、高招、妙招。当然，改革试点并非要做“盆景”，在“无菌”的环境中搞一个不食人间烟火的“高大上”样本，恰恰相反，改革试点需要将措施放在教育常态中去检验。三是要充分发挥好试点对全局性改革的示范、突破、带动作用。比如，当前正在推进的新高考改革，率先在上海、浙江进行试点，对于一些关键问题、敏感问题进行试验探索，可以收到化大为小、化远为近、化整为零、化险为夷的功效。在试点的基础上，再分批次推向全国，先行先试的地区探索的好做法、好经验就可以为后期实施新高考改革的地区提供借鉴，同时先期试点所产生的效益也会对其他地区产生带动作用。

4. 强化联动性统筹

正如前文所说，教育不仅是社会大系统中的一部分，其本身也是一个复杂系统。联系的系统性要求我们深化教育综合改革时，要运用系统思维认识和解决问题，在实际工作中注重统筹兼顾，尤其要做好教育内外的联动，在联动中统筹，在统筹中联动。

一方面，必须把教育改革放在整个社会改革的宏观视野中进行设计和推进，不能与社会大变革体系割裂开来。通过改革所要解决的“教育问题”，不仅仅是教育领域的问题，还涉及经济、政治、文化等其他诸多领域，并且有利于不同社会实践领域共建共生，协调发展。举例来说，教育与经济都是满足人民日益增长的美好生活需要不可或缺的重要力量和关键支撑，二者深度关联，交互着力，有着错综复杂的关系。当前，经济转向高质量发展阶段，教育必须基于与经济的生态网络关系主动因应，深化改革，超前布局引领型人才培养，深度融入知识型产业体系建设，适度参与人力资本服务市场，充分彰显本真的教育尺度，深入推动教育自身质量性变革，既在服务经济上有所作为，也在超越经济上有所行动，居经济之先牵引、之后驱动、之内构筑、之外丰富和之侧共振经济乃至整个社会高质量发展，让教育与经济二者近则归于很好满足人民群众美好生活的需要，远则归于促进人类的幸福生存和永续发展。①

另一方面，教育改革本身也是一个复杂系统，涉及多个方面。从教育改革的主体来说，包括校长、教师、学生、家长、教育管理人员、教育评价人员等；从教育改革的层级来说，包括国家宏观层面、区域中观层面和学校微观层面；从教育改革的内容来说，包括课程改革、教学改革、学校制度改革、思想观念改革、考核评估改革等多个方面；从教育改革的领域来说，包括学前教育领域改革、基础教育领域改革、高等教育领域改革、职业教育领域改革以及特殊教育领域改革等。这需要我们在实施教育改革时统筹兼顾，充分考虑不同的教育改革主体、不同的教育改革层级、不同的教育改革内容、不同的教育改革领域之间的复杂关系，全面协调教育改革的各个方面，以使得教育改革的各个方面、各个主体、各个层级、各个领域可以相互配合，明确各自的角色，形成最优化的合力。

只有将教育改革看成是一个由若干领域的改革组成的复杂系统推进工程，并能有效处理各个部分与其他部分的关系，在解构局部谋划教育改革全局的过程中又能保证各个部分的结构在整体推进中保持平衡，教育改革才能取得整体性、系统性的成就。

二、更加注重教育改革的整体性就是要强化顶层设计、一体推进

教育既是宏大联动的整体世界的一部分，其自身也是一种

① 刘云生．经济转向高质量发展阶段：教育怎么办．教育发展研究，2018（11）：1－10.

"自在整体"，具有整体实践特征。教育改革从"单兵突进"走到"全面深化"阶段，其"全面"的意义正在于关注整个教育实践。因此，呈现在教育改革棋盘上的不是教育的某一个部分、某一个局部、某一个领域，而是整个教育世界，乃至与教育相关联的整个社会。深化教育综合改革必须坚持整体思维，更加注重改革的整体性。

1. 增强教育改革的整体自觉

自觉即内在自我发现、外在创新的自我解放意识。整体自觉就是能够整体地去认识、发现、创新的意识。只有具备了这种意识，才能更加注重教育改革的整体性。增强教育改革的整体自觉是更加注重教育改革整体性的思想基础。

全社会尤其是教育改革推动者要有全局意识，形成教育改革的整体自觉，且能充分认识到：一是教育改革的目的具有整体性，办人民满意的教育是其根本宗旨，这正是"人民对美好生活的向往，就是我们的奋斗目标"在教育领域的具体表达；二是教育改革的"遵循"具有整体性，由于教育内在要素的复杂性和外在关系的广联性，所以揭示这些关系的规律也具有多元性、多层次性，深化教育综合改革必须坚持教育的"小规律"符合"大规律"，继而符合教育的整体规律，符合教育发展的"整体逻辑"，习近平总书记在全国教育大会上总结的"九个坚持"就是对这种整体规律的把握，是深化教育综合改革的基本遵循；三是教育改革的"践行"具有整体性，教育作为一种整体性实践，在时间维度上是"过程集合体"，在空间维度上是由"矛盾群"形成的体系，破解主要矛盾和矛盾的主要方面，必须进行整体性剖析，在整体框架下寻找改革策略，否则就是"只见树木，不见森林"的改革。有了这样的整体自觉，教育改革才能以一域谋全局，以全局定一域。

2. 强化教育改革的顶层设计

全面深化改革的整体性意义在于“不是推进一个领域改革，也不是推进几个领域改革，而是推进所有领域改革”[①]。教育综合改革的整体性意义也如此，关乎教育的所有领域。这就需要对教育改革的总体价值取向、主要改革任务、全面推进策略等进行整体谋划、顶层设计。强化教育改革的顶层设计是更加注重教育改革整体性的先导举措。

所谓顶层设计，原本是工程学的术语，本义是统筹考虑项目各层次和各要素，追根溯源，统揽全局，在最高层次上寻求问题的解决之道。《中共中央关于制定国民经济和社会发展第十二个五年规划的建议》中首次将“顶层设计”引入社会规划领域，从而使其成为中国新的政治名词，成为整体驾驭全局性社会改革和发展的先导举措。社会学意义上的顶层设计，就是运用系统论的方法，从全局的角度，对某项任务或者某个项目的各方面、各层次、各要素统筹规划，以集中有效资源，高效快捷地实现目标。

《中共中央关于全面深化改革若干重大问题的决定》发布之后，中共中央办公厅、国务院办公厅又印发了《关于深化教育体制机制改革的意见》等文件，对教育综合改革进行了全方位顶层设计。顶层设计的意义在于以下几个方面：一是明确了教育改革的指导思想，就是以习近平新时代中国特色社会主义思想为指导，紧紧围绕统筹推进“五位一体”总体布局和协调推进“四个全面”战略布局，全面贯彻党的教育方针，坚持教育为人民服务、为中国共产党治国理政服务、为巩固和发展中国特色社会主义制度服务、为改革开放和社会主义现代化建设服务，使各级各类教育更

① 王培洲．充分认识全面深化改革的整体性、系统性、协同性．求知，2015（7）．

加符合教育规律、更加符合人才成长规律、更能促进人的全面发展，着力培养德智体美劳全面发展的社会主义建设者和接班人。二是明确了教育改革的基本原则，即坚持扎根中国与融通中外相结合、目标导向与问题导向相结合、放管服相结合、顶层设计与基层探索相结合等原则。三是明确了教育改革的总体任务，全面落实立德树人根本任务，构建以社会主义核心价值观为引领的大中小幼一体化德育体系，注重培养学生终身学习发展、创新性思维、适应时代要求的关键能力，统筹推进育人方式、办学模式、管理体制、保障机制改革。四是明确了教育改革的推进策略，全面加强党对教育工作的领导，坚持党管办学方向、党管改革，充分发挥党委总揽全局、协调各方的领导核心作用，健全党委统一领导、党政齐抓共管、部门各负其责的教育领导体制；完善推动教育改革的工作机制，建立健全教育改革统筹决策、研究咨询、分工落实、督查督办、总结推广的改革工作链条；健全教育改革的试点、容错、督查、推广机制；加强教育改革干部队伍建设，配齐配强教育改革力量，确保各项改革举措有谋划、有部署、有落实、有成效。

这样的顶层设计，下足了教育改革的“整体功夫”，具有鲜明的时代特征。一是顶层决定性，自上而下展开的设计方法、核心理念与目标都源自顶层，因此顶层决定底层，高端决定低端，整体决定部分，符合整体原理；二是价值引领性，顶层设计明确了教育改革的价值追求，在共同价值观念引领下促使各部分、各层次、各要素朝向总体目标前进；三是整体关联性，强调设计对象内部要素之间围绕核心理念和顶层目标所形成的关联、匹配与有机衔接；四是实际可操作性，设计的表述简洁明确，设计成果具备实践可行性，是满足可实施、可操作基本原则的顶层设计。

3. 搭建教育制度的基本框架

面对教育的复杂性，我们必须把握各个领域之间的关联性以及每个领域内部的改革进路，在复杂改革工程中找到改革各领域、各子系统的耦合性，将改革作为一个有序建构制度和体系的过程，才能真正在改革中深化改革，有效推进教育治理体系和治理能力现代化。因此，教育改革的着力点和突破点在体制机制，搭建适应新时代的教育基础性制度体系。党的十八届三中全会通过的《中共中央关于全面深化改革若干重大问题的决定》提出的“形成系统完备、科学规范、运行有效的制度体系，使各方面制度更加成熟更加定型”，充分彰显了深化改革的整体意义。搭建教育制度的基本框架是更加注重教育改革整体性的主体工程。教育基础性制度体系是由教育制度中居于基础位置，能够起到制约、派生或影响其他制度的原生性行为规则构建起来的体系。由此可见，教育基础性制度体系事关教育全局，带有根本性，一旦建立起来，具有持续、稳定、广泛的影响。当代中国需要建立的教育基础性制度体系包括四个方面①：

第一，系统化育人制度。育人是教育最根本的活动。随着教育与人终身相伴、与社会全面融合时代的到来，要提高育人的质量、效率和科学性，必须建立起系统化的育人制度。这种系统化育人制度至少包括四个维度：一是育人内容体系化，从核心目标内容看，包括德育、智育、体育、美育和劳动教育等方面。其中的关键内容是：构建以社会主义核心价值观为引领的德育体系，培养支撑终身发展、适应时代要求的关键能力，促进身心健康、全面发展的各方面教育。二是育人过程一体化，基于人一生的全

① 刘云生. 当代中国需要着力建立教育基础性制度. 教育发展研究，2017 (17)：24-30.

面发展来设计各个阶段、各种类型、各个方面的教育，实现大中小幼，乃至终身教育的一体化，避免脱节、碎片化和过多重复。要做到这一点，最重要的是完善各级各类教育的学制，健全考试招生制度和学习成果转换制度，实现各阶段、各类型、各性质教育之间的无缝对接。三是育人主体协同化，加强学校教育、家庭教育、社会教育的有机结合，建立起各级党政机关、社会团体、企事业单位及街道、社区、镇村、家庭等共同育人的格局。四是育人时空全域化，充分利用现实条件和数字资源，将课内课外、校内校外、线上线下育人有机地结合起来，建成“人人皆学、处处能学、时时可学”的学习型社会。

第二，多样化办学制度。多样化不仅是自然世界生命力的充分体现，也是社会领域繁荣发展的基本特征。教育的活力、效率等也来源于多样化。其中，多样化办学制度是其最底层的力量源泉。一是办学阶段多样化，根据人的身心发展特征和社会发展需要，建立起学前教育、义务教育、高中阶段教育、高等教育、继续教育等与人生不同发展阶段相适应的办学体系。二是办学类型多样化，既有普通教育，也有职业教育；既有公办教育，也有民办教育，在民办教育中既有营利性教育，也有非营利性教育；既有校内教育，也有校外培训教育；还有民族教育、特殊教育等按照不同标准分类而形成的教育类型。这些形成了多类别、多层面、多方位的办学体系。三是办学特征多样化，学前教育致力于建立普惠健康发展制度，义务教育致力于建立均衡优质发展制度，普通高中教育致力于建立多样化发展制度，职业教育致力于建立产教融合、校企合作制度，高等教育致力于建立内涵创新发展制度，特殊教育致力于建立融合发展制度，等等。每一类教育都有自己独特的办学制度，综合在一起就形成了多样化的办学制度。

第三，法治化管理制度。依法治理既是坚持和发展中国特色社会主义的本质要求和重要保障，也是实现国家治理体系和治理能力现代化的必然要求。教育管理制度必须是法治化的，必须始终体现法治精神。我们必须基于法律法规，从“谁来管”“来管谁”“怎么管”等方面，进一步明确教育管理制度。一是组织架构制度。着力健全党委统一领导、党政齐抓共管、部门各负其责的教育领导体制，形成政府依法宏观管理、学校依法自主办学、社会依法有序参与，各方合力推进的格局。二是人员管理制度。尤其是创新教师管理制度，对师德建设、教师待遇保障等制度进行明确。三是运行管理制度。从宏观上，完善教育标准体系，健全教育评价制度，完善教育督导体制，完善教育立法和实施机制，形成教育立法、标准制定、评估评价、督导问责等一条龙的管理链条。从微观上，针对学前教育纠正“小学化”倾向、义务教育“减轻学生过重课业负担”“缩小校际差距”，针对高校分类管理与科研制度等建构相应的管理制度，确保各级各类教育良好运行。

第四，立体化保障制度。尽管教育保障有多种表现形式，如办学条件、师资队伍、信息资源等，但归根结底还是教育投入。建立立体化的教育投入保障制度，就可以稳定教育基础性制度的“底座”。一是要依法落实政府支出责任。包括明确各级政府的支出责任和分担方式，合理划分教育领域财政事权和支出责任，健全各级教育预算拨款制度，保证国家财政性教育经费支出占国内生产总值的比例在4%以上。二是健全教育成本分担制度，包括家庭支付非义务教育的学费，社会力量以多种方式投入和支持教育，等等。这就形成了政府承担教育投入主体责任、家庭和社会投入分担的立体化保障制度。

4. 注重教育改革的一体推进

习近平总书记指出："改革开放是一场深刻而全面的社会变革，每一项改革都会对其他改革产生重要影响，每一项改革又都需要其他改革协同配合。要更加注重各项改革的相互促进、良性互动，整体推进，重点突破，形成推进改革开放的强大合力。"① 教育改革作为一个整体，涉及政策法规、办学治校、课程教学、学习成长等方方面面，必须坚持全局一盘棋，在顶层设计的基础上一体推进。注重教育改革的一体推进是更加注重教育改革整体性的行动策略。

一体推进教育改革，并不是平均用力，也不是各方面的改革齐步走，更不是一哄而上，也不可能毕其功于一役，而是要把各项教育改革纳入教育改革的总盘子有理有节有序地加以推进，既要注重将教育庞大而又复杂的各种关系置于改革的整个视野中去，关照教育改革的完整性和均衡性，也要注重加强对教育庞大而复杂的各种关系的从属、先后、主次的地位、性质、结构和功能的分析研判，关照改革的科学性和平稳性。因此，推进教育改革特别需要加强党的领导，把深化教育综合改革纳入中央全面深化改革委员会所要推动的重要改革事项，统筹推进；特别需要建立统筹教育改革的高层次、有权威的改革协调机制和工作机构，为此，中央成立了教育工作领导小组，下设秘书局，与教育部综合改革司合署办公，统筹教育改革工作；特别需要整体设计改革的路径，积极寻找可以牵一发而动全身的改革突破口，将改革的任务按其性质、目标、优先顺序、难易程度以及环境条件等因素分类排队、联动设计，尽快推出一些有分量、有影响的综合配套改革；特别

① 习近平．习近平谈治国理政．北京：外文出版社，2014：68.

需要整体检验改革的成效，不拘泥于一城一池的攻克，而着眼于对涉及全局的重大体制机制障碍的破除，教育整体水平的提升，育人质量的提高。

三、更加注重教育改革的协同性就是要强化关联耦合，形成合力

如果将改革的整体性看作是战略意义上的格局建构，将系统性改革视为对整体和各系统以及子系统之间一种“斤斤计较”的研判，那么改革的协同性则将对改革的认识推进到了对改革理论的实践，用实践转向统摄着改革的整体性和系统性转向。习近平总书记指出：“每一项改革都会对其他改革产生重要影响，每一项改革又都需要其他改革协同配合。”[①]

改革的协同性关注各项改革中的协同配合，凸显改革的关联性和互动性，注重各项改革的相互促进、良性互动。改革的协同性就是意味着各项改革在新常态下相互交织、相互衔接、相互促进，形成良性互动模式。在推进各方面改革的过程中，任何一个领域的改革都可作为自变量，其余领域为因变量，即每一个领域的改革都可以成为其他领域改革的原因，而同时一个领域的改革也需要其他领域的协同配合。新时代全面深化改革的领域“不是一个领域，而是几个领域”，没有任何一个领域有着独立于改革的、自身的逻辑，每一个领域的改革都需要其他领域改革的配合，每一个领域改革中产生的问题也都值得其他领域注意。

协同是事物各要素、各部分在整体发展运行过程中协调与合

① 习近平．习近平谈治国理政．北京：外文出版社，2014：68.

作的性质，这种协调、协作既加强了个体的力量，也加强了整体的力量，推动事物共同前进。发展涉及的矛盾和问题越多，越需要协同，协同性是改革进入注重系统性、整体性推进阶段的必然要求，正如习近平总书记所说，“改革越深入，越要注意协同，既抓改革方案协同，也抓改革落实协同，更抓改革效果协同”[①]。改革进程协同得好，各项改革之间就会互相促进、相得益彰，顺利实现系统性、整体性推进的效果；协同得不好，各项改革之间的关系就会失衡乃至陷入激烈的矛盾和冲突，从而阻碍系统性、整体性推进。为确保改革的协同推进，要重点把握好改革方案、改革落实、改革效果三个环节的协同。改革方案的设计，既要立足于各项改革自身的情况，也要考虑与其他改革的协调、互补，避免互相抵触、相互冲突。改革抓落实，既要考虑各项改革自身如何按计划贯彻落实，又要考虑与其他改革进展的协调和互相策应。改革协同最终要体现在效果上，既要考虑每项改革按计划按目标达到的效果以及各项改革对比效果，又要看各项改革共同推进系统性、整体性改革的效果，在具体实践中关键要及时做好改革过程中各个阶段的效果评估，避免有的改革效果突出、有的改革效果较差的失衡现象。

“全面深化改革必须增进改革的协同性”是全面深化改革的总体要求，是对中国改革趋势的时代回应。为贯彻这一总体部署和要求，深化教育领域综合改革必须增进自身的协同性。在“增进教育综合改革的协同性势在必行”的背景下，对教育综合改革的协同性进行深入研究，已成为中国教育政策研究的重要任务。

1. 注重教育改革的战略协同

战略协同是教育综合改革协同性的灵魂，它将教育战略置于

① 习近平．习近平谈治国理政：第2卷．北京：外文出版社，2017：109.

国家的整体战略之中，将教育系统的战略与其他社会系统的战略融为一个整体，将教育系统内部各个子系统的目标协同起来，从而使教育综合改革能够更加有效地实现自己的战略目标。教育改革的战略协同有：

教育战略与国家整体战略的协同。教育综合改革是国家全面深化改革的有机组成，教育改革与国家整体改革在战略层面形成一种“同构关系”，这种“同构关系”使得教育改革成为国家整体改革的具体化的同时，亦支撑着国家全面深化改革。党的十八届三中全会通过的《中共中央关于全面深化改革若干重大问题的决定》为中国全面深化改革制定的战略目标是“完善和发展中国特色社会主义制度，推进国家治理体系和治理能力现代化”[①]。这一总体战略目标渗透到国家的经济建设、政治建设、文化建设、社会建设和生态文明建设之中，从而形成“五位一体”总体布局，使“推进国家治理体系和治理能力现代化”的战略目标具体落实到国家的五个建设领域之中。教育改革的战略目标是全面深化改革战略目标的具体化，可以表述为“完善和发展中国特色教育制度，推进教育治理体系和治理能力现代化”。这一表述丰富了《国家中长期教育改革和发展规划纲要（2010—2020 年）》所规定的战略目标“到 2020 年，基本实现教育现代化，基本形成学习型社会，进入人力资源强国行列”的具体内涵，指出了教育综合改革的着力点——教育制度改革。

教育系统与其他社会系统之间的战略协同。一方面，其他社会系统在制定自己的改革目标时，必须有自身改革与发展的“教育尺度”[②]，必须言明自身改革对深化教育综合改革的积极影响和

① 中共中央关于全面深化改革若干重大问题的决定. 北京：人民出版社，2013：3.

② 李政涛. 中国社会发展的“教育尺度”与教育基础. 教育研究，2012（3）：4.

贡献，必须为人的生命健康和主动发展创造条件：经济建设必须言明为人的生命健康和主动发展所提供的经济基础，政治建设必须言明为人的生命健康和主动发展所创造的政治保障，文化建设必须言明为人的生命健康和主动发展所提供的文化支持，社会建设必须言明为人的生命健康和主动发展所提供的民生基础，生态文明建设必须言明为人的生命健康和主动发展所提供的自然物质基础。另一方面，教育综合改革必须与其他社会系统的改革相协调，必须言明教育综合改革对其他社会改革的积极影响和贡献，即言明教育在经济发展、政治文明、文化建设、民生改善、美丽中国等方面的积极作用。

教育战略的内部协同。主要包括两方面内容：一方面是指教育改革的各种战略目标之间的协同。当前中国教育战略协同的重点在于教育公平与教育质量之间的协同，即在扩大教育公平的同时努力提升教育质量，或者说是在提升教育质量的过程中合理配置有限的教育资源以促进教育公平。① 这就决定了教育综合改革必须以促进教育公平与提升教育质量为主线，使人民群众享受有质量的教育公平，以满足人民群众对多样化高质量教育的需求。② 另一方面是指教育战略、教育组织、教育政策、教育资源、教育改革节点等要素之间的协同，这种协同使得这些要素组成以实现教育改革战略为旨归的功能有机体，并通过结构优化来更加有效地达成既定战略目标。

2. 注重教育改革的政策协同

政策协同是教育综合改革协同性的关键，它将宏观的国家教育战略转化为具体的强制性行动规则，从而使微观的教育活动能

---

① 钟秉林．加强综合改革平稳涉过教育改革“深水区”．教育研究，2013（7）：5.
② 袁贵仁．深化教育领域综合改革．人民日报，2013－12－17（7）.

够与宏观的教育战略相协同；将教育组织与非教育组织的政策融通，从而使教育改革能够更好地获得其他改革领域的支持；使不同等级的教育政策形成和谐有序的“规范等级秩序”，使不同类别的教育政策相互支持，进而形成一个内部自洽的教育政策体系。教育改革的政策协同有：

政策与教育战略的协同。从宏观层面看，教育综合改革政策协同的关注点不是具体的各种教育政策之间的内在一致性，也不是教育组织与非教育组织之间的政策协同，而是确保具体的教育政策与宏观的国家教育战略相一致，从而使宏观的国家教育战略能够更好地转化为指导教育行动的强制性行为规则。协同的结果之一便是教育综合改革具体政策的“元政策”，这种“元政策”成了各种具体教育政策制定的根本依据或指南[①]，并在各种具体的教育政策文件中常常体现为“为贯彻落实×××，依据×××而制定×××”的表述之中。《国家中长期教育改革和发展规划纲要(2010—2020年)》便是联结国家教育战略与各种具体教育政策的“元政策”，各种具体教育政策的制定都以此为据。

教育组织与非教育组织的政策协同。从中观层面看，教育综合改革政策协同的焦点在于教育组织与非教育组织的政策协同，这种协同主要表现为两方面：一是教育组织与非教育组织在跨界突出的教育政策领域所进行的“政策整合”，比如教育部与财政部之间在教育经费领域共同协商制定的协同性政策，教育部与中央机构编制委员会办公室在教育编制领域进行的各种政策协同；二是教育组织与非教育组织所进行的“政策合作”，比如教育部在全国范围内推行电子学籍时与公安部的户籍制度改革之间的政策合

① 周志忍，蒋敏娟．整体政府下的政策协同：理论与发达国家的当代实践．国家行政学院学报，2010（6）：29.

作。教育组织与非教育组织之间的“政策合作”与“政策整合”是两种水平的政策协同：“政策合作”的根本目的在于更好地实现各自的目标，合作的结果是更为有效的部门政策；“政策整合”的根本目的在于确立共同的目标，其结果是一体化的新政策。[①] 教育组织与非教育组织不仅应推动政策合作，更应在推动政策合作的基础上进行政策整合。

教育组织内部的政策协同。从微观层面看，教育综合改革政策协同的焦点在于教育部门内部各种具体教育政策之间的协同性，既包括纵向政策协同，又包括横向政策协同，前者使不同等级的教育政策形成一种凯尔森所谓的“规范等级秩序”，进而增加教育政策的合法性[②]，后者则旨在使不同类别的教育（包括普通教育与职业教育、城市教育与农村教育、学校教育与家庭教育等）之间、不同层次的教育（包括基础教育、职业教育、高等教育）之间、各个教育要素（包括教育主体、教育客体、教育对象等）之间的政策相互支持。通过横向协同与纵向协同，各级各类教育政策形成了一个自洽的政策体系。

3. 注重教育改革的组织协同

组织协同是教育综合改革的动力源，它将教育行政部门与其他政府部门协同起来，从而使教育部门的综合改革能够获得其他政府部门的更大支持与合作；它将学校、政府、家庭、科研机构与市场等不同主体的利益诉求围绕着教育活动协同起来，从而使各种利益诉求在教育改革红利中得到更大满足；它将各级各类学校整合起来，从而产生更大的协同育人效应。教育改革的组织协

① 周志忍，蒋敏娟．整体政府下的政策协同：理论与发达国家的当代实践．国家行政学院学报，2010（6）：29.

② 杨道宇．结构化课程理论．北京：中央编译出版社，2012：60.

同有：

教育管理系统与其他政府部门之间的组织协同。对于各级教育行政部门而言，教育综合改革的难点之一在于教育行政部门与其他政府部门之间的组织协同，因为“相关部门利益掣肘”已成为教育改革阻力的主要来源。[①] 为破除部门间的利益掣肘，增进教育行政部门与其他政府部门之间的协同性，2010 年成立的国家教育体制改革领导小组，由中央政治局委员任组长，中共中央组织部、中共中央宣传部、国家发展和改革委员会等多个部门共同参与，这种顶层设计不仅会增进教育部与其他部委之间的组织协同，而且可以增进地方教育行政部门与地方政府各部门之间的组织协同，进而为更大范围、更深层次的教育综合改革奠定基础。

学校与政府、家庭、科研机构、企业等组织之间的组织协同。学校与政府之间的协同，使学校更好地理解政府对学校的利益需求和功能期待，使政府的教育决策变得更加科学；学校与家庭之间的协同，使学校真正理解家长的教育需求，使家长真正参与到学校管理之中，可以更好地探讨家庭、学校、社区三位一体的课程育人模式，进而使家庭教育、学校教育、社会教育之间产生更大的协同育人效应；学校与科研机构之间的协同，使学校更好地提升育人理念和教学技能，使科研活动更有针对性；学校与企业之间的协同，使学校更好地理解企业对人才规格的需求，对知识类型的需求。为此，教育组织要建立以学校为中心，由政府、家庭、科研机构、企业等利益攸关方共同参与的多方协同机制，从而使学校综合改革更具针对性、更具引领作用，获取更多的支持，

① 曾天山．中国教育改革进展报告 2012．北京：教育科学出版社，2013：34.

产生更大的育人效应。

各级各类学校之间的组织协同。学校育人效应的发挥，不仅需要学校与政府、家庭、科研机构、企业等组织间的协同，更需要各级各类学校之间的协同。拔尖创新人才培养不能仅盯着大学的拔尖创新人才培养，而应建立大中小学整体培育超常儿童使他们成为拔尖创新人才的新模式[①]；职业教育应与普通教育相连通，从而使学生可以根据自己的实际需要在职业教育与普通教育之间更加灵活地流动；同一学区的中小学不应各自为政、相互分离，而应推行学区化管理，使同一学区的中小学结成育人共同体，从而使中小学之间产生更大的协同育人效应，使优质学校与薄弱学校结盟从而使薄弱学校的教育质量得到大幅提升。

4. 注重教育改革的知识协同

知识协同是教育综合改革的智力支撑：它将知识与政策协同起来，从而使教育政策更加科学、更加有效；它在组织间进行知识共享，从而使教育综合改革获得更大的组织认同和支持；它将各种理论“审慎”地折中调和到教育综合改革中，从而更大程度地增加了各种理论服务教育综合改革的可能性；它将各种教学内容进行整体设计和协同实施，从而增加了各门课程之间的协同育人效应。教育改革的知识协同有：

知识与政策之间的协同。促使教育活动不断生成的教育规则可以分为两类：一类是以教育政策为主的规范性规则，一类是由相关知识所组成的认知性规则，二者共同生成了教育综合改革的实践活动。对于教育综合改革而言，知识协同的首要含义在于知识与政策之间的协同，从而确保与教育政策所匹配的

① 刘彭芝，周建华，张建林．整体构建大中小学创新人才培养新模式的研究与实践．教育研究，2013 (1)：58.

各种知识为相关人员所获得，进而促使教育综合改革决策科学、执行有力、评估适当。具体包括：一是制定科学的教育政策必须有相关知识做支撑，科学研究是决策科学的基础与前提，没有科研就没有科学决策；二是教育政策的执行离不开相关知识的支撑，知识是行动的内在因素，与教育政策相关的各种知识在一定意义上构成了教育政策顺利实施的一般性程序与方法，促使教育政策在教育实践中不断前行；三是对教育政策的评估亦离不开相关知识的支撑。

组织间的知识共享。从组织合作角度看，教育综合改革的知识协同主要是组织间的知识共享，即与教育综合改革的相关知识在各级各类教育部门之间，在教育部门与其他组织或个人之间，所发生的传播、吸收、消化、集成、利用和再创造。[①] 对于教育综合改革而言，知识共享可以增进对相关教育政策的理解，促使教育部门内部各个单元之间，非教育组织与教育部门之间拥有相同或相似的观念，进而使教育综合改革不但在教育部门内部获得更大认同，而且获得其他组织的更大认同。为此，应在教育部门内部的各单元之间，在教育部门与非教育组织之间加强人员的相互流动、相互学习。

理论间的折中调和。从理论间性角度看，教育综合改革要想取得成功，必须放弃“非左即右”的理论化改革道路，从而转向统筹考虑各种理论的实践化改革道路。实践化改革道路不是对各种理论进行“非此即彼”的对立式选择，不是让某种单一的理论独占式地支配改革，而是将各种相关理论非逻辑地复合在教育综合改革的实践之中，审慎地考虑各种理论为教育综合改革所用的

① 何郁冰．产学研协同创新的理论模式．科学学研究，2012（2）：169.

各种可能性，从而使各种理论从不同方面或角度以“和而不同”的方式服务于教育综合改革。为此，应突破简单性思维，超越二元论立场，以“择宜”的方式使各种理论在教育综合改革实践中达到适中。

学科间的课程协同。从教学内容角度看，教育综合改革的知识协同主要指学科间的课程协同。在课程设计方面，应加强大中小学课程的整体设计，使各种关联课程得到有效整合，使各门课程相互配合，使各学段课程衔接更加紧密，从而加强课程间的协同育人效应；在课堂教学方面，应通过合作课程、整合讲授课程、集合式课程、教阶式课程、链接式课程等合作方式，进行跨学科协同教学，从而使学生学习的各种内容得到有效整合，使课堂教学更有效。

5. 注重教育改革的资源协同

资源协同是教育综合改革的基本条件，它将教育资源与教育政策协同起来，从而使教育政策更加易于实施，使教育资源分配更加合理；它将教育资源与知识协同起来，从而使教育资源与知识相互配合，共同构成教育综合改革的完整要素；它将各种教育资源协同起来，从而使每个学校的教育投入综合配套，使各级各类教育投入组成有机联系的资源系统，使各种教育投资主体形成相互配合的多元投资主体。教育改革的资源协同有：

教育资源与教育政策之间的协同。对于教育综合改革而言，资源协同的首要含义在于教育资源与教育政策的协同。一方面，教育政策的实施需要相关资源的协同支持，相关资源的支持情况直接影响到教育政策实施的最终效果。很多看似理想的教育决策因缺乏相关资源支持而失败，因此，教育政策的制定与实施必须考虑可以利用的资源状况，尤其是财政资源的支持程度。

另一方面，教育资源的分配与使用需要教育政策的协同，如何分配教育资源是教育政策的主要功能之一。教育政策分配教育资源的权威性，不仅来源于其对教育资源分配的合理性，更来源于教育政策的强制性，进而使其成为分配教育资源的最终决定者。总之，教育资源与教育政策相协同，使得教育资源的配置和利用更加趋于合理，更易为各方接受，进而使得教育政策实施更加容易。

教育资源与知识之间的协同。教育综合改革活动离不开各种资源支持，但这并不意味着只要资源充沛就可以完成教育综合改革这样重大的社会行动，教育综合改革还需要其他条件的配合，尤其需要相关知识的支持与配合。以物质条件和财政资源为主的教育资源，是推进教育综合改革的外在因素，所构成的仅是教育综合改革的外在力量，这种力量如没有改革者的知识参与，终究不能将教育综合改革引向成功。改革者头脑中的知识作为教育综合改革的内在要素，构成了教育综合改革的知识力，是教育综合改革不断前行的智力保障，是改革者能否有效利用教育资源达成改革目的的关键。知识也离不开资源的支持而能独自完成教育综合改革。

教育资源的内部协同。其多元内涵主要包括：一是从教育要素角度看，教育资源的内部协同主要指向对每个学校的各种资源投入要综合配套，尤其是对农村等地区薄弱学校的投入要综合配套，从而避免出现资源利用率不高的现象；二是从各级各类教育角度看，教育资源的内部协同主要指向各级各类教育投入之间的均衡与相互配合，尤其是在普通教育与职业教育之间、普通教育与特殊教育（包括超常儿童教育）之间的投入均衡，因为均衡投入是各级各类学校获得多样优质发展的基本保障，而各级各类学校的多样优质发展则是发挥教育整体功能——满足人民群众的多样化高质量教育需求——的基本前提；三是从各类教育投资主体之间的关系角度看，教育资源的内部协同主要指向各级各类教育投资主体的相互合作，教育不仅需要政府投入，而且需要社会投入，需要形成以政府为主体的多元投资主体。

6. 注重教育改革的节点协同

节点协同是教育综合改革的着力点，它将战略、组织、政策、知识、资源等基本要素围绕着教育改革的关键点进行全方位协同匹配，以实现单个要素机械简单累加所无法实现的结构效应，从而使教育综合改革能够突破关键点，进而促进教育的巨大发展。

节点协同的目的是使教育事业突破制约自身发展的关键瓶颈，从而使教育获得飞跃性发展。[①] 教育综合改革不同于教育的自然发展，二者之间的根本不同在于教育综合改革主要通过改革制约教育发展的体制性障碍来促进教育发展，所带来的常常是质的飞跃，而教育的自然发展则是没有改革的发展，常常是量的积累。这就决定了教育综合改革必须寻找制约教育事业发展的关键瓶颈，围绕关键瓶颈进行综合改革，使战略、组织、政策、知识、资源等要素汇聚于由关键瓶颈所组成的节点，进行全方位协同攻关，从而在相对较短时间内实现关键瓶颈的突破，进而促使教育事业取得质的飞跃。

教育改革节点随着教育的不断发展而不断变化。教育综合改革节点选择虽然在形式上受教育改革者的主观能动性影响，但在对改革节点的选择上却不是随意的：改革的节点在其实质上根源

① 曾祥炎，刘友金．基于价值创新链的协同创新：三阶段演化及其作用. 科技进步与对策，2013（20）：22.

于教育事业发展所遇到的真实问题，这些问题构成了教育发展必须突破的瓶颈，因而被选择出来作为教育综合改革的节点。在教育改革过程中，新的矛盾总会取代旧的矛盾从而成为教育发展的突出矛盾，甚至是主要矛盾，进而成为教育综合改革的对象。这就决定了作为教育综合改革节点的问题总是在“辞旧迎新”——旧的问题解决了，新的问题又会产生，进而决定了任何时间、任何地点的教育综合改革都必须具体问题具体分析，抓住主要矛盾，找好教育综合改革的着力点。

节点协同的本质是战略、组织、政策、知识、资源等要素围绕节点而形成的全面协同攻关。在教育综合改革的节点协同中，战略、组织、政策、知识、资源等要素积聚于节点，围绕节点进行全面协同创新，形成解决瓶颈问题的节点协同空间，教育改革主体在节点协同空间内借助诸多因素的相互协同来有效解决形成节点的教育难题。对于不同的节点而言，协同攻关的要素虽然在形式上是相同的——包括战略、组织、政策、知识、资源等要素，但其实质内容却各不相同，进而要求教育综合改革在遵照节点协同一般原理的情况下具体分析每个节点的具体情况，做出具体改革部署。

四、把教育改革系统性、整体性、协同性融为一体就是要强化科学演进、与时偕行

系统性、整体性和协同性不仅仅在各自功能性上为深化教育综合改革提供治理方案，三者之间也有着内在联系。系统性和整体性从认识层面把握教育改革的格局建构和系统解构教育改革各领域及其子系统，用“整体-局部”思维审度教育改革进程，保证

教育改革朝着正确的方向前进。协同性则是将教育改革从认识层面推进到实践层面，是对整体性和协同性改革的实际操作，是对制度、体系、能力的具体建构方法。而只有从整体上观透教育改革的大格局，才能真正分析教育改革各领域、各部分在改革中的具体效用，才谈得上在实践操作层面的协同配合。但更加注重教育改革系统性、整体性和协同性本身并不是目的，目的在于通过更加具有系统性、整体性和协同性的改革实现教育的科学演进、与时俱进。因此，把教育改革的系统性、整体性和协同性融为一体也极为关键。

1. 确保教育依规律前行

教育是发展着的实践，教育改革是有目的地促进这种实践更健康、更优质、更高效的活动。更加注重教育改革的整体性，就是要确保改革符合教育的本质规律，从最根本的意义上促进人的健康成长和全面发展，符合教育的基本尺度，“把能否通过教育这一途径促进并实现人的生命发展和幸福生存作为基本标准，主要看是否让所有人都接受公平的教育，满足每个人的个性化学习需求，为每一个人提供终身学习的条件和机会，所提供的教育是否在人的健康发展和幸福生活中充分发挥作用”①。更加注重教育改革的系统性，就是要确保改革符合教育的关系规律，教育内部各要素之间，以及要素与系统之间形成一种良好的互动关系，教育与经济、社会等的外部关系有利于教育可持续发展，也有利于发挥教育对经济社会的先导、基础和支撑作用。更加注重教育改革的协同性，就是要确保改革符合教育的发展规律，处理好发展、改革和稳定的关系，让教育这一艘航船平稳地行驶在人类社会发

① 刘云生．教育尺度：意涵与关系．教育研究，2016（5）：14－20.

展的康庄大道上。

2. 确保教育依规则前行

教育改革进入全面深化阶段，改革开放初期那种大破大立的粗犷式的改革难以适应新的形势。深水区的改革既要敢于闯，敢于探，更要总结前期的经验，依照建立起来的规则有序前行。更加注重教育改革的整体性，就是要为教育本身建立演进性框架，为改革建立整体性制度框架，确保教育改革整体规范有序。更加注重教育改革的系统性，就是要更多关注教育各要素之间的关联性制度，让教育改革在法律法规的框架下进行，确保各改革主体的正当利益不受损失。更加注重教育改革的协同性，就是要确保教育改革的利益相关方在规则的基础上协同推进改革，最大限度形成合力，实现教育系统内外关系的最优化。正因为如此，进入新时代的改革，从中央到地方都强调改革与法治的协同，强调破例有序，这个“序”就要靠规则来确保。

3. 确保教育依时代前行

一个时代有一个时代的社会构成，也有一个时代的教育实践。只有与时代同步的教育实践，才能够成为人类社会可持续发展的进步力量。从这个意义上说，教育改革就是不断地革除现实教育世界中落后于时代的部分，促进当下和未来社会所需要的新生要素不断生长，不断发展和壮大。更加注重教育改革的整体性，就是要确保教育整体与社会发展相适应，而不至于与时代脱节、落伍。更加注重教育改革的系统性，就是要确保教育流淌的血脉与社会的发展形成同构共生的良好局面。更加注重教育改革的协同性，就是要确保教育改革适应我们这个协调发展的社会，最大限度集成各种资源提供高质量的教育，使之成为人类命运共同体的建设力量。

改革只有起点，没有终点。历尽艰辛的改革实践推进到了系统性、整体性、协同性阶段，这是改革进程实现历史性突破的重要标志，也是更加考验改革的耐力、智慧的重大历史转折关头。教育改革作为全面深化改革的重要组成部分，更加注重改革的系统性、整体性、协同性，不仅是历史逻辑、现实逻辑，也是发展逻辑之必然。只要我们坚守这样的逻辑，坚持这样的实践，教育综合改革必将取得新的更大的成就！

运用法治思维和法治方式深化教育领域综合改革

习近平总书记多次指出“法治是国家治理体系和治理能力的重要依托”①，要切实提高运用法治思维和法治方式推进改革的能力和水平。党的十九大提出“优先发展教育事业”；十九届四中全会通过的《中共中央关于坚持和完善中国特色社会主义制度 推进国家治理体系和治理能力现代化若干重大问题的决定》，对“构建服务全民终身学习的教育体系”做出专门部署；十九届五中全会通过的《中共中央关于制定国民经济和社会发展第十四个五年规划和二〇三五年远景目标的建议》，擘画了“建设高质量教育体系”的宏伟蓝图。这一系列教育事业发展的生机活力，必须依靠深化教育领域综合改革不断激发，而法治思维和法治方式的有效运用比以往任何时候都更为必要、更显重要、更加紧要。

一、更好发挥法治对教育领域综合改革的规范保障作用

党的十八届三中全会以来，中国特色社会主义教育制度体系的主体框架已经基本确立，教育面貌正在发生格局性变化。“十四五”时期推动教育领域综合改革离不开法治，要着力发挥法治对党的教育方针、立德树人根本任务、德智体美劳全面培养的教育体系的规范保障作用；聚焦法治对发挥适应新发展格局的教育结构、学科专业结构、人才培养结构，以及育人方式、办学模式、

① 中共中央文献研究室．习近平关于全面建成小康社会论述摘编．北京：中央文献出版社，2016：94.

管理体制、保障机制改革的规范保障作用；切实发挥法治服务国家战略需要，聚焦人民群众所急所需所盼，构建优质均衡的基本公共教育服务体系，加快缩小区域、城乡差距的规范保障作用。

1. 教育改革必须运用法治思维和法治方式

法治思维是运用法治理念、原则、规则认识事物、判断是非、解决问题的专业思维方式，法治方式则是运用法治思维从事法律活动及其他社会活动的规范途径和方法。过去的改革更多靠“摸着石头过河”的勇气，“边抓牌边定规则”。时至今日，随着法治思维和法治方式不断确立，教育领域治理体系和治理能力现代化不断推进，教育领域综合改革发展必须遵循法治轨道阔步前行。[①]

继续深化教育领域综合改革，破除深水区的利益藩篱、解决攻坚期的复杂难题，只能依靠法治有效解决——以法治思维实践改革主张，用法治方式化解改革风险。反观近年来时有发生的“校闹”事件、安全纠纷、师德失范等社会敏感问题，可以在、也只能在法治框架内、法治轨道上，通过教育制度创新化解处理。除此之外，教育领域综合改革的新理念新思路新举措，必须用法治凝聚最大共识、形成最强合力，寻求法治之下的“最大公约数”，才能推动改革持续向前，让最广大人民群众收获更多教育红利。

新时代法治护航下的教育领域综合改革，不仅意味着有法可依，而且意味着良法善治；不仅意味着更完备的法律秩序，而且意味着更多的实质公平正义。在新时代全面深化改革的图景下，法治思维和法治方式彰显着新的深刻内涵：更加注重程序正义，建立健全推进教育领域综合改革的法定程序，切实以正当程序保

---

① 樊伟，王志．在法治轨道上统筹推进防疫工作．中国高等教育，2020（3/4）：10－11.

障实体正义的追求；更加注重权利保护，围绕立德树人、促进人的全面发展的教育核心价值，充分尊重和保障师生权利，建立健全系统严密的权利保障机制；更加注重制度精细化管理，目前我国已基本形成以《中华人民共和国教育法》为核心的专门教育法律体系和《中华人民共和国未成年人保护法》等教育相关法律体系，但依法治教的制度措施还不健全，这要求精细化配套教育法律制度；更加注重规则公平，通过法治方式建立健全公平的教育法律规则，充分体现各方合法权益和合法诉求；更加注重利益相关方参与，教育领域综合改革要激发利益相关方的主动性和积极性，通过信息公开、决策民主等各种法治途径，让利益相关方广泛参与、建言献策、实效监督。

需要强调的是，党对教育领域综合改革的集中统一领导是运用法治思维和法治方式深化改革的根本前提。党的十九届三中全会通过《中共中央关于深化党和国家机构改革的决定》和《深化党和国家机构改革方案》，专门组建中央教育工作领导小组（秘书组设在教育部），作为党中央决策议事协调机构，其主要职责中就有审议教育重大政策和体制改革方案，保障教育系统“百年行动”顺利实施。

2. 教育法治思维和法治方式的基本要求

学习贯彻习近平总书记教育重要论述①，必须针对教育特点、落实法治理念，充分发挥法治对教育领域综合改革的引领、控制、推进和固化作用，切实提高运用法治思维和法治方式推进教育领域综合改革的能力和水平，加快教育领域治理体系和治理能力现代化建设。

① 本书编写组．习近平总书记教育重要论述讲义．北京：高等教育出版社，2020.

一是发挥法治思维的引领带动作用。准确把握中国特色社会主义法治体系的内涵和精髓，牢固树立规则意识、证据意识、程序意识以及权力制约和权利保护的平衡意识。切实把维护人民群众的受教育权作为法治思维的核心理念，把促进教育公平公正、增进人民群众福祉作为教育领域综合改革的出发点和落脚点，把打赢教育领域脱贫攻坚战并巩固战果作为优先任务，把改革资源配置方式作为根本措施，把创新体制机制作为重要保障，保证每个孩子都有学上，让每个孩子都接受有质量的教育。超前研究面向每个人、适合每个人、更加开放灵活的教育体系，引领带动学习型社会氛围的营造。①

二是发挥法治程序的流程控制作用。遵循形式法治规范和实质法治原则，着眼办出具有中国特色、世界水平的现代教育，把教育改革决策与法治政府建设紧密结合，围绕全面依法治国总目标和依法治教总抓手来谋划、推进教育领域综合改革，确保在深化改革中始终有具体的法治目标、法治任务、法治要求。特别要加快推进教育重大改革决策法治化、科学化、民主化，健全决策酝酿提出、咨询论证、风险评估、合法性审查、集体讨论等程序，切实提高综合改革决策质量，抓住关键节点流程控制。

三是发挥法治方式的推进提升作用。坚持重大教育改革于法有据、依法推进，深入推进管办评分离，切实转变教育管理方式，扩大省级政府教育统筹权和学校办学自主权。切实支持地方和高校对于需要取得授权的重要改革举措，按要求申请授权。加强教育行政执法体制机制创新，严肃查处扰乱教育秩序和违法违规办学行为，推进营造教育领域良好法治环境。

---

① 申素平，郝盼盼．运用法治思维和法治方式深化教育改革．中国高等教育，2019（15/16）：61.

四是发挥法治形式的成果固化作用。在推进教育领域综合改革进程中，做好教育相关法律法规“立、改、废、释”工作，以法治成果承接、深化改革成果，对教育改革实践证明行之有效的经验做法，及时提出立法建议，上升为法律规定；对已经不适应深化改革要求的法律规定，积极推动修改或废止①；对需要通过法律解释来解决问题的，要及时推动做出解释和政策解读。

除此之外，对标2019年印发的《中国教育现代化2035》要求，及时总结经验、把握当下问题、面向未来施策，把教育法治与治理体系和治理能力现代化紧密结合起来。当前，教育优质供给还不足，教育公平有待增强，群众在教育方面还面临难题。教育领域的法治任务不仅要满足“法治”要求，还要满足与治理现代化相匹配的效能、诚信、便民等多方面“治理”需求。法治建设重点在完善立德树人体制机制上下功夫，在促进教育权利和机会的公平上下功夫，在健全学前教育机制、特殊教育机制、普及高中阶段教育保障机制上下功夫，在完善职业技术教育、高等教育、继续教育统筹协调发展机制上下功夫，在优化创新型、复合型、应用型和技术技能型人才培养机制上下功夫，在构建覆盖城乡的家庭教育指导服务体系上下功夫，在支持和规范民办教育、合作办学上下功夫②，以局部突破成就全面开花，以法治因素撬动改革阻力。

按照习近平总书记在2018年全国教育大会上的重要讲话精神，运用法治思维和法治方式深化教育领域综合改革，推进教育治理体系和治理能力现代化，着力提高教育法治化水平，构建完备的教育法律法规体系，健全学校办学法律支持体系。要健全教

① 刘自成．用法治思维和方式推进教育综合改革．中国教育报，2014－11－08.
② 张纪南．坚持和完善统筹城乡的民生保障制度．中国劳动保障报，2019－11－29.

育法律实施和监管机制，提升政府管理服务水平，提升政府综合运用法律、标准、信息服务等现代治理手段的能力和水平。要健全教育督导体制机制，提高教育督导的权威性和实效性。要提高学校自主管理能力，完善学校治理结构，继续加强高等学校章程建设。要鼓励民办学校按照非营利性和营利性两种组织属性开展现代学校制度改革创新。要推动社会参与教育治理常态化，建立健全社会参与学校管理和教育评价监管机制。要在中国特色社会主义教育制度体系、教育行政部门依法行政、依法治校三大板块，形成科学完备、运行良好、回应关切、解决问题的教育立法—依法行政—学校治理“三位一体”的教育法治体系。[①]

二、以“立、改、废、释”为手段，充实优化中国特色社会主义教育制度体系

教育法治建设，首先要面对不断出现的新问题，及时制定出台依法治教的法律、法规、规章，做好“增量”，完善教育法律和制度规则体系，对相关规定该细化的细化、该明确的明确，着眼于提高实效，盘活“存量”，在认识上找差距、在工作上找短板、在措施上找弱项、在落实上找问题、在安全上找盲点，在中国特色社会主义教育制度体系的主体框架基础上，更加充实法律制度内容。

新时代教育立法要奔着解决问题去，具有鲜明针对性，围绕教育领域中出现的执法司法问题，严格执行现有法律法规，统一执法标准、程序、依据，必要时出台专门司法解释；要奔着实践

① 王志．新时代教育治理的行政法治论纲．中国高等教育，2019（22）：43.

急需去，具有鲜明操作性，瞄准执法司法实践所需，特别是人民群众对教育的所急所盼，完善程序，强化保障，加大对教育领域违法犯罪行为的打击力度，为推进依法治教提供有效法律指引、生动事件案例；要奔着经验总结去，具有鲜明系统性，总结提炼成功经验，做好集成固化，确保政策在法律法规的要求下延伸细化，更易操作、更好适用。

1. 完善法律体系与提升立法质量的双重要求

新时代仍要大力推进教育立法工作。一方面，进一步完善教育法律体系。根据构建服务全民终身学习的教育体系需要，按照法制统一原则和法定立法权限，启动立法增量；抓紧研究起草教育事业发展和教育管理工作急需的法律草案；进一步做好实施教育法律、行政法规所需要的配套规章制定工作，加强对规章的解释工作，及时清理有关规章，积极推动各地制定配套的地方性法规、规章，使各项教育工作都做到有法可依；探索建立教育法律法规规章体系定期“立、改、废、释”行动计划，制定规范性文件定期清理、精简、公布、备案行动指南，促进教育立法始终保持高水准、一体化、时代性。另一方面，不断提高教育立法质量。教育部门起草法规、规章草案的内容要具体、明确，具有可操作性，符合实际，能够切实解决问题；要深入调查研究，总结实践经验和地方创新，采取书面征求意见、座谈会、专家论证会、听证会等灵活形式广泛听取有关机关、社会组织和广大公民的意见；对有关机关、社会组织或者公民有重大意见分歧，或者直接涉及公民、法人或者其他组织切身利益的重要法规规章甚至重要的规范性文件，都应当通过报刊、网站、新媒体等渠道向社会及时公布，征求各界意见；法规规章通过后，应当在政府公报和政府网站上公布，加大相关政策和规范性文件的公开范围与力度。

当前充实中国特色社会主义教育制度体系，必须跟踪和针对综合改革的主战场，紧锣密鼓推进教育立法具体项目：修订《中华人民共和国教育法》《中华人民共和国职业教育法》《中华人民共和国高等教育法》《中华人民共和国学位条例》《中华人民共和国教师法》《中华人民共和国民办教育促进法》及其相关实施条例，分批次纳入国务院年度立法工作计划中；制定有关考试、学校、终身学习、学前教育、家庭教育、线上教育等空白领域、新兴领域的法律法规规章；加强教育行政法规建设，清理谋划教育行政规章建设；鼓励各地根据实际，主动对接法律和行政法规，清理、修改、完善教育领域地方性法规规章的衔接、细化、落实机制。

2. 新时代教育立法的新形势新要求

教育立法必须与“十四五”规划和2035年远景目标紧密同步甚至稳妥超前。从1980年颁布《中华人民共和国学位条例》，到2016年新修订《中华人民共和国民办教育促进法》和2018年局部修订《中华人民共和国高等教育法》[①]，教育立法的节奏与重点，都与教育领域综合改革的要求和进展存在一定差距。当前在新形势、新阶段、新理念、新格局下，教育领域出现了不少新发展、新变化，由有学上到上好学，由关注教育发展和条件改善到关注教育的机会公平、权利公平，由常态化课堂教学到新冠肺炎疫情期间线上教学，需要开动脑筋，更多借助法治思维和法治方

---

① 中华人民共和国教育法律法规全书．北京：中国法制出版社，2019. 该书涉及教育类型（学前教育、基础教育、高等教育、职业教育与成人教育、民办教育、特殊教育），学位管理，教育督导，教育经费与投入（财政收入、助学贷款、奖学金、助学金、教育经费、学校收费管理），学校思想政治教育，文体、卫生、安全、国防教育工作，教育国际合作与交流，教师队伍建设，语言文字与科技工作类法律、行政法规、国务院文件、部门规章、司法解释、规范性文件等文本，可以较全面了解教育立法情况。

式提升制度正义、法治建设、治理效能的获得感。因此，新时代教育立法任务更重、要求更高、工作更细。

新时代教育立法的任务，反映在2018年十三届全国人大常委会立法规划中，包括制定“学前教育法”，修改《中华人民共和国职业教育法》《中华人民共和国学位条例》和《中华人民共和国教师法》。从教育改革发展长期趋势看，还需要制定“终身学习法”“家庭教育法”等，以应对“互联网+”时代教育体制机制创新的需要。当前，要以高水平编制教育“十四五”规划为契机，围绕构建教育高质量发展体系、服务全民终身学习的教育体系、优质均衡基础公共教育服务体系、技能型社会教育体系的主轴，思考教育领域“十四五”立法规划，列入更多可以尽快启动的破局性立法项目。

在价值取向上，要从关注发展和规范管理，向更加重视公平公正、注重制度正义转变，更加关注教育主体权利的保护，注重整体利益的平衡。现有的教育法律巩固了教育优先发展的战略地位，在立法目的上，侧重于规范政府行为，明确政府投入职责。今后，要更加重视平衡政府、社会、企业、个人在发展教育中的作用，以公平公正的制度环境保障各方合法利益。如民办教育立法在促进发展的同时，构建公平竞争环境，规范管理，平衡市场与教育之间的矛盾和冲突，就显得尤为关键和重要。

在法律关系上，要从教育体制内部主体关系，向多元主体、多重利益相关方转变，立法复杂性大大增强。我国现行教育法律大都制定于20世纪90年代，所要调整的法律关系主要限于体制内，教育公共管理的主要方式是事业管理，即以行政、计划、财政和人事管理等方式，对事业单位范畴内的教育主体、教师及其与政府的关系进行调整。而目前教育公共管理的范畴，已经拓展为包括民办学校、校外培训、合作办学、校企融合、网络教育、境外办学、国际学校等因素在内的行业管理、产业规划、市场监管，需要调整和规范的社会关系日益复杂、多元，需要运用的治理手段日渐综合多样。这一趋势需要教育立法更加关注和调整教育外部关系，要摒弃部门本位立法视角，站在全局高度，以更宽视野调整、平衡与教育相关的各种关系和各方主体利益，为健全教育治理体系提供制度框架。同时，教育立法要着力回应教育变革，面向未来。习近平总书记在2015年致国际教育信息化大会的贺信中指出，“因应信息技术的发展，推动教育变革和创新，构建网络化、数字化、个性化、终身化的教育体系”①。在抗击疫情和“停课不停学、不停教”两条战线上，更加需要全新的教育体系，需要全新的制度框架，构建和规范新型的教育法律关系。如未来会不会出现不归属任何学校，但可以提供特定课程的独立教师团队？信息技术进一步发展，学校的形态、组成要素会不会发生改变？未来教育技术带来的变化，将会带来教育规则的转变，这些转变又如何转化为法律规制？现有的教育法律概念——学校、教师、学生、课程等将如何调整？这些伴随教育发展新趋势而来的新挑战新问题，都需要在今后的教育立法中予以考虑、回应。

在重点任务上，要从宏观叙事向微观规范转变，更加注重以完善制度、健全规则破解教育领域的热点难点问题。目前，教育法律框架基本形成，现行7部教育法律总体上涵盖了教育各个层次、领域的法律关系，但由于这些法律更注重宏观制度建设的完整性，所以，教育在具体实践中仍存在法律制度支撑不足的问题。推进教育法治实践，需要教育立法更关注制定和完善微观规范、

① 习近平致国际教育信息化大会的贺信. 人民日报，2015-05-24 (1).

管理规则，注重条文的精细化和可操作性，让法律规则在教育工作实际中应用起来，从纸面的法律走向行动的法律；要重视法律的修订与解释，运用条文修订模式，及时对教育法律中不适应实践需要的具体规定做出修改，使法律条文反映时代性；要深入研究分析现有法律条文的字面意思与内在含义，加强对条文的解释，特别是做好对党和国家发展至关重要、社会关注度高、与人民群众教育诉求关系密切的教育事件的政策解读，使之适应实践新发展新要求，激发沉睡的法律法规条文焕发全新的解释力和适用力。

在立法技术上，要从“宜粗不宜细”，以原则性、倡导性、指引性的软条款，向确定行为规则、明确违法后果、体现法律强制性和规范性的硬规则转变。现有教育法律中有相当多的条文，限于当时的立法环境和法治条件，考虑教育的特点与规律，没有形成严格的法条逻辑结构，即假设、处理和责任，甚至有的教育法律本身都未规定法律责任，只是单纯的政策宣示。随着教育管理法治化程度提高，教育行政执法实践更加普遍深入，教育行政诉讼日益增多，需要进一步提高立法的精细化和集约化，使法律真正具有回应执法司法真实需求的生命力。

在理论依据上，要从以行政法学理论为主，向具有独有研究范式、聚焦教育领域法律关系、阐述教育法法理依据的教育法理论转变。现有教育法基本是在行政法理论框架内进行立法，主要运用行政主体-行为/程序-监督/救济体系分析，主要处理教育领域中教育行政机关与行政相对人的法律关系。[①] 但行政法学理论很难完全涵盖教育关系，很难完全包括社会办学机构等新类型学校和家长等主体。同时，教育法学也需要把教育法解释为围绕教

① 湛中乐．论我国教育法规范体系的完善．中国高等教育，2019（8）：25.

育改革发展实践形成的重要部门法[①]，借鉴、交叉、综合相关法学和社会科学领域的研究成果，为教育立法的实践提供独立部门法理依据。

在表现形态和建设目标上，要从围绕教育的各个领域制定专门法，向统筹考虑教育法治整体需求、制定教育法典的方向转变。教育制度体系主体框架的建立，为整合性立法准备了条件。下一阶段教育立法要以问题意识针对教育领域综合改革的系统性、整体性、协同性，同步增强立法的系统性、整体性、协同性，激发教育法律运作发生“化学反应”。教育立法目前呈现依据领域立法和依据主体立法两种形态，如各方面关注的学前教育立法，是因为对比义务教育、职业教育、高等教育等领域，学前教育领域存在法律空白。受2020年通过的《中华人民共和国民法典》启示，在不同教育领域法律基本健全的前提下，下一步教育立法的发展方向应当是法典化。制定新时代中国特色社会主义的中国教育法典，系统编撰教育领域法律条文，按照教育原则、教育主体、教育制度、教育领域、法律救济、法律责任等形成不同的编、章、节，将现有教育法律系统化修订、整合和补充，从而形成完整的教育法律制度体系。通过对不同教育阶段的培养目标以及教育形式、学校制度的规范，将目前普通高中阶段、网络教育领域存在的法律空白予以填补，而不必再制定单独的相关专门法。当然，制定中国教育法典无疑是一项宏大工程，应该是教育立法的长远目标，是可预期的教育法治完善和治理现代化的里程碑和教育领域综合改革的制度集大成。[②]

① 杨颖秀．教育法学．4版．北京：中国人民大学出版社，2019：3－28．

② 王大泉．新时代教育立法理念与任务的变化．中国高教研究，2019（3）：32．

3. 构建完善的教育法制体系

教育立法很重要的一项任务是将庞大繁杂的教育领域规范性文件清理整合，以法律规范标准总结党的十八大以来教育领域的重点迫切问题。对标《依法治教实施纲要（2016—2020 年）》要求，为下一阶段立法工作提供必要的法条储备和规范建构，加大把党的意志按法定程序上升为国家意志、把党的教育政策转化为国家法律规范的力度。

坚持教育立法和改革决策相衔接，做到重大改革于法有据，以法律规范引领和推动教育改革、促进和保障教育发展。坚持“立、改、废、释”并举，及时修订、完善教育法律法规和规章、规范性文件；恪守以人为本、立法为民理念，建立健全公开听证、公众参与、专家顾问咨询、委托第三方起草等制度，形成公开、民主、科学的立法程序和工作机制，着力提高教育法律法规和规章、规范性文件的制定质量。

一是大力加强教育立法工作。加快推进与教育相关的法律法规的制定修订工作。继续实施规章建设计划，发布外籍教师聘任和管理办法、中小学法治副校长聘任和管理办法、未成年学生学校保护规定等规章。研究启动教育法典编纂工作。

二是积极提升教育地方性法规质量。支持各地结合本地教育发展特点和实践需要，制定有针对性的地方性法规。设立地方教育立法改革试点项目，建立专家咨询和经费支持机制，鼓励各地在终身学习、学前教育、普通高中教育、营利性教育机构监管、校企合作、家庭教育等教育法律规范尚存空白的领域，先行先试，以教育立法推动教育改革，为全国性教育立法和改革顶层设计积累经验。

三是全面提高规章及规范性文件质量。建立教育规章、重要规范性文件制定规划制度，年初由法制工作机构汇总提出年度立法计划，统筹安排立法资源。优先在招生考试、师生权益维护、学校管理、教材管理、教学科研行为规范等领域，制定或者修订综合性规章。根据法定职权，抓紧制定出台各类教育标准、规范、程序。按照公开、公正、民主、科学的原则，进一步健全规章、规范性文件起草程序，涉及群众切身利益或者重大利益调整的，要采取座谈会、论证会、听证会等方式广泛听取意见。规范性文件出台前须由法制工作机构进行合法性审核，并不得设定或变相设定行政许可、行政处罚、行政强制、行政收费等规定。凡限制相对人行为、增加其义务或者涉及相关方权益的规章和规范性文件，一般应由法制工作机构组织起草或者审核，并按照法定要求和程序予以公布。

四是建立规章和规范性文件清理长效机制。建立规章、规范性文件的解释和实施评估制度，对执行中出现歧义或者需要进一步明确的问题，制定机关要及时予以解释。要根据深化教育改革发展实践需要，以及上位法制定、修改、废止情况，及时清理有关规章、规范性文件。各级教育部门要形成对现行规章、规范性文件的清理并将清理结果向社会公布的机制。要实行规章、规范性文件目录和文本动态化、信息化管理，及时向社会公布“立、改、废、释”情况。

4. 当前重点任务与立法工作模式思考

当前重点任务：深入调研，制定教育立法中长期规划；加快教育立法工作步伐，尽快补齐重点领域立法缺项，进一步明确教育发展的责权利框架；推动《中华人民共和国民办教育促进法实施条例》修订发布，配合做好宣传贯彻、舆情应对和风险防控；推进《中华人民共和国职业教育法》修订，抓紧《中华人民共和国学前教育法草案》审查，把握工作节奏，争取尽快完成教育部内审议，提请国务院审议；加快推进《中华人民共和国教师法》和《中华人民共和国学位条例》的修订；推进家庭教育、社会实习教育法律制度的立法调研，探索学校与家庭、学校与社会共育共治的体制机制，适时完成《未成年学生学校保护规定》等规章制定；完善立法研究论证机制，用好外部资源，充实立法力量，广泛开展前期调研，支持理论研究先行；以《中华人民共和国残疾人教育条例》为试点，探索开展立法后评估工作；完善执法依据，加快修订《教育行政处罚暂行实施办法》，夯实教育行政执法制度基础，提高执法规范化水平。

立法工作模式：新旧并举、紧抓重点、高效回应的模式。一是继续加强教育新法立法工作。制订覆盖生命全周期的立法工作计划，尽快出台专门的家庭教育法（或条例）、社会教育法（或条例）、网络教育法（或条例）、老年教育法（或条例）、学前教育法（或条例）、终生教育法（或条例）等，以促进各级各类教育依法行教。二是修订完善现有法律条款。以可操作和具体化为指导，修订《中华人民共和国教育法》关于教育财政管理等方面的条款，修订《中华人民共和国义务教育法》关于均衡化发展等方面的条款，完善《中华人民共和国民办教育促进法》或出台相关配套制度，完善《中华人民共和国职业教育法》关于职业教育混合所有制、校企合作、产教融合等方面的条款，完善《中华人民共和国高等教育法》关于“双创”教育、“双一流”建设等方面的条款，完善《中华人民共和国教师法》关于教师的培养、师德、教学、科研、考核、绩效、监督等方面的条款。三是确立对教育问题的立法动态回应机制。下沉调研、开门立法，形成问题的发现—搜集—梳理—交办—调研—立法决策—反馈—解释的高效机制，打造教育立法数据库，方便实时查询、定期更新、动态透明。

要以提升实效为本，贯彻落实《深化新时代教育评价改革总体方案》，打好“龙头之战”“攻坚之战”和“升级之战”三大战役，深化新时代教育督导体制机制改革，全面推动依法治教，加快和扩大新时代教育对外开放，以法治确保各项改革部署落得准、落得稳、落得好。目前，我国还没有专门的教育督导法律，作为法规的《教育督导条例》自 2012 年颁布实施以来，落实还不够到位，需进一步完善。比如，《教育督导条例》对督导范围的表述比较笼统；对教育督导标准和规程等做出的规定不够健全，有的缺乏操作性，约束力不够；对地方教育督导机构的规定不够明确；等等。特别是《教育督导条例》的贯彻落实，需要地方结合实际出台有关配套法规和政策，但有些省份还没有出台。从长远看，需要专门立法，进一步提高教育督导的强制性、权威性，形成全覆盖。为此，应加强教育督导法治建设。一方面，完善教育督导法律法规，加快配套规章制度建设，推动地方出台配套法规政策，形成由国家法律、行政法规、部门规章以及规范性文件组成的教育督导法律法规体系。另一方面，强化程序意识，细化工作规范，完善督导流程，使教育督导工作有章可循、规范有据。

三、以“放管服”改革为抓手，全面深化教育部门依法行政

推进教育领域综合改革，关键要深化教育部门依法行政，完善教育治理制度体系，促进制度建设和治理效能更好转化融合、良性循环。要深化对改革规律的认识，根据时与势的变化不断完善涉及教育部门依法用权的法律制度，把住教育部门作为行政机

关的枢纽地位，从源头发力，保障教育改革始终在法治大道上提升品质。

1. 进一步深化教育领域“放管服”改革

教育行政机关的法治治理，治的是权力，理的是关系。当前，教育“放管服”改革取得了积极成效，但仍存在一些改革的空白点、盲点、堵点。要按照李克强总理的要求，坚持行“简约”之道，放出活力、放出创造力，管出公平、管出质量，服出便利、服出实惠。“放管服”改革不可避免会涉及现行教育法律法规的修改，教育部门要主动与立法及司法机构沟通协调，及时推动相关法律法规调整和授权工作，着力落实好《优化营商环境条例》，巩固已有改革成果，将行之有效并可长期坚持的做法逐步上升为制度规范，以法治手段维护良好环境，保障各项改革依法有序推进。

教育部作为全国教育行政主管机关，要真正刀刃向内，坚持问题导向，将改革进行到底。一是继续做“减法”，用足用好五部门深化高等教育领域“放管服”改革文件的政策，进一步为高校办学松绑减负。将教师职称评审权彻底下放至高校；根据办学实际需要和精简效能原则，由高校自主确定教学科研、行政职能部门等内设机构的设置和人员配备；赋予直属高校国有资产管理更大自主权。二是做“加法”。全面部署启动对省级人民政府履行教育职责的评价工作；大力推进“双随机、一公开”，充分利用大数据手段，加大信息公开力度；用好巡视利剑，把权力转化为师生、基层和群众的福利。三是做“乘法”。在科技成果转化、就业创业等方面师生还有不少反映和期待，要优化“互联网＋政务服务”，提高教育领域政务服务信息化水平，提供便捷、快捷的服务，真正以现实迫切改革的需求为契机，把教育依法行政提档升级。

要加快推动政府职能转变，激发学校办学主体活力。教育部发挥统筹牵头作用，推动出台相关配套文件；聚焦下放高校教师职称评审权，对尚未按五部委文件要求下放到位或变相统一组织评审的，会同相关司局、部委，通过实地督促、约谈、联合发布督办单、通报等形式，督促整改到位；及时发现好经验、好做法，发布操作指南，引导各地各校清楚“做什么”“怎么做”；大力推进教育标准化改革，提升教育领域运用标准的能力和水平；继续精简和规范行政审批，推动审批纳入国家统一平台；加强“三评一竞赛”规范管理，推动清单管理制度有效实施；积极做好清单编制、抽查规范制定等工作，加强系统内指导和督促。

当前，要按照教育部关于全国教育领域“放管服”改革推进的工作预案和思路，抽丝剥茧，进一步抓好高等教育领域“放管服”改革有关文件落实，以教师职称评审权下放为重点，推动已出台政策落地见效。进一步激发学校办学活力，贯彻落实中央关于抓好赋予科研机构和人员更大自主权有关文件精神，开展项目经费使用“包干制”改革试点，扩大学位授权自主审核单位范围，扩大“双一流”高校外事审批权；进一步减轻基层负担，大幅精简文件、会议，出台为中小学教师减负的文件，让教师有更多时间和精力投入教学科研；进一步推进依法治教、依法治校，加强教育行政执法工作，创新监管方式，开展“双随机、一公开”监管；进一步为师生办事提供便利，加快一体化在线政务服务平台建设，让“数据多跑路、群众少跑腿”；进一步改进工作方法，善于参谋多出点子、善于协调多借东风、善于统筹多搭平台、善于宣传多挖典型。

2. 进一步完善依法、科学和民主决策机制

要实施好《重大行政决策程序暂行条例》，结合《教育部关于全面推进依法行政工作的实施意见》，推进决策科学化、民主化、

法治化，健全依法决策机制，在重大决策中，全面落实公众参与、专家论证、风险评估、合法性审查和集体讨论决定的程序要求，确保决策制度科学、程序正当、过程公开、责任明确。事关教育发展全局和涉及群众切身利益的重大决策事项，应当广泛听取意见，建立重大教育决策事项的民意调查制度。要提高专家论证和风险评估质量，建立教育决策咨询论证专家库，鼓励专家、专业机构长期跟踪研究重大教育问题。

首先要建立健全教育行政决策的专家咨询论证、公众参与、合法性评估等制度。教育部门受委托起草的法规、规章草案以及做出的涉及教育改革与发展的重大决策，应当事先组织专家进行必要性和可行性论证。社会涉及面广、与人民群众利益密切相关的决策事项，应当向社会公布，或者通过举行座谈会、听证会、论证会等形式广泛听取意见。教育部和省级教育部门应当建立教育法律和政策咨询专家库。省级以下教育部门应当根据教育事业发展和推进依法行政的需要聘请有关专家。完善教育重大决策集体讨论的程序和制度，教育部门法制工作机构的负责人应当列席部门的办公会议和必要的专题会议，对会议议题的有关法律方面问题提出意见。

其次要完善规范性文件制定的决策程序。各级教育部门制定的规范性文件，应当由法制工作机构提出法律审查意见。按照职权法定、法律保留和法律优先原则，规范性文件不得设定行政许可、行政处罚、行政强制、行政收费等事项。规范性文件为实施法律、法规、规章做出的具体规定，不得增设公民、法人或者其他组织的义务，不得限制公民、法人或者其他组织的权利。地方各级教育部门发布的重要的规范性文件，应当按照有关规定及时报有关部门备案，坚决杜绝乱发文、滥制“奇葩”文件。

再次要建立健全决策跟踪反馈和责任追究制度。各级教育部门应当确定机构和人员，定期对决策的执行情况进行跟踪与反馈，对重大教育决策实行督查，并适时调整和完善有关决策。按照“谁决策、谁负责”原则，建立健全决策责任追究制度，实现决策权和决策责任相统一。

3. 进一步转变政府职能，规范教育行政执法

要按照2019年12月发布的《教育部关于加强教育行政执法工作的意见》要求，深化教育行政执法体制机制改革，加快建立健全权责清晰、权威高效的教育管理体制和政府统筹、部门合作、上下联动的执法工作机制，实现以法治思维和法治方式抓好教育领域执法治理。

鼓励有条件的地方教育部门调整内部机构设置和人员编制，整合执法力量，设立专门的执法机构，充实执法人员，实现相对集中行使执法权，对学校违规办学、违规招生、不执行国家课程标准、侵犯学生权益以及违背师德规范、违规有偿补课等行为开展综合执法。探索建立联合执法机制，积极会同财政、公安、工商、民政等部门，针对教育经费法定增长不到位、非法办学办班、义务教育学生辍学、教育辅导（服务）市场混乱等现象，按照属地管理原则，开展联合执法。对校园欺凌、性侵犯学生等违法犯罪行为建立“零容忍”机制，加强部门合作，会同政法部门依法严肃查处。

鼓励地方根据教育管理的实践与需要，探索建立市县一体化的行政执法体制。积极利用信息化手段，创新执法方式，增强对教育违法行为及时发现、实时纠正的能力。制定教育行政执法手册，完善行政执法程序，规范教育行政许可、行政处罚、行政强制、行政检查的操作流程、执法文书等，建立健全行政裁量权基

准制度。严格执行重大行政执法决定法制审核制度，未经法制审核或者审核未通过的，不得做出决定。推行行政执法公示制度，建立行政执法案卷归档、评查制度，建立行政执法责任制和责任追究制度。

明确执法范畴。教育行政执法工作的重点是增强教育部门根据法律法规规章规定履行教育管理职权，依法实施行政处罚、行政检查、行政强制的意识和能力。重点范畴包括：查处违法举办学校（包括大中小学校、幼儿园、中外合作办学机构）和举办应由教育部门审批的其他教育机构的行为；查处学校和其他教育机构违规招收学生，违规向受教育者收取费用，违规颁发学位证书、学历证书等学业证书的行为；查处学校和其他教育机构擅自分立、合并，擅自变更名称、层次、类别、举办者，恶意终止办学、抽逃资金或者挪用办学经费等行为；查处教师违法行为；查处父母或者其他法定监护人未依法送适龄儿童、少年入学接受义务教育的行为；查处国家教育考试中的严重作弊行为，以及其他法律法规规章明确由教育部门以行政执法方式管理的事项。

压实执法责任。县级以上人民政府教育部门是教育行政执法的主体，在履行好发展教育事业、提供教育公共服务职责的同时，要切实履行教育事业管理和行业监管的法定职责。根据教育法律法规规章的规定，全面梳理行政处罚、行政检查等事项，明确责任主体、细化任务分工，全面落实执法责任制。制定、公示执法事项清单，建立动态调整机制。

健全执法机构。积极争取地方党委和政府支持，保障教育部门法制工作机构和人员编制，充实执法和执法监督工作力量。通过部门内部整合、优化结构、盘活存量等方式，建立健全执法工作机构，实现行政执法职能相对集中行使。市、县级教育部门要设立或者确定专门机构，集中行使执法职权，或者依法委托具有管理公共事务职能的组织承担执法职能。教育部门要统筹各方面资源和力量，辅助开展执法信息监测、搜集、研判等事务，加强教育行政执法研究和信息系统建设等基础性工作。

完善执法机制。积极推进教育领域综合执法，结合教育特点和地方实际，探索将部分涉及面广、影响面大的执法事项纳入地方政府综合执法范畴，落实乡镇、街道责任，建立网格化监管体制。健全由政府牵头协调处理非法办学、违法收费等涉及群体利益、社会安全稳定的重大教育违法案件的工作机制，提高防范和应对重大法律风险的能力。加强教育部门对各类办学主体办学活动的综合监管，对学校及教育部门审批设立的其他教育机构，要落实日常监管责任。加强与市场监管等相关部门的协作，针对市场主体实施的教育培训活动建立联合执法机制，明确联合执法牵头部门、协同部门，提高执法效能。建立重大教育违法事项通报制度和重点督办制度。国务院和省级教育部门、教育督导机构要会同相关部门对产生重大影响的教育违法案件进行督查督办，对地方政府和有关部门履行执法责任不力、导致发生侵害群众重大利益的教育违法案件予以通报和处理。

下移执法重心。理顺各级教育部门执法权限，推动执法力量下沉。省级教育部门除依职权执法外，要按要求建立健全本地教育行政执法工作机制和制度体系，统筹指导、监督重大案件办理。市、县两级教育部门按照属地原则，根据管理权限，负责学校和其他教育机构违法行为查处以及本区域教育行业监管。违法主体或违法行为跨区县的，由市级教育部门（或共同的上级教育部门）牵头或指定相关区县牵头开展联合执法。市、县教育行政执法力量要相互支持配合，实现区域内执法全覆盖。探索直辖市、设区的市与市辖区整合执法力量，实行市一级统筹执法。

加强执法协同。建立健全教育行政执法与教育督导的协同机制。教育部门执法信息要及时通报同级教育督导机构，纳入对地方政府、学校督导评价的指标体系。教育部门在执法过程中，发现政府及其有关部门违反法律法规规章规定，未依法履行规划、投入、保障、管理等法定职责的，应当提请政府教育督导机构依法处理。教育督导机构、督学在督导检查过程中发现学校及其他教育机构、教师的违法行为，需要通过行政执法方式处理的，应当及时将违法线索、相关证据移送教育部门依法予以处理。探索建立委托执法的机制，充分发挥好督导机构、督学的作用。

创新执法方式。加快实施教育系统“双随机、一公开”检查制度，制定随机抽查事项清单和抽查对象名录库、执法检查人员名录库。探索建立由教育部门统筹对学校和其他教育机构实施行政检查的制度，制定年度规划和检查清单，合理确定随机抽查的比例和频次，减少对学校正常办学活动的干扰。推进“互联网＋执法”，促进办案流程和执法工作网上运行、动态管理。加强信用监管，建立教育行业诚信档案，记录各类办学主体违法信息，与相关部门建立联合惩戒机制。鼓励和培育具有专业能力的第三方机构、行业组织，发挥行业自律和社会监督作用，提高治理效能。结合教育实际，加强行政指导、行政奖励、说服教育、劝导示范等非强制手段的运用，规范和推行柔性执法。

严格执法程序。健全教育违法行为投诉、举报制度，做到有诉必复、有案必查。健全日常巡查机制，推进现场执法规范化。按照合法、科学、高效原则和标准化、统一化、精细化要求，优化教育行政执法程序，保障行政相对人听证等合法权益。健全教育行政处罚裁量权基准制度，细化、量化各类行政处罚事项行政裁量标准，规范裁量范围、种类、幅度。健全行政执法和刑事司法衔接机制，规范案件移送标准和程序。罚没收入按照国家有关规定，严格执行罚缴分离和收支两条线管理。

落实“三项制度”。加快完善教育行政执法信息公示制度，强化执法信息事前、事中、事后公开，公开执法主体、职责、权限、依据、程序、救济渠道，健全执法决定信息公开发布、撤销和更新机制。推进教育行政执法全过程记录制度，完善执法文书，加强执法过程录音录像，完善执法档案管理，固定保存执法证据，实现执法全程留痕。健全完善重大教育行政执法决定法制审核制度，确保法制审核工作有机构承担、有专人负责。

推动信息共享。推动省级试点，加快建立统一的教育行政执法信息库，利用政务平台，逐步做到教育执法信息全国互联共享。基于教育基础数据库，推动教育执法信息、从业禁止信息、法人或个人教育信用信息的互通。加强教育执法信息与相关行政执法部门执法信息的衔接。各地实施学校和其他教育机构设置许可、教师招聘等活动时，要通过国家数据共享交换平台、执法信息库和教育基础数据库等，对举办者、法定代表人、校长、教师等主体的信息进行查询。

4. 进一步加强行政监督，完善督导制度和监督问责机制

加快国家教育标准体系建设，完善教育领域的第三方评估机制，建立健全教师资格、学位、学业水平、教育质量、课程等领域的专业评价制度。加强对社会化教育活动规律特点的研究，健全市场监管标准、体制，发挥好市场机制、社会组织在教育资源配置中的作用，形成多元参与的教育治理格局。完善体现教育系统特点的惩治和预防腐败制度体系和有效机制，营造风清气正的教育生态。

全面推进教育政务公开。坚持以公开为常态、不公开为例外原则，严格落实2019年新修订的《政府信息公开条例》，积极推进教育部门的决策、执行、管理、服务的信息公开，探索信息公开的新途径、新方式，重点推进教育经费预算、教育公共资源配置、入学规则与招生政策、重大教育建设项目批准和实施、重要改革事项等方面的信息公开。指导、监督学校全面履行信息公开义务。

深化新时代教育督导体制机制改革。按照2020年2月印发的《关于深化新时代教育督导体制机制改革的意见》（简称《意见》），聚焦我国教育督导存在的突出问题，提出针对性改革举措，着力推动教育督导在管理体制、运行机制、问责机制、督学聘用和管理机制、保障机制等方面取得重要突破，明确了督政、督学和评估监测三位一体，共同构成中国特色社会主义教育督导体系，同时又各有侧重。强化问责，是这次教育督导体制机制改革的重点，也是督导“长牙齿”的有力保障。进一步深化督学聘用和管理改革，是这次深化教育督导体制机制改革的重要内容。《意见》高度重视解决督导条件保障不足的问题，坚决贯彻党中央关于减轻基层负担、克服形式主义的部署，在减少督导检查次数、优化指标、简化流程、创新方式方法等方面做出了系统安排。

加强行政复议工作。教育系统要落实行政复议体制改革方案，优化行政复议资源配置，发挥行政复议公正高效、便民为民的制度优势和化解行政争议的主渠道作用。要严格遵循《中华人民共和国行政复议法》，依法明确教育行政复议的范围，规范行政复议程序，对符合法律规定的行政复议申请，必须依法受理。要加强复议机构和队伍建设，依法履行行政复议职责的地（市）以上教育部门从事行政复议工作的专兼职人员不得少于2人。对违反

《中华人民共和国行政复议法》规定的行为，特别是不执行行政复议决定的被申请复议主体，要采取适当方式进行通报批评；影响恶劣的，要依法追究有关责任人员的法律责任。上级教育部门应当健全和完善重大行政处罚备案、重大行政许可备案、行政执法督查、行政执法统计等制度，强化对下级教育行政机关具体行政行为的监督，充分发挥法制工作机构对行政执法活动的监督职能。完善教育行政复议案件处理机制，规范办案流程，加大公开听证审理力度，依法加强对下级教育部门的层级监督。

重点加强执法监督。教育部门法制工作机构要履行执法监督职能。在教育执法过程中要尊重教育规律，注重保障行政相对人权益，坚决防止多头执法、重复执法、选择性执法，坚决杜绝以罚代管、以罚代刑。健全教育行政执法责任追究机制，对执法中的不作为、乱作为或者违规干预执法等行为，要依法依规追究责任。保障执法对象依法提起行政复议、行政诉讼的权利，发挥行政和司法监督、纠错作用。大力推进阳光执法，加强社会监督。

严格落实问责制。建立健全教育系统的法律顾问制度，依法积极应对诉讼纠纷，尊重司法监督。对人民法院依法做出的生效的行政判决和裁定，教育部门应当依法履行。对监察机关的监察建议、审计机关的审计意见以及司法机关的司法建议书，要及时研究处理，并将处理意见和结果通报有关机关。进一步完善群众举报、新闻曝光案件追查等制度，对反映的问题教育部门应当及时调查、核实，并依法予以处理。主动接受和积极配合各级人大及其常委会对教育法律法规执行情况的监督检查以及司法机关的司法监督。加强监察、审计等专门监督。

健全教育领域纠纷处理机制。积极探索建立在法治框架内的多元化矛盾纠纷解决机制，引导公民、法人和其他社会组织通过法治途径，合法合理表达诉求，妥善处理各类教育纠纷。建立健全学生伤害事故调解制度，鼓励在市（地）或者县（区）设立由司法、教育部门牵头，公安、保监、财政、卫生等部门参加的学校学生伤害事故调解组织，吸纳具有较强专业知识和社会公信力、知名度，热心调解和教育事业的专业人员、家长代表等，组成调解委员会，发挥人民调解在学校学生伤害事故认定和赔偿中的作用。在招生、职务评聘、学术评价、学术不端行为认定等领域，探索试行专业裁量或者仲裁机制。创新信访工作机制，建立重大案件协商制度，积极运用法治方式处理信访案件。

5. 增强依法行政观念，提高依法行政能力

实施教育系统法治观念飞跃工程。以多种形式，对教育系统全体干部、学校管理者进行全员法治培训，着重增强法治观念，树立依法治教、依法执教的意识。分别研究制订教育部门领导干部、执法人员、学校管理者法治培训大纲，明确必修内容和考核办法。创新培训考核办法，建立依法治教案例库和教育系统领导干部法治能力评测工具。建立专项培训计划，着力抓好部门和学校主要负责人的法治能力培训，加强任职前的法治思维和法治素养考核评价，切实增强教育系统党员领导干部的纪律意识和规矩意识。实施以 5 年为一周期的全员滚动轮训，实现领导干部全员动态培训。

提升教育执法队伍素质。根据需要充实执法人员，落实执法人员持证上岗和资格管理制度，推动有行政编制人员和具有执法权的事业单位工作人员参加执法资格考试。建立教育行政执法人员统一管理平台和信息库，加强对执法人员的管理和服务。鼓励、支持教育执法人员和执法监督人员参加法律职业资格考试。执法人员要专岗专用。实施对执法人员的专项培训，重点培训教育法

律知识、专业素养和业务能力，提升专业化水平。

推进考核评价。将教育行政执法工作纳入省级人民政府履行教育职责评价指标体系，作为评估教育部门法治政府建设成效的内容。健全依法行政的层级监督和考核机制，下级教育部门每年要向上级教育部门报告行政执法情况。建立教育行政执法工作第三方评价机制和群众评议反馈机制，增强执法工作评价的客观性和科学性。

四、以现代学校制度为基础，大力落实依法治校目标任务

各级各类学校是实施教育的主阵地，是推进教育领域综合改革的主战场。依法治校是运用法治思维和法治方式深化教育领域综合改革的主干内容，是推进法治社会建设的重要方面。要瞄准权力、抓住重点，进一步深化落实教育部《全面推进依法治校实施纲要》，增强各级各类学校的依法治校工作推进力度。①

1. 加强章程建设，健全学校依法办学自主管理的制度体系

依法制定具有自身特色的学校章程。学校起草制定章程要遵循法制统一、坚持社会主义办学方向的基本原则，以促进改革、增强学校自主权为导向，着力规范内部治理结构和权力运行规则，充分反映广大教职员工、学生的意愿，凝练共同的理念与价值认同，体现学校的办学特色和发展目标，突出科学性和可操作性。高等学校要依据《高等学校章程制定暂行办法》制定或者修改章程，由教育部或者省级教育部门核准；普通中小学、幼儿园、中

① 湛中乐．高校行政权力与学术权力运行机制研究．北京：北京大学出版社，2018：11-29.

等职业学校章程，由主管教育部门核准。全面形成一校一章程的格局。经过核准的章程，应当成为学校改革发展、实现依法治校的基本依据。

提高制度建设质量。学校制定章程或者关系师生权益的重要规章制度，要遵循民主、公开的程序，广泛征求校内外利益相关方的意见。重大问题要采取听证方式听取意见，并以适当方式反馈意见采纳情况，保证师生的意见得到充分表达，合理诉求和合法利益得到充分体现。要依据法律和章程的原则与要求，制定并完善教学、科研、学生、人事、资产与财务、后勤、安全、对外合作等方面的管理制度，建立健全各种办事程序、内部机构组织规则、议事规则等，形成健全、规范、统一的制度体系。章程及学校的其他规章制度要遵循法律保留原则，符合理性与常识，不得超越法定权限和教育需要设定义务。学校章程和规章制度，应当加以汇编并公布，便于师生了解、查阅。有网络条件的，应当在学校网页上予以公开。涉及师生利益的管理制度在实施前要经过适当的公示程序和期限，未经公示的，不得施行。

建立规范性文件审查与清理机制。学校要设立或者指定专门机构，按照法制统一的原则，对校内规章制度进行审查。对与上位法或者国家有关规定相抵触，不符合学校章程和改革发展要求，或者相互之间不协调的内部规范性文件和管理制度，要及时修改或者废止，保证学校的规章制度体系层次合理、简洁明确、协调一致。要建立规范性文件审核管理制度、定期清理制度，清理结果要向师生公布。新的教育法律法规、规章或者重要文件发布后，要及时对照修订校内相应的规章制度。当前要特别着力按照中共中央办公厅印发的《关于解决形式主义突出问题为基层减负的通知》要求，精简会议和文件，切实减轻学校负担。

2. 健全科学决策、民主管理机制，完善学校治理结构

依法健全科学民主决策机制。要依法明确、合理界定学校内部不同事务的决策权，健全决策机构的职权和议事规则，完善校内重大事项集体决策规则，大力推进学校决策的科学化、民主化、法治化。要进一步加强和改善党对学校的领导，按照《中国共产党普通高等学校基层组织工作条例》，在公办高等学校完善党委领导下的校长负责制；在中小学、民办学校充分发挥基层党组织的政治核心作用；依法明确高等学校党委会、校长办公会的职权范围和决策规则，发挥学术委员会、学校理事会（董事会）等组织在决策中的作用；中小学要健全校长负责制，建立由教师、学生及家长代表参加的校务委员会，完善民主决策程序；职业学校要建立由行业企业人员参加的学校理事会或董事会，形成校企合作决策机制；民办学校和中外合作办学机构要健全学校董事会或者理事会的议事规则，依法按期开会履行法定职责。健全决策程序，有关学校发展规划、基本建设、重大合作项目、重要资产处置以及重大教育教学改革等决策事项，应当按照有关规定，进行合法性论证，开展合理性、可行性和可控性评估，建立完善职能部门论证、邀请专家咨询、听取教师意见、专业机构或者主管部门测评相结合的风险评估机制。要以教学、科研为中心，积极探索符合学校特点的管理体制，克服实际存在的行政化倾向，实现行政权力与学术权力的相对分离，保障学术权力按照学术规律相对独立行使。

完善决策执行与监督机制。要在学校内形成决策权、执行权与监督权既相互制约又相互协调的内部治理结构，保证管理与决策执行的规范、廉洁、高效。按照精简、高效的原则和为教师、学生提供便利服务的要求，自主设置职能部门，明确职能部门的

职责、权限与分工，健全重要部门、岗位的权力监督与制约机制，完善预防职务犯罪和商业贿赂的制度措施。除依法应当保密或者涉及学校特定利益需要保密的事项外，决策事项、依据和结果要在校内公开，允许师生查阅。在重大决策执行过程中，学校要跟踪决策的实施情况，通过多种途径了解教职员工及有关方面对决策实施的意见和建议，全面评估决策执行效果，并根据评估结果决定是否对决策予以调整或者停止执行。公办学校因违反决策规定出现重大决策失误或造成重大损失的，要按照谁决策、谁负责的原则追究责任。

完善民主管理和监督机制。要落实《学校教职工代表大会规定》，充分发挥教职工代表大会作为教职工参与学校民主管理和监督主渠道的作用。学校专业技术职务评聘办法、收入分配方案等与教职工切身利益相关的制度、事务，要经教职工代表大会审议通过；涉及学校发展的重大事项要提交教职工代表大会讨论。要扩大教职工对学校领导和管理部门的评议权、考核权。要积极拓展学生参与学校民主管理的渠道，进一步改革完善学校的学生代表大会制度，推进学生自主管理。制定涉及学生利益的管理规定，要充分征求学生及其家长意见。要扩大有序参与，加强议事协商，充分发挥教职工代表大会、共青团、学生会等群众组织在民主决策机制中的作用，积极探索师生代表参与学校决策机构的机制。

建立中小学家长委员会制度。中小学、幼儿园应当逐步建立健全家长委员会制度。家长委员会承担支持教育教学工作、参与和监督学校管理、促进学校与家庭沟通、合作等职责，其成员应当由全体家长民主选举产生。学校应当提供必要条件，保障家长委员会对学校、教师的教育教学、管理活动实施监督，提出意见、建议；应当定期与家长委员会成员进行沟通，听取意见。学校开展直接涉及学生个体利益的活动，一般应由学校或者教师提出建议和选择方案，并做出相应说明，提交家长委员会讨论，由家长自主选择、做出决定。要积极探索完善家长委员会的组织形式和运行规则，不断扩大家长对学校办学活动和管理行为的知情权、参与权和监督权。

依法健全社会参与机制。要积极探索扩大社会参与学校办学与管理的渠道和方式。中小学要加强与所在社区的合作，积极开展社区服务，创造条件开放教育资源和公共设施，参与社区建设，完善与社区、有关企事业组织合作共建的体制、机制。健全兼职法制副校长的聘任办法和任职要求，探索借助社会资源和力量，加强学校安全管理、开展法制和其他有针对性的教育教学活动，改善学校周边环境。职业学校、高等学校要积极扩大社会合作，在决策咨询、教学科研、安全管理、学生实习实践等方面更多引入社会资源，健全制度，扩大社会参与的广度与深度。

3. 依法办学，落实师生主体地位，形成自由平等公正法治的育人环境

依法组织和实施办学活动。学校办学活动应当以育人为本，全面贯彻党和国家教育方针，切实依法规范办学行为，全面执行国家课程方案和课程标准，注重教育教学效果，形成良好的校风、教风和学风。要严格依法依规招生，建立内部制衡机制和社会监督机制，保证招生制度、选拔机制的公平、公正，招生活动的规范、透明。学校不得违背法律原则和国家有关规定，擅自设立有区别的招生条件或规则。要健全教育教学管理制度，在专业设置、课程安排、教材选择等环节建立评估机制，建立教学质量的评估和反馈机制。要依据有关规定，完善管理制度，对学校内设机构开展或者参与经营性培训活动进行规范，保证不影响学校正常的

教育教学活动。要落实教师职业道德规范，明确教师行为规则，坚决杜绝教师违反法定义务和国家规定，利用自身特定职权牟取不当利益的行为。

依法建设平等校园环境。大力弘扬平等意识，在体制和制度上落实和体现师生平等、性别平等、民族平等、管理者与师生平等的理念。全面落实面向每个学生、平等对待每个学生的原则，消除以不当形式对学生进行分类、区别对待以及带有歧视的制度、言行。要切实保障残疾人的平等受教育权利，不得以非法理由拒绝招收残疾学生。要为残疾学生平等、无障碍地参与学校生活提供必要条件和合理便利。

尊重和保护学生权利。要完善制度规则，健全监督机制，保证学生在使用教育教学设施、资源，获得学业和品行评价，获得奖学金及其他奖励、资助等方面受到平等、公正对待。学生管理制度应当以学生为中心，体现公平公正和育人为本的价值理念，尊重和保护学生的人格尊严、基本权利。对学生进行处分，应当做到事实清楚、定性准确、依据充分、程序正当，重教育效果，做到公平公正。在做出不利处分前，应当给予学生陈述与申辩的机会，对未成年学生应当听取其法定监护人的意见。对违反学校纪律的学生，要明确处分的期限与后果，积极教育挽救。要保障学生的人身权、财产权和受教育权不受非法侵害，杜绝体罚或者变相体罚、限制人身自由、侵犯人格尊严、违法违规收费、由于学校过错而造成的学生伤害等侵权行为，以及教师、学校工作人员对学生实施的违法犯罪行为。

尊重和保障教师权利。学校要依据《中华人民共和国教师法》和相关法律法规的规定，进一步建立和完善教师聘任和管理制度，制定权利义务均衡、目标任务明确，具有可执行性的聘任合同，明确学校与教师的权利与义务，依法聘任教师，认真履行合同。要依法在教师聘用、职务评聘、继续教育、奖惩考核等方面建立完善的制度规范，保障教师享有各项合法权益和待遇。要充分尊重教师在教学、科研方面的专业权力，确保学术组织中教师代表的比例不低于1/2。要落实教师职业道德规范，强化师德建设，明确教师考核、监督与奖惩的规则和程序。

建立健全学术自由的保障与监督机制。要依法建立健全保障师生的研究自由、学习自由和学术自由的体制机制。健全学术评价制度，保障各种学术评价机构独立开展活动，建立公平公正的学术评价标准和程序。要建立灵活的教学管理制度，鼓励、保护学生自主、自由地学习，形成有利于创造性人才成长的制度环境。要明确教师课堂教学的行为规则和基本要求，保障教师根据课程的有关要求，科学安排教学内容和使用教学方法，充分、正当地行使教学的专业自主权，提高课堂教学的质量与效果。要建立完善对违反学术规范、学术道德行为的认定程序和办法，维护良好的学术氛围。

大力推进信息公开和办事公开。学校配置资源以及实施干部选拔任用、专业技术职务评聘、岗位聘任、学术评价和各种评优、选拔活动，要按照公开公正的原则，制定具体的实施规则，实现过程和结果的公开透明，接受利益相关方的监督。要按照《高等学校信息公开办法》以及中小学信息公开的规定，建立健全信息公开的机构、制度，落实公开的具体措施，保证教职工、学生、社会公众对学校重大事项、重要制度的知情权，重点公开经费使用、培养目标与课程设置、教育教学质量、招生就业、基本建设招投标、收费等社会关注的信息。要创新公开方式、丰富公开内容，建立有效的信息沟通渠道，使学生、家长以及教师对学校的意见、建议能够及时反映给学校领导、管理部门，并得到相应的反馈。学校面向师生提供管理或者服务的职能部门，要全面推进办事公开制度，公开办事依据、条件、要求、过程和结果，充分告知办事项目有关信息，并公开岗位职责、工作规范、监督渠道等内容，提供优质、高效、便利的服务。

4. 健全学校权利救济和纠纷解决机制，有效化解矛盾纠纷

依法健全校内纠纷解决机制。要把法治作为解决校内矛盾和冲突的基本方式，建立并综合运用信访、调解、申诉、仲裁等各种争议解决机制，依法妥善、便捷地处理学校内部各种利益纠纷。要特别注重和发挥基层调解组织、教职工代表大会、学生团体和法制工作机构在处理纠纷中的作用，建立公平公正的处理程序，将因人事处分、学术评价、教职工待遇、学籍管理等行为引发的纠纷，纳入不同的解决渠道，提高解决纠纷的效率和效果。要尊崇法律、尊重司法。对难以在校内完全解决的纠纷，应当按照法定程序，提交有关行政机关、仲裁机构、社会调解组织或者司法机关依法解决。对师生与学校发生的法律争议，学校应当积极应诉，认真落实法律文书要求学校履行的义务。

完善教师、学生的权利救济制度。学校要设立教师申诉或者调解委员会，就教师因职责权利、职务评聘、年度考核、待遇及奖惩等，与学校及有关职能部门之间发生的纠纷，或者对学校管理制度、规范性文件提出的意见，及时进行调处，做出申诉结论或者调解意见。教师申诉或者调解委员会应当有广泛的代表性和权威性，成员应当经教职工代表大会认可。完善学生申诉机制。学校应当建立相对独立的学生申诉处理机构，其人员组成、受理及处理规则，应当符合正当程序原则的要求，并允许学生聘请代理人参加申诉。学校处理教师、学生申诉或纠纷，应当建立并积

极运用听证方式，保证处理程序的公开、公正。

健全安全管理及突发事件的应急处理机制。各级各类学校、幼儿园要根据学生的身心特点和认知能力，完善校园安全管理制度，落实对学生教育与管理的法定职责，健全学校安全事故、突发事件应急处理机制，切实保障学生、教师的人身权和财产权，维护学校秩序的稳定。要积极借助政府部门、社会力量、专业组织，构建学校安全风险管理体系，形成以校方责任险为核心的校园保险体制，建立学校安全风险管理制度、学生伤害事故调解制度，健全安全风险的事前预防、事后转移机制，建设平安、和谐校园。

特别值得提及的是，人民法院通过行政诉讼司法案例的形式，以个案推动权利救济和纠纷解决取得了实质性进展。[①]

（1）最高人民法院指导案例 38 号：田永诉北京科技大学拒绝颁发毕业证、学位证案。

原告田永于 1994 年 9 月考取北京科技大学，取得本科生的学籍。1996 年 2 月 29 日，田永在电磁学课程的补考过程中，随身携带写有电磁学公式的纸条，考试中，去上厕所时纸条掉出，被监考教师发现。监考教师虽未发现其有偷看纸条的行为，但还是按照考场纪律，当即停止了田永的考试。被告北京科技大学于 1994 年根据国家教委关于严肃考场纪律的指示精神，制定了校发

① 申素平，等．从法制到法治：教育法治建设之路．上海：华东师范大学出版社，2018．申书梳理了“从不可讼到逐步可讼——40 年教育司法进程”，也认为“教育诉讼极大推进了中国教育法治建设进程”，但它把德国“特别权力关系理论”作为“影响校生关系发展演变的主导线”，是不恰当的。中国行政诉讼法（当然包括教育行政诉讼）谈不上受此理论的影响，它完全是基于自身惯例对内部/外部行政行为进行区分，且德国在第二次世界大战后亦基本放弃此理论，再以此理论来解释中国制度，大可不必。不过申书第四章“以示范案例推进教育司法的公正性”中列举了 11 个重要案例，颇有价值。本书限于体例和篇幅，仅选取教育行政诉讼领域最重要最权威的 3 个案例，其中 2 个指导案例申书亦载录，最后 1 个公报案例申书未载。

(94) 第068号《关于严格考试管理的紧急通知》(简称第068号通知)。该通知规定，凡考试作弊的学生一律按退学处理，取消学籍。被告据此于1996年3月5日认定田永的行为属作弊行为，并做出退学处理决定。同年4月10日，被告填发了学籍变动通知，但退学处理决定和变更学籍的通知未直接向田永宣布、送达，也未给田永办理退学手续，田永继续以该校大学生的身份参加正常学习及学校组织的活动。1996年9月，被告为田永补办了学生证，之后每学年均收取田永交纳的教育费，并为田永进行注册、发放大学生补助津贴，安排田永参加了大学生毕业实习设计，由其论文指导教师领取了学校发放的毕业设计结业费。田永还以该校大学生的名义参加考试，先后取得了大学英语四级、计算机应用水平测试BASIC语言成绩合格证书。被告对原告在该校的四年学习中成绩全部合格，通过毕业实习、毕业设计及论文答辩，获得优秀毕业论文及毕业总成绩为全班第九名的事实无争议。

1998年6月，田永所在院系向被告报送田永所在班级授予学士学位表时，被告有关部门以田永已按退学处理、不具备北京科技大学学籍为由，拒绝为其颁发毕业证书，进而未向教育部门呈报田永的毕业派遣资格表。田永所在院系认为原告符合大学毕业和授予学士学位的条件，但由于当时原告因毕业问题正在与学校交涉，故暂时未在授予学位表中签字，待学籍问题解决后再签。被告因此未将原告列入授予学士学位资格的名单交该校学位评定委员会审核。因被告的部分教师为田永一事向国家教委申诉，国家教委高校学生司于1998年5月18日致函被告，认为被告对田永违反考场纪律一事处理过重，建议复查。同年6月10日，被告复查后，仍然坚持原结论。田永认为自己符合大学毕业生的法定条件，北京科技大学拒绝给其颁发毕业证、学位证是违法的，遂向北京市海淀区人民法院提起行政诉讼。

法院生效裁判认为：根据我国法律、法规规定，高等学校对受教育者有进行学籍管理、奖励或处分的权力，有代表国家对受教育者颁发学历证书、学位证书的职责。高等学校与受教育者之间属于教育行政管理关系，受教育者对高等学校涉及受教育者基本权利的管理行为不服的，有权提起行政诉讼，高等学校是行政诉讼的适格被告。

高等学校依法具有相应的教育自主权，有权制定校纪、校规，并有权对在校学生进行教学管理和违纪处分，但是其制定的校纪、校规和据此进行的教学管理和违纪处分，必须符合法律、法规和规章的规定，必须尊重和保护当事人的合法权益。本案原告在补考中随身携带纸条的行为属于违反考场纪律的行为，被告可以按照有关法律、法规、规章及学校的有关规定处理，但其对原告做出退学处理决定所依据的该校制定的第 068 号通知，与《普通高等学校学生管理规定》第二十九条规定的法定退学条件相抵触，故被告所做退学处理决定违法。

退学处理决定涉及原告的受教育权利，为充分保障当事人权益，从正当程序原则出发，被告应将此决定向当事人送达、宣布，允许当事人提出申辩意见。而被告既未依此原则处理，也未实际给原告办理注销学籍、迁移户籍、档案等手续。被告于 1996 年 9 月为原告补办学生证并注册的事实行为，应视为被告改变了对原告所做的按退学处理的决定，恢复了原告的学籍。被告又安排原告修满四年学业，参加考核、实习及毕业设计并通过论文答辩等。上述一系列行为虽系被告及其所属院系的部分教师具体实施，但因他们均属职务行为，故被告应承担上述行为所产生的法律后果。

国家实行学历证书制度，被告作为国家批准设立的高等学校，对取得普通高等学校学籍、接受正规教育、学习结束达到一定水平和要求的受教育者，应当为其颁发相应的学业证明，以承认该学生具有的相当学历。原告符合上述高等学校毕业生的条件，被告应当依《中华人民共和国教育法》第二十八条第一款第五项及《普通高等学校学生管理规定》第三十五条的规定，为原告颁发大学本科毕业证书。

国家实行学位制度，学位证书是评价个人学术水平的尺度。被告作为国家授权的高等学校学士学位授予机构，应依法定程序对达到一定学术水平或专业技术水平的人员授予相应的学位，颁发学位证书。依《中华人民共和国学位条例暂行实施办法》第四条、第五条、第十八条第三项规定的颁发学士学位证书的法定程序要求，被告首先应组织有关院系审核原告的毕业成绩和毕业鉴定等材料，确定原告是否已较好地掌握本门学科的基础理论、专业知识和基本技能，是否具备从事科学研究工作或担负专门技术工作的初步能力；再决定是否向学位评定委员会提名列入学士学位获得者的名单，学位评定委员会方可依名单审查通过后，由被告对原告授予学士学位。

（2）最高人民法院指导案例 39 号：何小强诉华中科技大学拒绝授予学位案。

原告何小强系第三人华中科技大学武昌分校（以下简称武昌分校）2003 级通信工程专业的本科毕业生。武昌分校是独立的事业法人单位，无学士学位授予资格。根据国家对民办高校学士学位授予的相关规定和双方协议约定，被告华中科技大学同意对武昌分校符合学士学位条件的本科毕业生授予学士学位，并在协议附件载明《华中科技大学武昌分校授予本科毕业生学士学位实施细则》（简称《实施细则》）。其中第二条规定“凡具有我校学籍的本科毕业生，符合本《实施细则》中授予条件者，均可向华中科技大学学位评定委员会申请授予学士学位”，第三条规定“……达到下述水平和要求，经学术评定委员会审核通过者，可授予学士学位。……（三）通过全国大学英语四级统考”。2006 年 12 月，华中科技大学做出《关于武昌分校、文华学院申请学士学位的规定》，规定通过全国大学外语四级考试是非外国语专业学生申请学士学位的必备条件之一。

2007 年 6 月 30 日，何小强获得武昌分校颁发的普通高等学校毕业证书，由于其本科学习期间未通过全国英语四级考试，武昌分校根据上述《实施细则》，未向华中科技大学推荐其申请学士学位。8 月 26 日，何小强向华中科技大学和武昌分校提出授予工学学士学位的申请。2008 年 5 月 21 日，武昌分校做出书面答复，因何小强没有通过全国大学英语四级考试，不符合授予条件，所以华中科技大学不能授予其学士学位。

法院生效裁判认为：本案争议焦点主要涉及被诉行政行为是否可诉、是否合法以及司法审查的范围问题。

第一，被诉行政行为具有可诉性。根据《中华人民共和国学位条例》等法律、行政法规的授权，被告华中科技大学具有审查授予普通高校学士学位的法定职权。依据《中华人民共和国学位条例暂行实施办法》第四条第二款“非授予学士学位的高等院校，对达到学士学术水平的本科毕业生，应当由系向学校提出名单，经学校同意后，由学校就近向本系统、本地区的授予学士学位的高等院校推荐。授予学士学位的高等院校有关的系，对非授予学士学位的高等院校推荐的本科毕业生进行审查考核，认为符合本暂行办法及有关规定的，可向学校学位评定委员会提名，列入学士学位获得者名单”，依据国家促进民办高校办学政策的相关规定，华中科技大学有权按照与民办高校的协议，对于符合本校学士学位授予条件的民办高校本科毕业生经审查合格授予普通高校学士学位。

本案中，第三人武昌分校是未取得学士学位授予资格的民办高校，该院校与华中科技大学签订合作办学协议约定，武昌分校对该校达到学士学术水平的本科毕业生，向华中科技大学推荐，由华中科技大学审核是否授予学士学位。依据《中华人民共和国学位条例暂行实施办法》的规定和华中科技大学与武昌分校之间的合作办学协议，华中科技大学具有对武昌分校推荐的应届本科毕业生进行审查和决定是否颁发学士学位的法定职责。武昌分校的本科毕业生何小强以华中科技大学在收到申请之日起六十日内未授予其工学学士学位，向人民法院提起行政诉讼，符合《最高人民法院关于执行〈中华人民共和国行政诉讼法〉若干问题的解释》第三十九条第一款的规定。因此，华中科技大学是本案适格的被告，何小强对华中科技大学不授予其学士学位不服提起诉讼的，人民法院应当依法受理。

第二，被告制定的《华中科技大学武昌分校授予本科毕业生学士学位实施细则》第三条的规定符合上位法规定。《中华人民共和国学位条例》第四条规定："高等学校本科毕业生，成绩优良，达到下述学术水平者，授予学士学位：（一）较好地掌握本门学科的基础理论、专门知识和基本技能……"《中华人民共和国学位条例暂行实施办法》第二十五条规定："学位授予单位可根据本暂行条例实施办法，制定本单位授予学位的工作细则。"该办法赋予学位授予单位在不违反《中华人民共和国学位条例》所规定授予学士学位基本原则的基础上，在学术自治范围内制定学士学位授予标准的权力和职责，华中科技大学在此授权范围内将全国大学英语四级考试成绩与学士学位挂钩，属于学术自治的范畴。高等学校依法行使教学自主权，自行对其所培养的本科生教育质量和学术水平做出具体的规定和要求，是对授予学士学位的标准的细化，并没有违反《中华人民共和国学位条例》第四条和《中华人民共和国学位条例暂行实施办法》第二十五条的原则性规定。因此，何小强因未通过全国大学英语四级考试不符合华中科技大学学士学位的授予条件，武昌分校未向华中科技大学推荐其申请授予学士学位，故华中科技大学并不存在不作为的事实，对何小强的诉讼请求不予支持。

第三，对学校授予学位行为的司法审查以合法性审查为原则。各高等学校根据自身的教学水平和实际情况在法定的基本原则范围内确定各自学士学位授予的学术水平衡量标准，是学术自治原则在高等学校办学过程中的具体体现。在符合法律法规规定的学位授予条件前提下，确定较高的学士学位授予学术标准或适当放宽学士学位授予学术标准，均应由各高等学校根据各自的办学理念、教学实际情况和对学术水平的理想追求自行决定。对学士学位授予的司法审查不能干涉和影响高等学校的学术自治原则，学位授予类行政诉讼案件司法审查的范围应当以合法性审查为基本原则。

(3) 最高人民法院公报案例：杨宝玺诉天津服装技校不履行法定职责案（2005 年第 7 期）。

原告杨宝玺系被告天津市服装技术学校（以下简称服装技校）1991 级学生。杨宝玺 1994 年毕业时，被告未向其颁发毕业证。2004 年 12 月 13 日，杨宝玺以服装技校（原天津市服装技工学校）不履行法定职责为由，向天津市河东区人民法院提起行政诉讼。因天津纺织集团（控股）有限公司（以下简称纺织集团）与本案被诉行为有法律上的利害关系，故河东区人民法院依法通知纺织集团为第三人参加诉讼。

天津市河东区人民法院确认本案事实：被告服装技校系 1978 年经原天津市劳动局批准成立的技工学校，后变更为现校名。1991 年原告杨宝玺报考服装技校并被录取，1994 年全部课程学习成绩合格后毕业，但服装技校未向杨宝玺本人颁发毕业证书。2002 年 2 月，原隶属于中孚国际集团有限公司的服装技校划转回归第三人纺织集团管理。2004 年 6 月 2 日，杨宝玺向服装技校提出补发毕业证书的要求，服装技校仅向杨宝玺出具了学历证明，未按杨宝玺的要求向其补发毕业证书。

本案双方的争议焦点是：学校没有直接向其准予毕业的学生发放毕业证书是否构成违法。

法院认为：根据《中华人民共和国教育法》第四十二条第一款第（三）项的规定，受教育者享有完成规定的学业后获得相应的学业证书的权利。

被告服装技校作为从事培养技术工人的中等职业教育学校，应根据《中华人民共和国教育法》第四十二条第一款第（三）项的规定和 1990 年 5 月 4 日劳动部关于颁发《技工学校学生学籍管理规定》第三十条“学生学完教学计划规定的全部课程，毕业考核和操行总评（毕业鉴定）成绩合格者，准予毕业，由学校发给毕业证书”的规定，向在学校接受教育且完成规定学业的学生颁发学业证书。现服装技校以原告杨宝玺的毕业证书已交上级主管单位为由，不向杨宝玺颁发毕业证的行为，缺乏法律依据，侵犯了杨宝玺依法应享有的受教育权，故应承担相应的法律责任。第三人纺织集团在服装技校 1994 年未向杨宝玺颁发毕业证书时，虽然不是服装技校的主管单位，但在 2002 年 2 月原隶属于中孚国际集团有限公司的服装技校划转回归其管理后，作为服装技校主管单位应承担监督管理的职责，及时清查服装技校的遗留问题，督促其纠正违法行为。由于纺织集团疏于管理，导致本案争议纠纷长期未得到解决，最终形成诉讼。为此，纺织集团应负有一定的责任。鉴于本案的实际情况，纺织集团应积极通过有关劳动行政主管部门协助其下属的服装技校办理毕业证书，以切实维护杨宝玺的合法权益不受侵害。

综上，依据《中华人民共和国行政诉讼法》第五十四条第（三）项和《中华人民共和国教育法》第二十一条的规定，法院于2005年3月9日判决：自本判决生效之日起六十日内，被告天津市服装技术学校颁发原告杨宝玺的毕业证书，第三人天津纺织集团（控股）有限公司予以协助办理。案件受理费100元，由被告天津市服装技术学校负担。

5. 深入开展法治宣传教育，形成浓厚的学校法治文化氛围

切实加强对学校领导干部、职能部门工作人员依法治校意识与能力的培养。学校管理者要带头增强学法尊法守法用法意识，牢固树立依法办学、依据章程自主管理、公平正义、服务大局、尊重师生合法权益的理念，自觉养成依法办事的习惯，切实提高运用法治思维和法治方式深化改革、推动发展、化解矛盾、维护稳定的能力，准确把握权利与义务、民主与法治、实体与程序、教育与惩戒的平衡，实现目的与手段的有机统一。学校领导在任职前，主管教育部门应当以适当方式考察其掌握相关法律知识和依法治校理念的情况。学校要高度重视内部职能部门管理理念和方式的转变，切实提高职能部门工作人员依法、依章程办事，为师生服务的意识。

全面提高教师依法执教的意识与能力。要认真组织教师的法

治宣传教育，在教师的入职培训、岗位培训中，明确法治教育的内容与学时，建立健全考核制度，对于重要的和新出台的教育法律、法规，要实现教师全员培训学习。要围绕全面推进依法治校的要求，组织教师深入学习有关落实国家教育方针、规范办学行为、维护教师合法权益、保障教职工民主管理权的法律规定，明确教师的权利、义务与职责，切实提高广大教职员工依法实施教育教学活动、参与学校管理的能力。对专门从事法治教育教学的教师，要组织参加专门培训，提高其对法治理念、法律意识的理解与掌握程度。

加强和改善学生法治教育。认真落实教育系统普法规划的要求，开展好“法律进课堂”活动。中小学要将学生法治意识、法律素养作为素质教育的重要内容，在学生综合素质评价中予以体现。要深入开展学生法治教育的理论与实践研究，不断丰富法治教育的形式与内容，使学生通过课堂教学、主题活动、社会实践等多种方式，掌握法律知识，培养法治理念。要把法治文化作为校园文化建设的重要组成部分，将平等自由意识、权利义务观念、规则意识、契约精神等理念，渗透到学生行为规则、日常教学要求当中，融入学校校训或者办学传统、教育理念当中，营造体现法治精神的校园文化氛围。

及时研究解决教育改革发展的重大问题和群众关心的热点问题

问题是时代的声音。“每个时代总有属于它自己的问题，只要科学地认识、准确地把握、正确地解决这些问题，就能够把我们的社会不断推向前进。”[①] 坚持问题导向，直面矛盾，在矛盾中前进，是马克思主义的思想方法和工作方法。深化教育改革创新，要坚持问题导向，着眼教育领域的主要矛盾，善于发现、科学识别、研究解决一系列战略性问题、紧迫性问题和人民群众关心的问题。党的十八大以来，习近平总书记聚焦教育事业发展牵头制定了一系列纲领性文件，发表了一系列重要讲话，针对群众关心的教育热点难点问题做出了系列重要指示、批示，深刻论述了新时代教育改革发展的重大理论问题与现实问题，为新时代深化教育改革发展提供了根本遵循和行动指南。

一、及时研究解决教育改革发展的重大理论问题

恩格斯指出：“一个民族要想站在科学的最高峰，就一刻也不能没有理论思维。”[②] 党的十八大以来，中国教育改革进入深水区，面对着许多深层次问题。以习近平同志为核心的党中央从坚持和发展中国特色社会主义战略全局出发，对教育工作做出了诸多重要论述，提出了一系列新理念新思想新观点，系统回答了教育工作的方向性、根本性、全局性、战略性问题，形成了系统科学的新时代中国特色社会主义教育理论体系。理论创新每前进一

---

① 习近平．之江新语．杭州：浙江人民出版社，2007：235.

② 马克思，恩格斯．马克思恩格斯选集：第3卷．3版．北京：人民出版社，2012：875.

步，群众的理论武装就要跟进一步。我们要在深入学习习近平新时代中国特色社会主义思想和党的十九大精神基础上，不断深化对习近平总书记关于教育的重要论述的学习研究、宣传阐释，深刻领会其时代背景、科学体系、精神实质，深刻理解其政治意义、理论意义、实践意义，贯彻落实到新时代中国特色社会主义教育伟大实践中。

1. 深刻领会教育改革发展“九个坚持”这个根本遵循

在2018年全国教育大会上，习近平总书记站在新时代坚持和发展中国特色社会主义的战略高度，深刻回顾了党的十八大以来我国教育事业发展取得的显著成就，系统总结了推进教育改革发展的“九个坚持”。“九个坚持”概括了新时代坚持中国特色社会主义教育发展道路的核心实质、丰富内涵和重要体现，源于中国特色社会主义教育的伟大实践，是新时代党的教育理论的重大创新，成为办好中国特色社会主义教育事业必须始终坚持的“九个原则”，标志着中国共产党对教育发展规律的认识达到了新高度，必须始终坚持并在实践中不断丰富完善。

“九个坚持”是一个系统完整、逻辑严密的体系，着眼“两个一百年”奋斗目标、着眼党和国家事业后继有人、着眼党的领导是中国特色社会主义最本质特征、着眼建设现代化强国、着眼以人民为中心的发展思想、着眼教育的历史经验和未来目标，体现了历史继承与时代需要的有机统一、整体与部分的有机统一、实现长远目标与解决现实问题的有机统一、促进社会全面进步与个人全面发展的有机统一。学习贯彻习近平总书记关于教育的“九个坚持”，要从实践维度客观描述其发展的历史轨迹，总结所取得的重大历史性发展成就；要从理论维度总结归纳它的基本内涵和重要特征，探究指导中国特色社会主义教育发展道路的思想基础和理论体系，总结其发展的基本经验；要展望中国特色社会主义教育发展道路面临的挑战、未来发展趋势以及对中国乃至世界教育改革发展的价值与意义。

2. 深入研究“始终把教育摆在优先发展的战略位置”这个战略定位

高度重视教育的基础性、全局性、先导性作用，是我们党在领导社会主义建设与改革中所坚持的一贯思想。党的十八大以来，以习近平同志为核心的党中央不断深化对教育的战略地位的认识。2013 年 9 月，在联合国“教育第一”全球倡议行动一周年纪念活动上，习近平主席发表视频贺词，明确表示“中国将坚定实施科教兴国战略，始终把教育摆在优先发展的战略位置”。党的十九大强调：“建设教育强国是中华民族伟大复兴的基础工程，必须把教育事业放在优先位置，深化教育改革加快教育现代化，办好人民满意的教育。”在 2018 年全国教育大会上，习近平总书记指出“教育是国之大计、党之大计”。2020 年 9 月 22 日，习近平总书记在教育文化卫生体育领域专家代表座谈会上指出：“‘十四五’时期，我们要从党和国家事业发展全局的高度，全面贯彻党的教育方针，坚持优先发展教育事业，坚守为党育人、为国育才，努力办好人民满意的教育，在加快推进教育现代化的新征程中培养担当民族复兴大任的时代新人。”①

“始终把教育摆在优先发展的战略位置”，这一重要论述从党和国家事业发展全局出发，高度评价教育对于国家富强、民族振兴、社会进步、人民幸福的极端重要性，丰富和发展了中国特色社会主义教育理论中的教育优先发展战略思想，对教育战略地位

---

① 努力培养担当民族复兴大任的时代新人：论学习贯彻习近平总书记在教育文化卫生体育领域专家代表座谈会上重要讲话. 人民日报，2020-09-24 (1).

的认识达到了新的高度，体现了大力优先发展教育的坚定决心与宏大魄力。这是我们党用近百年实践探索总结出来的深刻规律，必须始终坚持下去，不断使教育同党和国家事业发展要求相适应、同人民群众期待相契合、同我国综合国力和国际地位相匹配。

“始终把教育摆在优先发展的战略位置”，将教育放在治国理政的总体思考中谋篇布局，表达了“教育第一”的明确态度与坚定决心。“教育决定着人类的今天，也决定着人类的未来”，教育是人类传承文明和知识、培养年轻一代、创造美好生活的根本途径，是中华民族伟大复兴的基础性事业。“时代越是向前，知识和人才的重要性就愈发突出，教育的地位和作用就愈发凸显。”①“当今世界的综合国力竞争，说到底是人才竞争，人才越来越成为推动经济社会发展的战略性资源，教育的基础性、先导性、全局性地位和作用更加突显。”优先发展教育在党和国家工作全局中的明确定位，须贯穿发展全局、社会全员、工作全线、思想全盘，放在各行各业发展顺序上的首位，是党和国家必须长期坚持的一项重大方针。

“始终把教育摆在优先发展的战略位置”，意味着教育是民生之首，其意义不止当下，更在未来。在十八届中共中央政治局常委同中外记者见面会上，习近平总书记提出，“人民对美好生活的向往，就是我们的奋斗目标”。在对奋斗目标的具体阐述中，他将“更好的教育”放在了民生首位，明确了教育发展的根本方向，展现了党带领广大人民群众推进现代化进程、让人民群众共享现代化成果和创造美好生活的工作愿景，体现了我们党以人为本、执政为民的根本宗旨和一贯要求。

---

① 中共中央文献研究室．习近平关于社会主义社会建设论述摘编．北京：中央文献出版社，2017：58.

“始终把教育摆在优先发展的战略位置”，要求推进教育优先发展的体制机制建设。要深入研究落实“教育优先发展”的一系列战略性问题，健全“教育优先发展战略”的保障机制，着力加强对推进教育现代化，实现教育强国的战略愿景、阶段目标、整体部署、实践路径、重点任务和需要解决的关键问题等的系统研究和顶层设计，强化政治责任、教育执法、统筹协同、监测评估，引导各级党委和政府坚持把教育放在优先发展的战略位置，强化责任意识。要不断扩大教育投入。党的十八大以来，党和政府高度重视教育，各项政策加快推进落实，我国财政性教育经费支出占 2017 年国内生产总值的比例达到 4%。《中华人民共和国教育法》（2015 年修正）明确规定，“国家财政性教育经费支出占国民生产总值的比例应当随着国民经济的发展和财政收入的增长逐步提高”。《国家教育事业发展“十三五”规划》进一步明确了坚持优先发展教育的基本原则，强调超前规划、优先发展，规定将教育作为各级政府财政支出重点领域给予优先保障，并具体规定国家财政性教育投入一般不低于 GDP 比例 4%的标准，从制度与机制上明确优先保障公共教育经费投入法定增长。

3. 深入研究“培养什么人、怎样培养人、为谁培养人”这一根本性问题

培养什么人、怎样培养人、为谁培养人，历来是党和国家教育的根本问题，也是贯穿我国教育改革发展的主线。

“培养什么人”，这是教育的首要问题。2018 年 9 月，在全国教育大会上，习近平总书记鲜明地指出：“我国是中国共产党领导的社会主义国家，这就决定了我们的教育必须把培养社会主义建设者和接班人作为根本任务，培养一代又一代拥护中国共产党领导和我国社会主义制度、立志为中国特色社会主义奋斗终身的有

用人才。这是教育工作的根本任务，也是教育现代化的方向目标。”[①]“怎样培养人”，这是培养人的方法问题。党的十八大首次把“立德树人”写入大会报告。党的十九大报告要求“全面贯彻党的教育方针，落实立德树人根本任务，发展素质教育，推进教育公平，培养德智体美全面发展的社会主义建设者和接班人”。2016年12月，在全国高校思想政治教育工作会议上，习近平总书记指出，“要坚持把立德树人作为中心环节，把思想政治工作贯穿教育教学全过程”[②]。2018年，在全国教育大会上，习近平总书记把坚持立德树人根本任务作为办好中国特色社会主义教育的九条基本经验之一，把“立德树人”提升到新的战略高度。“为谁培养人”，这是办教育的根本立场问题。习近平总书记在学校思想政治理论课教师座谈会上指出，“坚持教育为人民服务、为中国共产党治国理政服务、为巩固和发展中国特色社会主义制度服务、为改革开放和社会主义现代化建设服务”[③]。

一是要旗帜鲜明强化思想政治教育。首要的是深化新时代学校思想政治理论课改革创新。思想政治理论课是落实立德树人根本任务的关键课程，“要理直气壮开好思政课，用新时代中国特色社会主义思想铸魂育人”[④]。上好思想政治理论课关键在教师，要加强新时代思想政治理论课教师队伍建设，培养政治强、情怀深、思维新、视野广、自律严、人格正的思政课教师。“不断增强思政

① 坚持中国特色社会主义教育发展道路 培养德智体美劳全面发展的社会主义建设者和接班人. 人民日报，2018-09-11（1）.

② 习近平. 习近平谈治国理政：第2卷. 北京：外文出版社，2017：376.

③ 习近平. 思政课是落实立德树人根本任务的关键课程. 北京：人民出版社，2020：10.

④ 习近平主持召开学校思想政治理论课教师座谈会强调 用新时代中国特色社会主义思想铸魂育人 贯彻党的教育方针落实立德树人根本任务. 人民日报，2019-03-19（1）.

课的思想性、理论性和亲和力、针对性”[①]，坚持政治性和学理性相统一、价值性和知识性相统一、建设性和批判性相统一、理论性和实践性相统一、统一性和多样性相统一、主导性和主体性相统一、灌输性和启发性相统一、显性教育和隐性教育相统一。要加强爱国主义教育和公民道德教育，将爱国主义精神贯穿学校教育全过程，把思想品德作为学生核心素养、纳入学业质量标准，把公民道德建设的内容和要求体现到各学科教育中。要加强中华优秀传统文化教育，把我国历史文化和国情教育摆在青少年教育的重要位置，引导青少年坚定中国特色社会主义道路自信、理论自信、制度自信、文化自信。

二是要坚持“五育并举”。大力构建全面培养的教育体系，培养德智体美劳全面发展的社会主义建设者和接班人。高考命题要充分体现德智体美劳全面发展要求，初中学业水平考试要“落实立德树人根本任务”“促进学生德智体美劳全面发展”。强化体育和美育，让学生生动活泼健康成长。“完全人格，首在体育”，坚持健康第一，强化体育锻炼，严格执行学生体质健康合格标准，健全国家监测制度，开足开齐体育、艺术课程，将体育科目测试结果作为高考录取的重要参考。要加强劳动教育，“劳动教育是中国特色社会主义教育制度的重要内容”，要把劳动教育纳入人才培养全过程，贯通大中小各学段，贯穿家庭、学校、社会各方面，落实《大中小学劳动教育指导纲要（试行）》，统筹开展好生产性、服务性和创造性劳动，强化“劳动实践”等方面的综合素质评价，使学生养成劳动习惯、掌握劳动本领、培养热爱劳动的品质。

三是要落实“三全育人”。统筹推进立德树人系统化发展。统

① 关于深化新时代学校思想政治理论课改革创新的若干意见. 北京：人民出版社，2019：4.

筹规划思政课程，建立大中小幼一体化思政课程标准，明确各级教育思政课教学目标，科学设计各学段教育思政课内容，优化整合大中小幼各级教育思政课教材；明确高校思政课、综合素养课及专业课三类课程的功能定位，提升“思政课程和课程思政”一体化德育效果。树立大教育观，学校与家庭、全社会群策群力，健全家庭、学校、政府、社会协同育人机制，在坚定理想信念、厚植爱国主义情怀、加强品德修养、增长知识见识、培养奋斗精神、增强综合素质上下功夫，形成全员育人、全过程育人、全方位育人的格局。

二、及时研究解决教育改革发展的重大现实问题

党的十九大做出了“中国特色社会主义进入新时代”的重大判断。我国社会主要矛盾已经转化为人民日益增长的美好生活需要和不平衡不充分的发展之间的矛盾。教育领域的主要矛盾相应地发生了历史性转化。近年来，我国教育事业取得了长足进展，最显著的特征就是从教育大国迈向了教育强国，教育总体质量不断提高，教育公平不断完善，但仍然存在诸多矛盾问题，“人民日益增长的良好教育需要和不平衡不充分的发展之间的矛盾”[①] 日益突出。习近平总书记在与北京师范大学师生代表座谈时指出：“我国经济总量虽然已经是世界第二，但我国还是世界上最大的发展中国家，还处在社会主义初级阶段，各种教育资源历史积累不足，地区之间教育发展不平衡，教育总体条件还不是很理想，教师特别是基层教师收入总体水平不高，办学条件标准不高，教育

① 曾天山．开拓中国特色社会主义教育现代化发展道路．人民教育，2018（19）．

管理水平亟待提高。”[①] 这些都是教育改革发展的重大现实问题，要求我们全面把握教育领域的各种关系，用普遍联系的观点设计教育改革，用统筹兼顾的方式处理各种矛盾，推动教育事业从上规模、讲数量向强素质、提质量、促公平上转变。

1. 处理好价值导向与评价标准的关系

在教育理念深刻变革、社会快速发展、教育技术迅猛迭代的新时代，如何充分发挥教育评价的导向、激励、调节、育人等功能，日益受到高度关注。习近平总书记在2018年全国教育大会上旗帜鲜明地提出：“要深化教育体制改革，健全立德树人落实机制，扭转不科学的教育评价导向，坚决克服唯分数、唯升学、唯文凭、唯论文、唯帽子的顽瘴痼疾，从根本上解决教育评价指挥棒问题。”[②] 深化教育改革创新，要坚持破立并举，扭转不科学的教育评价观，树立正确的教育质量观和评价观，

（1）树立科学的价值导向，坚决破除“五唯”顽瘴痼疾。

习近平总书记用“顽瘴痼疾”来形容教育评价中存在的问题，足见这些问题积淀之久、弊害之深、解决之难。“五唯”是对我国教育评价观存在的弊病的高度概括，有着深厚的社会历史根源。“学而优则仕”的封建传统文化、应试教育下单一的分数评价制度、导向偏离的社会选人用人观以及家庭教育中传统的成才观，扭曲了当前教育价值观和教育评价观。其中，“唯分数、唯升学”是基础教育最为深远的痼疾，是应试教育至今大行其道的根源。不科学的评价导向导致学生竞赛考试与校外辅导白热化、家长陷

---

① 习近平．做党和人民满意的好老师：同北京师范大学师生代表座谈时的讲话．人民日报，2014-09-10（1）．

② 坚持中国特色社会主义教育发展道路 培养德智体美劳全面发展的社会主义建设者和接班人．人民日报，2018-09-11（1）．

入攀比旋涡不可自拔。中小学功利主义教育倾向，使基础教育偏离了原本的价值定位，恶化了教育生态，损害了学生身心健康。“唯文凭、唯论文、唯帽子”则存在于项目评审、人才评价、机构评估等领域。高等学校科研工作出现了过度追求 SCI 论文，甚至以发表 SCI 论文数量、高影响因子论文、高被引论文为根本目标的异化现象。科技创新出现了价值追求扭曲、学风浮夸浮躁和急功近利等问题，不利于高等教育高质量、内涵式发展，不能满足新时代对教育改革发展的要求，不能适应教育强国和科技强国建设。

深化评价体系改革，要把“立德树人”成效作为检验学校一切工作的根本标准。坚决纠正不利于实现立德树人根本任务的做法，积极创新教育教学方法、人才培养模式探索、课程与教材体系建设等，让针对学生能力与综合素养的培养真正成为教育改革创新的主流。要推动高校思想政治工作评价改革融入“双一流”建设、教学审核评估、学科评估的核心指标。“加快形成有利于人才成长的培养机制、有利于人尽其才的使用机制、有利于竞相成长各展其能的激励机制、有利于各类人才脱颖而出的竞争机制，培植好人才成长的沃土，让人才根系更加发达，一茬接一茬茁壮成长。”①

（2）深化教育评价改革，推动构建科学有效的教育评价制度。

习近平总书记指出，教育的指挥棒，在中小学实际上是考试分数和升学率，在高校主要是科研论文，关于德育素质教育的应有地位和科学评价体系没有真正确立起来。2020 年 6 月 30 日，习近平总书记主持中央全面深化改革委员会第十四次会议，审议

① 习近平．在中国科学院第十九次院士大会、中国工程院第十四次院士大会上的讲话．北京：人民出版社，2018：20.

通过《深化新时代教育评价改革总体方案》，10 月由中共中央、国务院印发。这是新中国第一个关于教育评价系统性改革的文件，它分两个阶段提出深化新时代教育评价改革的目标。第一阶段：经过 5 至 10 年努力，各级党委和政府科学履行职责水平明显提高，各级各类学校立德树人落实机制更加完善，引导教师潜心育人的评价制度更加健全，促进学生全面发展的评价办法更加多元，社会选人用人方式更加科学。第二阶段：到 2035 年，基本形成富有时代特征、彰显中国特色、体现世界水平的教育评价体系。

《深化新时代教育评价改革总体方案》围绕党委和政府、学校、教师、学生、社会 5 类主体，坚持破立结合，重点设计了 5 个方面 22 项改革任务。一是改革党委和政府教育工作评价，“破”的是短视行为和功利化倾向，“立”的是科学履行职责的体制机制。相应提出完善党对教育工作全面领导的体制机制、完善政府履行教育职责评价、坚决纠正片面追求升学率倾向三项任务。通过评价改革，推进党委和政府科学履职尽责、办好新时代教育。二是改革学校评价，“破”的是重分数轻素质等片面办学行为，“立”的是立德树人落实机制。相应提出坚持把立德树人成效作为根本标准、完善幼儿园评价、改进中小学校评价、健全职业学校评价、改进高等学校评价五项任务。通过改进评价标准和内容，引导各级各类学校认真落实立德树人根本任务。三是改革教师评价，“破”的是重科研轻教学、重教书轻育人等行为，“立”的是潜心教学、全心育人的制度要求。相应提出坚持把师德师风作为第一标准、突出教育教学实绩、强化一线学生工作、改进高校教师科研评价、推进人才称号回归学术性荣誉性五项任务。通过改革教师评价，引导教师更好履行教书育人职责。通过改进高校教师科研评价，克服“唯论文”

“唯帽子”倾向，推进人才称号回归学术性、荣誉性。四是改革学生评价，“破”的是以分数给学生贴标签的不科学做法，“立”的是德智体美劳全面发展的育人要求。相应提出树立科学成才观念、完善德育评价、强化体育评价、改进美育评价、加强劳动教育评价、严格学业标准、深化考试招生制度改革七项任务，促进学生德智体美劳全面发展。五是改革用人评价，“破”的是文凭学历至上等不合理用人观，“立”的是以品德和能力为导向的人才使用机制。相应提出树立正确用人导向、促进人岗相适两项任务，引导社会树立正确用人导向，破除“唯文凭”弊端。

2. 处理好规模发展与质量提升的关系

教育质量关系国计民生，牵动千家万户。近年来，我国教育规模大幅扩张，建成了世界上规模最大的教育。据教育部公布的统计数据，2018 年全国共有各级各类学校 51.88 万所，各级各类学历教育在校生 2.76 亿人，专任教师 1 672.85 万人。教育增量已到一定程度，依靠数量的扩充提升教育质量和水平显得动力不足。全面建成小康社会后，中国经济由高速增长阶段转向高质量发展阶段，更加迫切要求加快推进教育现代化建设、建设教育强国、办好人民满意的教育。实现教育从量到质的提升优化，依靠教育体制结构的改革带动教育的内涵发展，使教育更好地促进个人发展与社会进步，成为新时代教育的主要任务。

（1）树立科学的教育质量观。

树立科学的教育质量观，是落实习近平总书记在全国教育大会上提出的“破五唯”要求的重要内容，也是引领义务教育改革发展的重要举措。《中共中央 国务院关于深化教育教学改革全面提高义务教育质量的意见》明确指出，要树立德育为先、全面发展、面向全体、知行合一的教育质量观，健全立德树人落实机制，着力在坚定理想信念、厚植爱国主义情怀、加强品德修养、增长知识见识、培养奋斗精神、增强综合素质上下功夫，突出德育实效，提升智育水平，强化体育锻炼，增强美育熏陶，加强劳动教育，促进学生全面发展。2019 年 7 月，改革开放以来第二次以国务院名义召开的全国基础教育工作会议举行，开启了我国基础教育高质量发展的新征程。2019 年 10 月 12 日，教育部在浙江海盐召开全国县域义务教育优质均衡发展督导评估认定启动现场会，标志着我国义务教育由“均衡发展”进入“优质均衡”阶段，义务教育将迈向更高质量、更高水平。北京、上海、江苏、浙江四省份学生参加 PISA（国际学生评估项目）测试，数学、阅读和科学均取得第一名的好成绩。2019 年 11 月，《2018 年国家义务教育质量监测——数学学习质量监测结果报告》和《2018 年国家义务教育质量监测——体育与健康监测结果报告》发布，这是我国首次发布分学科义务教育质量监测结果。没有关键领域改革的实质性进展，基础教育质量提升就难以落地。2019 年 11 月，继中央印发关于基础教育的三个重要文件之后，教育部《关于加强和改进新时代基础教育教研工作的意见》《关于加强初中学业水平考试命题工作的意见》《关于加强和改进中小学实验教学的意见》等三个配套文件出台，落实中央要求均指向基础教育高质量发展的关键领域、关键环节。

（2）系统推进德智体美劳“五育并举”。

习近平总书记在全国教育大会上指出，“要努力构建德智体美劳全面培养的教育体系”①，标志着“五育并举”教育方针的正式

---

① 坚持中国特色社会主义教育发展道路 培养德智体美劳全面发展的社会主义建设者和接班人. 人民日报，2018-09-11（1）.

确立，教育真正进入全面培养学生综合素质的新时代。《关于全面加强和改进新时代学校体育工作的意见》《关于全面加强和改进新时代学校美育工作的意见》的先后面世，标志着“五育并举”的制度设计基本完成。要构建新时代德育观，培养大德大爱大情怀的人。要引导学生牢固树立共产主义的远大理想和信念，立志为中国特色社会主义奋斗终生；引导学生爱党、爱国、爱人民，培养学生报效祖国、奉献祖国的家国情怀和责任意识；引导学生践行社会主义核心价值观，认同和理解中华优秀传统文化，加强思想道德修养。要构建新时代智育观，帮助学生熟练掌握系统的科学知识和基本技能，培养崇尚真知、乐学好学的态度，独立思考和自主学习的能力，鼓励大胆质疑、勇于探究、敢于尝试、善于创造，发展多方面的兴趣和才能，培养知识型、技能型、创新型、复合型人才。要构建新时代体育观，帮助学生树立健康观念和体育意识，形成健康文明的生活方式，培养良好的体育锻炼习惯，发展体育爱好和专长，培育自尊自强、积极进取、团结友爱的体育精神，形成合作与竞争意识、规则意识，锻炼勇敢顽强、挑战自我的意志品质，实现“享受乐趣、增强体质、健全人格、锻炼意志”的体育价值目标。要构建新时代美育观，坚持以美育人、以文化人，帮助学生掌握发现、感知、欣赏和评价美的审美知识和基本技能，培养健康的审美观念和审美意识，激发艺术想象力和创造力，满足不同的艺术爱好特长，发展创造美的才能和兴趣，提高审美修养和人文素养，学会欣赏美、表达美、创造美。要构建新时代劳动教育观，让学生体会、感悟劳动的快乐和价值，树立崇尚劳动、尊重劳动、热爱劳动的观念，形成积极劳动、主动劳动的意愿和态度，养成良好劳动的习惯，培养学生吃苦耐劳、踏实肯干、艰苦奋斗的精神，培养学生成为尊重劳动、热爱劳动和以劳动为荣的社会公民，让学生有幸福生活的能力。

（3）完善高水平人才培养体系。

完善关键能力培养制度。国家从政策层面出台确保学生终身发展、适应时代要求的关键能力指导框架及细化标准，并按照各级教育培养目标，明确各级教育关键能力教学标准和学习标准，推进教育教学改革；围绕关键能力培养要求，制定各级教育保证学生关键能力培养质量的办学条件标准。完善教材制度与提升教材质量。健全国家教材制度，制定各级各类教育教材发展规划，做好教材建设顶层设计，健全各级各类教育教材体系，提升各级各类教育教材质量，确保教育性、科学性、时代性、适切性和教学性。加强高等教育课程标准建设，鼓励教师开发或选用与课程标准相适应的教材，并推进教材体系向教学体系的转化。建立学科建设指导评价机制，出台学科建设指导意见，规范学科建设的标准和保障条件；制定科学的学科评价体系，定期开展学科建设成效评估，引导学科建设的方向与内涵。要加快培养高素质的教师队伍，着力制定并落实体育美育教师队伍和场地建设三年行动计划，解决体育美育教师的数量与质量问题。

3. 处理好均衡发展与重点突出的关系

党的十八大提出，教育发展的根本方向在于“办好人民满意的教育”，而办好人民满意的教育需要各级各类教育全方位的变革与改进。我国拥有居于世界首位的教育规模，存在着复杂多样的教育现象和教育问题，无论是地域间还是各级各类教育间都存在较大差异，呈现出发展不均衡与人民对优质教育的需求日益提升等诸多矛盾。习近平总书记明确提出，“要推进教育精准脱贫，重点帮助贫困人口子女接受教育，阻断贫困代际传递”[1]。在全面建成小康社会的大背景下，教育公平发展必须在均衡发展基础上重视提高质量和效率，按照教育公平原则要求统筹兼顾各级各类教育的发展，把教育资源公平地分配到学校和学生，提供均等的接受高质量教育的机会，办好每一所学校，培养好每一个学生。

（1）推动城乡义务教育优质均衡发展。

我国基础教育城乡二元结构矛盾仍然突出，“乡村弱”和“城镇挤”问题成为制约义务教育事业持续健康发展的重要问题。乡村优质教育资源紧缺，教育质量亟待提高；城镇教育资源配置不适应新型城镇化发展，“大班额”问题严重。2020 年 4 月，习近平总书记在陕西考察时，强调要推进城乡义务教育一体化发展，缩小城乡教育资源差距，促进教育公平，阻断贫困代际传递。同年 7 月，习近平总书记在吉林考察时，又反复强调要全面贯彻党的教育方针，落实立德树人根本任务，深化教育改革，推动城乡义务教育一体化均衡发展，维护教育公平。

2016 年 5 月，《国务院办公厅关于加快中西部教育发展的指导意见》发布，全口径对中西部教育发展做出顶层设计，针对缩小区域差距、加强教育脱贫、支持中西部贫困地区与民族地区发展等提出了相应计划和措施。2016 年 7 月，《国务院关于统筹推进县域内城乡义务教育一体化改革发展的若干意见》发布，提出适应全面建成小康社会需要，合理规划城乡义务教育学校布局建设，完善城乡义务教育经费保障机制，统筹城乡教育资源配置，向乡村和城乡接合部倾斜，大力提高乡村教育质量，适度稳定乡村生源，增加城镇义务教育学位和乡镇学校寄宿床位，推进城镇

① 习近平．习近平谈治国理政：第 2 卷．北京：外文出版社，2017：366.

义务教育公共服务常住人口全覆盖，巩固和均衡发展九年义务教育，加快缩小县域内城乡教育差距。2019 年 10 月，教育部召开全国县域义务教育优质均衡发展督导评估认定启动现场会，部署启动全国县域义务教育优质均衡发展督导评估认定工作。这标志着我国义务教育开始步入从“基本均衡”走向“优质均衡”的新发展阶段。

一是加快推进县域内城乡义务教育标准统一。统一学校建设标准、教师编制标准、生均公用经费基准定额、基本装备配置标准，实现“两免一补”政策城乡全覆盖，基本消除城乡二元结构壁垒，义务教育与城镇化发展基本协调；更加合理布局城乡学校，基本消除大班额；均衡配置城乡师资，稳步提高乡村教师待遇，增强岗位吸引力，提升乡村教育质量，全面完成教育脱贫任务，基本实现县域义务教育均衡发展和城乡基本公共教育服务均等化。

二是瞄准“两类学校”现实困境综合施策。义务教育优质均衡发展的重点在农村，难点在小规模学校和农村寄宿制学校。大量小规模学校面临资源匮乏、生源质量低、课程教学效果难以保障等困境，必须从政策层面确认农村小规模学校的地位，将基本政策取向从“保留”转向“发展”，把小规模学校作为独立办学主体，为其设立公用经费专项独立财政账户，积极探索小规模学校集群发展的有效路径。继续推进农村寄宿制学校标准化建设，细化农村寄宿制学校办学标准，确保农村寄宿生高水平地适应寄宿条件，在达标的基础上追求质量提升。构建形成政府兜底、学校主体、家长主责、社会参与的“家-校-社”联动培养机制和教育支持体系，真正发挥寄宿制学校的教育功能性价值，解决农村寄宿制学校“寄而难育”的问题。

三是构建教育精准扶贫长效机制。教育扶贫模式逐渐由制度设计转向个体施策、由追求普惠转向差异化精准施策，强调因地施策、因人施策。构筑以政府为核心、多元协同参与的教育脱贫格局，有效激发、激活多元社会集体力量共同参与。以历史的态度、前瞻的眼光做好教育扶贫调查研究，做好全面建成小康社会之后的教育扶贫规划新战略，研究构建与乡村振兴相适应的农村教育结构、城市新贫困群体教育、教育均衡发展问题。

（2）加大对少数民族和民族地区教育支持力度。

党和国家历来高度重视民族教育工作。经过各地和有关部门的共同努力，民族教育事业快速发展，为加快民族地区经济社会发展、维护祖国统一、促进民族团结做出了重要贡献。由于历史、自然等原因，民族教育发展仍面临一些特殊困难和突出问题，整体发展水平与全国平均水平相比差距仍然较大。实现教育均衡发展，迫切要求加大对少数民族和民族地区教育支持力度，健全对口支援机制，重点加强民族教育薄弱环节建设。

一是加强民族地区寄宿制学校建设。针对国家通用语言文字教育基础薄弱地区、农牧区和偏远地区实际，科学编制寄宿制学校建设规划，合理布局，改扩建、新建标准化寄宿制中小学校。按照国家规定标准配备图书、实验室、教学仪器设备。提高生均公用经费标准，配齐后勤管理服务人员，加强学校管理，强化安全教育，提高人防、物防、技防能力，确保学校安全。全面提高入学率，实现各民族学生学习在学校、生活在学校、成长在学校。对地处偏远又无条件寄宿的学校，因地制宜加强建设、改善条件。

二是支持边疆民族地区教育发展。国家教育经费向边疆省区倾斜，边疆省区教育经费向边境县倾斜，提高边疆民族地区义务教育阶段学校经费保障水平和生均公用经费标准。加强基础设施建设，改善基本办学条件，不断增强边境学校吸引力。支持边疆省区制定激励政策，鼓励引导高校毕业生、骨干教师到边境学校任教，提高教育质量。

三是科学稳妥推行双语教育。坚定不移推行国家通用语言文字教育，尊重和保障少数民族使用本民族语言文字接受教育的权利，不断提高少数民族语言文字教学水平。在国家通用语言文字教育基础薄弱地区，以民汉双语兼通为基本目标，建立健全从学前到中小学各阶段有效衔接，教学模式与学生学习能力相适应，师资队伍、教学资源满足需要的双语教学体系。大力支持双语教师培养培训、教学研究、教材开发和出版，为接受双语教育的学生升学、考试提供政策支持。鼓励民族地区汉族师生学习少数民族语言文字和各少数民族师生之间相互学习语言文字。研究完善双语教师任职资格评价标准，建立双语教育督导评估和质量监测机制。

四是落实民族教育发展的条件保障。完善经费投入机制，多渠道增加民族教育投入，加快推进民族地区基本公共教育服务均等化。加大学生资助力度，分类建立和完善民族地区教育资助制度。

(3) 办好特殊教育，努力让每个孩子享有公平而有质量的教育。

“更加注重面向人人”是新时代推进教育现代化的基本理念。党的十九大报告提出，“努力让每个孩子都能享有公平而有质量的教育”。发展残疾人教育事业，保障残疾人平等受教育权利，是增进公平正义的重要内容和社会文明进步的标志。《国家中长期教育改革和发展规划纲要（2010—2020 年）》第十章专门对“特殊教育”做了发展规划，提出要“关心和支持特殊教育，完善特殊教育体系，健全特殊教育保障机制”。2017 年国务院颁布修订的

《中华人民共和国残疾人教育条例》。从2014年起，通过实施两个“特殊教育提升计划”，我国特殊教育事业正在实现从提高普及水平到完善特殊教育体系，从加强条件保障到增强特殊教育保障能力，从提升教育教学质量到强调提高特殊教育质量的转变。

新时代发展特殊教育，要将特殊教育的发展纳入教育综合改革的范畴，理顺各级教育管理部门普特分离的管理机制，通过普通教育的改革来解决随班就读、融合教育和一系列阻碍特殊教育发展的问题，统筹实施特殊教育与普通教育的评估督导。要将提高残疾儿童义务教育普及水平作为中心任务，坚持以随班就读为主体、以特殊教育学校为骨干、以送教上门和远程教育为补充的发展模式。要精准监管随班就读儿童的申报、筛查、鉴定、安置和教育、教学质量的提高等环节。按照特殊教育学校义务教育课程标准和特殊教育教师专业标准的要求，提高特殊教育的质量，加强特殊教育师资培养，切实解决好特殊教育师生比例失衡、教师编制紧张、专业力量薄弱等突出问题。要从普特融合的角度，深化普通学校和特殊学校的改革，做好特殊学校的功能转型，加快互接性的功能调整，尽力将义务教育阶段的融合教育向早期融合教育、高中职业教育、高等教育两头延伸，在素质教育的层面上融合互补，共同营造良好的育人环境，帮助普通儿童和特殊儿童都能在相互尊重、差异认同、自重自信、相互帮助的文明环境中成长，形成普特融合的双赢效应，努力满足残疾儿童少年的发展需要。

（4）统筹推进区域高等教育均衡发展。

在高等教育领域，高等教育发展水平不断提高，总体达到世界中上等水平，已进入普及化阶段。但东部与中西部、中部与西部、各省份之间，部属高校与地方高校之间还存在发展不平衡问题，发展差距有拉大趋势，成为影响和制约我国高等教育现代化的突出问题。长期以来，受历史、区域自然条件、经济发展水平和开放政策影响，东部与中西部高等教育在办学条件、经费支出、高层次人才等方面存在供给不平衡、不充分的问题，造成我国高校空间布局结构不平衡，呈现出高等教育东部地区强、中西部地区弱的“二元结构”现象。在中西部地区，也存在不同省（区、市）不平衡、不充分现象。统筹推进区域高等教育均衡发展是我国教育现代化发展的客观要求。《中国教育现代化 2035》指出，要健全中央层面教育治理统筹协调机制，扩大中西部地区优质高等教育资源，服务国家区域协调发展战略，提高教育对区域发展的支撑和服务能力。

一是对接国家重大战略需求，构建高等教育现代化区域创新试验区。在我国经济社会发展面临全面转型升级的新阶段，区域经济社会发展迫切需要国家通过制度体制创新，以服务国家重大战略需求为导向，实现人、财、物等资源跨区配置，发挥更大的经济效益和社会效益。通过体制机制创新，鼓励先行先试，探索构建与区域经济社会发展相适应的区域教育协调发展机制，推动区域性院校集群建设，提高高等教育对区域高质量发展的支撑和服务能力。

二是服务省域经济社会发展需求，推动高等教育治理“精准化省域”施策。紧密结合区域经济社会发展需要、人口结构需求和高等教育资源现状，实现从粗放型的东部、中部、西部布局到精准化省域布局转变，发挥中央和省级政府两个积极性，统筹推进区域高等教育与经济社会之间的协调发展，努力实现省域高等学校数量与人口规模结构基本合理，省域高等学校数量、层次、结构类型与经济社会发展基本匹配，省域高等教育学科专业结构与产业结构相适应，布局建设一批国家级重点科研创新平台，聚焦建设发展重点，突出办学特色，助推地方经济转型升级和高质量发展。

三是提升高层次人才培养能力，提高中西部高等教育综合发展水平。一方面，要积极出台各种优惠措施，给中西部高等教育欠发达地区以特殊政策倾斜，增强其造血功能，统筹推进中西部高校基础能力建设工程、对口支援西部高校计划、部省合建等工作，继续实施国家支援中西部地区招生协作计划、农村和贫困地区定向招生专项计划，更好地以高等教育的入学机会公平促进社会公平。另一方面，要出台政策鼓励和引导高等教育相对发达地区给予中西部高等教育欠发达地区必要支持和扶助，增强对其输血功能。

4. 处理好立足时代与面向未来的关系

抓教育就是抓发展、抓未来。习近平总书记强调，要扎根中国、融通中外，立足时代、面向未来，发展具有中国特色、世界水平的现代教育，为处理好对接时代需求发展教育与发展面向未来的教育之间的关系提供了根本遵循。一方面，教育要立足中国特色社会主义新时代，为解决人民日益增长的美好生活需要和不平衡不充分的发展之间的矛盾贡献智慧、传播知识、输送人才；另一方面，教育更要面向未来，把握世界科技潮流、社会发展趋势，超前谋划面向未来的教育。

（1）立足时代需要加快推进教育现代化。

党的十八大以来，我国加快“发展具有中国特色、世界水平的现代教育”，取得了重大成就。党的十八大以来，在以习近平同志为核心的党中央坚强领导下，我国教育发展取得了重大成就，教育水平明显提升。2018 年，我国学前教育三年毛入园率为

75%，达到中高收入国家平均水平；小学净入学率为99.88%，初中阶段毛入学率为104%，普及程度超过高收入国家平均水平；高中阶段毛入学率为87%，高等教育毛入学率为40%，高于中等收入国家平均水平。教育现代化建设取得明显成效，我国教育总体发展水平跃居世界中上行列。2019年2月，中共中央、国务院印发《中国教育现代化2035》，提出“到2035年，总体实现教育现代化，迈入教育强国行列，推动我国成为学习大国、人力资源强国和人才强国，为到本世纪中叶建成富强民主文明和谐美丽的社会主义现代化强国奠定坚实基础”。全面谋划教育中长期改革发展蓝图，指引中国教育朝着更高质量、更加公平、更有效率、更可持续的方向发展，确定了2035年教育现代化的主要发展目标：建成服务全民终身学习的现代教育体系、普及有质量的学前教育、实现优质均衡的义务教育、全面普及高中阶段教育、职业教育服务能力显著提升、高等教育竞争力明显提升、残疾儿童少年享有适合的教育、形成全社会共同参与的教育治理新格局。

教育现代化是国家全面现代化不可缺少的组成部分，在促进国家现代化进程中起着基础性、全局性和先导性作用，是中华民族伟大复兴和科教兴国的战略支撑。在社会主义现代化建设过程中，教育既要面向现代化、服务现代化，更要率先实现现代化。教育现代化既是教育发展的世界先进水平，又是追赶或保持世界先进水平的行为和过程，是对传统教育的超越，包括教育观念、教育体系、教育制度、教育内容与方法、教育装备、教育治理等多方面内容。推进教育现代化，将使全民终身学习机会进一步扩大，教育质量全面提升，教育发展成果更多更公平惠及全体人民，教育创新能力明显提升，教育制度更加成熟定型。

（2）倡导面向未来的教育理念。

发展面向未来的教育，要关注教育未来的变革趋势。随着科学技术的发展、人类观念的变革，社会越来越需要问题解决者和终身学习者。全球教育正面临从知识传授转变为能力为本的挑战。联合国教科文组织发布的《2030年教育行动框架》，提出要确保包容、公平、有质量的教育，使人人可以获得终身学习的机会。2018年，联合国教科文组织召开“全球2030年教育会议”，强调赋能于人，建立开放、灵活和及时应对的教育体系，拓展知识技能。2018年9月，全国教育大会召开，为加快推进教育现代化、建设教育强国、办好人民满意的教育，提出凝聚人心、完善人格、开发人力、培育人才、造福人民的工作目标。

面向未来，我们需要重新审视教育的本质。教育是影响和改变人的事业。“人之为人”的最大优势是拥有综合解决问题的智慧，运用批判性思维和创造性思维去实现创新和能够有效沟通、辨识与管理情绪的能力，最重要的是人还有爱和情感。要求教育回到“人之为人”的本质上来，放大人的价值，让每一个不一样的人经过教育成为更好的自己，拥有属于自己的核心素养，具备适应力和持续学习的能力。要求未来学校回归本来的“育人”功能，扬弃其“训练”意义上的“教书”功能，真正成为教养之所、创造之所、社会交往之所。要求大学回归培养学生的能力素质，包括继续学习的意识和终身学习的能力、创新创意的能力、与人沟通的能力等，同时要注重伦理，远离科学至上主义、技术至上主义。

面向未来，我们需要探索以人为本的核心素养培育。如何让每一个学生从被动学习走向主动学习，拥有应对未来各种挑战的核心素养，要求学校组织结构实现从以知识传授为中心向以学生成长为中心的系统变革，学习空间实现从传统教室到以公共空间为主的学习社区的系统改造，教师角色实现从知识传授者向情绪劳动者的根本转变，基础教育学习者从为追求标准答案的被动学习向为形成解决方案而展开的主动学习转变，大学从专业导向走向能力为本。2017 年，中共中央办公厅、国务院办公厅印发《关于深化教育体制机制改革的意见》，提出培养和发展学生的认知能力、合作能力、创新能力和职业能力四大关键能力。2017 年，教育部集聚全国专家历时两年研制的《普通高中课程方案和语文等学科课程标准（2017 年版）》发布，各个学科的核心素养都指向综合能力培养。新的教育目标的落地，还需要经历课程和教材的调整、教学方式的转变、评价与考试制度的改革，甚至对学校空间做出重新设计改造。

（3）坚持不懈推进教育信息化建设。

“当今世界，科技进步日新月异，互联网、云计算、大数据等现代信息技术深刻改变着人类的思维、生产、生活、学习方式，深刻展示了世界发展的前景。”① 以信息技术为核心的新一轮科技革命正在孕育兴起，互联网日益成为创新驱动发展的先导力量，深刻改变着人们的生产生活，同时也给教育带来革命性影响。2015 年 5 月，习近平总书记在致国际教育信息化大会的贺信中指出：“中国坚持不懈推进教育信息化，努力以信息化为手段扩大优质教育资源覆盖面。”党的十八大以来，教育信息化成为国家战略。《中共中央关于全面深化改革若干重大问题的决定》明确提出：“构建利用信息化手段扩大优质教育资源覆盖面的有效机制，逐步缩小区域、城乡、校际差距。”《国家信息化发展战略纲要》

① 习近平．习近平致国际教育信息化大会的贺信．人民日报，2015－05－24（1）．

和《国务院关于积极推进“互联网+”行动的指导意见》也明确提出，推进教育信息化，探索新型教育服务供给方式。《教育信息化“十三五”规划》提出，以“构建网络化、数字化、个性化、终身化的教育体系，建设‘人人皆学、处处能学、时时可学’的学习型社会，培养大批创新人才”为发展方向，按照“服务全局、融合创新、深化应用、完善机制”的原则，稳步推进教育信息化。进入新时代，更要着力在教育信息化融合创新上下功夫，深入实施教育信息化2.0行动计划，充分发挥信息技术对教育的革命性影响作用。

一是要坚持以信息技术与教育深度融合为导向，着力推动教育改革发展。教育发展的历史证明，不断变革，是现代教育的基本特征之一，也是其存在形式。在以人工智能为代表的第四次产业革命浪潮冲击下，制度化的教育系统遭受前所未有的挑战，不断发展的在线教育正挑战制度化的实体学校，信息技术正日益改变着实体学校的教育技术、过程、条件和环境。“因应信息技术的发展，推动教育变革和创新，构建网络化、数字化、个性化、终身化的教育体系，建设‘人人皆学、处处能学、时时可学’的学习型社会，培养大批创新人才，是人类共同面临的重大课题。”[①]推进教育信息化，要求我们在先进的教育思想指导下，推进信息技术与教育的深度融合，积极应用信息技术，深入开发、广泛利用信息资源，培养适应信息社会要求的创新人才，加速实现教育现代化的系统工程。

二是要积极推动人工智能和教育深度融合，发展面向未来的智慧教育。习近平总书记在2019年5月16日致国际人工智能与

---

① 习近平．习近平致国际教育信息化大会的贺信．人民日报，2015-05-24（1）．

教育大会的贺信中指出，把握全球人工智能发展态势，找准突破口和主攻方向，培养大批具有创新能力和合作精神的人工智能高端人才，是教育的重要使命。中国高度重视人工智能对教育的深刻影响，积极推动人工智能和教育深度融合，促进教育变革创新，充分发挥人工智能优势，加快发展伴随每个人一生的教育、平等面向每个人的教育、适合每个人的教育、更加开放灵活的教育。要把人工智能知识普及作为教育的前提和基础，研制《中国智能教育发展方案》，让人工智能新技术、新知识进学科、进专业、进课程、进教材、进课堂、进教案、进学生头脑。要全面提升教师运用人工智能教育技术和开发人工智能教育资源的水平，进一步推进全民智能教育，提升全民人工智能素养。要加强人工智能教育的基础设施，建立教育与人工智能产业的对接对话机制，将产业界的创新创造及时地转化为教育技术新产品，稳步推进包括智能教室、智能实验室、智能图书馆等设施的智慧校园建设。要利用人工智能技术推动学校教育教学变革、推动学校治理方式变革、推动终身在线学习，建设一体化智能教育平台，建立教育教学数据支持体系，创新人才培养模式、改革教学方法和教育评价体系，助力实现因材施教，构建智能化的终身教育体系。以智能技术推进教育教学决策的科学化、资源配置的最优化和教育管理的精细化，推动教师专业发展，适应向新型角色的转变。要深入开展智能教育应用战略研究，探索智能教育的发展战略、标准规范以及推进路径。同时，更多地关注“数字公平”，努力向农村地区、边远地区、贫困地区加大投入，配置更多资源，提供更优服务，让技术弥合差距、缩小鸿沟。

5. 处理好政府、家庭、学校、社会的关系

教育是全社会的事业，家庭、学校、政府、社会在青少年成

长成才中发挥着不同的功能作用，需要多方力量的协同配合。习近平总书记指出，办好教育事业，家庭、学校、政府、社会都有责任，谁都不是旁观者，谁都不能置身事外。2020 年 10 月，党的十九届五中全会通过的《中共中央关于制定国民经济和社会发展第十四个五年规划和二〇三五年远景目标的建议》明确提出“健全学校家庭社会协同育人机制”。

要强化各类育人主体责任。要加快政府和学校教育、家庭教育与社会教育立法，协调家庭、社会、政府与学校在协同育人方面的关系，进一步明确家庭、社会、政府、学校在育人方面的具体权利与义务，确保各类教育主体自觉履行应有的育人义务、承担应有的育人责任和享受应有的育人权利。学校是立德树人的主阵地，应当成为铸魂育人的大熔炉，要担负主体责任，要立足中国实际，遵循教育规律，认真履行应有的教育职责，切实做到对学生负责、对学生家庭负责、对国家和社会负责。家庭是教育的起点，是人生的第一所学校，家长是孩子的第一任老师，既要给孩子讲好“人生第一课”，帮助扣好人生第一粒扣子，又要尊重学校教育安排，支持教师创造发挥，配合学校搞好孩子的教育，同时，还要注重家庭文化、家教、家风，给孩子以示范引导。学校要加强与家长的沟通，帮助家长学习掌握科学的家庭教育理念、知识和方法，树立正确的育人观、成才观，自觉担负起在家庭教育中的主体责任，使学校教育与家庭教育同频共振。教育、妇联等部门要统筹协调社会资源支持服务家庭教育，突出道德教育和健康教育，牢固树立德智体美劳全面发展的科学家庭教育理念，推动家庭教育纳入政府公共教育。党委和政府要为学校办学安全托底，解决学校后顾之忧，维护老师和学校应有的尊严，保护学生的生命安全。要加强对社区（村）、街道开展社会教育的引导和指导，充分发挥社区（村）、街道育人资源的作用。要引导传媒领域协同育人，强化社会媒体教育舆论宣传的正能量，规范舆论宣传塑造教师和学校良好育人形象，引导社会和家庭支持配合学校和教师工作。通过一系列措施，增强各类教育主体协同育人效果，形成全社会共同参与的教育治理新格局。

三、及时研究解决群众关心的教育热点问题

人民性是马克思主义最鲜明的品格。人民立场是中国共产党的根本政治立场。党的十八届五中全会提出“着力践行以人民为中心的发展思想”。习近平总书记指出，践行以人民为中心的发展思想，就是要把人民对美好生活的向往作为奋斗目标，以最广大人民的根本利益作为最高标准，紧紧抓住人民最关心最直接最现实的利益问题，从人民群众关心的事情做起，从让人民群众满意的事情做起，使人民的获得感、幸福感、安全感更加充实、更有保障、更可持续。教育是民生之首、兴国之基，教育质量关系国计民生，牵动千家万户。办好人民满意的教育，是办好我国教育事业的根本出发点。当前，我国教育发展进入了公平问题和质量问题并存、巩固基础与追求卓越并重的新阶段，发展不平衡不充分的问题仍然比较突出，教育事业发展与人民群众的期待仍有差距，教育公平与质量问题亟须解决。这些都是人民日益增长的美好生活需要和不平衡不充分的发展之间的矛盾在教育领域的现实表现。推进教育事业改革发展，需要积极回应人民关切，以满足人民日益增长的享受更公平更高质量教育的需求为目标，及时研究解决群众关心的教育热点问题。需要有效回应区域间、城乡间、群体间对教育事业发展的差异化诉求，在保证教育资源供给总量，

实现基本公共教育服务均等化的同时，不断优化教育供给结构，提供多样化的优质教育资源供给，持续提高人民群众对于教育事业发展的获得感、满足感、幸福感。

1. 研究解决好全面提高基础教育育人质量问题

基础教育在国家的国民教育体系中占有重要的基础性地位，承担着培养国家事业发展所需的合格建设者和接班人的光荣使命，事关亿万少年儿童健康成长，事关国家发展，事关民族未来。中华人民共和国自成立以来，一直把基础教育作为国家事业和教育事业的重中之重，大力推进基础教育全面普及，坚持公平优先导向，突出强调学生的全面发展，不断探索教育教学改革，取得了举世瞩目的改革发展成就，发展成为“世界历史上一国之内规模最大、地域分布最广、民族与种族最为多元、文化多样性最为丰富的教育事业”①。进入新时代，我国基础教育迈入全面提高育人质量新阶段，习近平总书记在党的十九大报告中提出，“努力让每个孩子都能享有公平而有质量的教育”，《中国教育现代化2035》提出，2035年基础教育的主要发展目标是“普及有质量的学前教育、实现优质均衡的义务教育、全面普及高中阶段教育”，与之相配套的《中共中央 国务院关于学前教育深化改革规范发展的若干意见》、《中共中央 国务院关于深化教育教学改革全面提高义务教育质量的意见》、国务院办公厅《关于新时代推进普通高中育人方式改革的指导意见》，对新时代基础教育改革发展做出了系统设计。

（1）推进学前教育普及普惠、健康优质发展。

学前教育是终身学习的开端，是国民教育体系的重要组成部

① 孙霄兵，徐玉玲．中国基础教育70年：成就与政策．课程·教材·教法，2019（2）：4-10.

分，是重要的社会公益事业。办好学前教育，实现幼有所育，是党的十九大做出的重大决策部署，是党和政府为老百姓办实事的重大民生工程。2018 年学前三年在园幼儿 4 656.42 万人，全国学前三年毛入园率达到 81.7%。我国举办着当今世界规模最大的学前教育，建立了完整的学前教育体系。同时，由于底子薄、欠账多，学前教育仍是整个教育体系的短板，普惠性资源不足、政策保障体系不完善、教师队伍建设滞后、监管体制机制不健全、保教质量有待提高、发展不平衡不充分问题仍然十分突出，“入园难”“入园贵”依然是困扰人民群众的热点难点问题。伴随学前教育的快速发展，尤其是全面二孩政策的放开，学前教育的需求呈“井喷式”增长，迫切要求扩大普惠性学前教育资源供给，完善学前教育体制机制，健全学前教育政策保障体系，完善监管体系，推进学前教育普及普惠、安全优质发展，实现“到 2035 年全面普及学前三年教育，建成覆盖城乡、布局合理的学前教育公共服务体系”的目标，满足人民群众对幼有所育的美好期盼。

扩大普惠性学前教育资源供给。要坚持学前教育改革发展的普惠性价值追求，着力构建以普惠性资源为主体的办园体系。一是优化布局结构。把普惠性幼儿园建设纳入地方城乡公共管理和公共服务设施统一规划并优先建设，重点扩大农村地区、脱贫攻坚地区、新增人口集中地区普惠性资源，完善县乡村三级学前教育公共服务网络。二是拓宽途径扩大资源供给。大力发展公办园，鼓励社会力量举办普惠性幼儿园，促进普惠性民办幼儿园的非营利转向，规范营利性民办园发展。三是健全经费投入长效机制。支持扩大普惠性资源，重点向中西部农村地区和贫困地区倾斜。健全学前教育成本分担机制，以提供普惠性服务为衡量标准，统筹制定财政补助和收费政策，合理确定公办园收费标准并建立定期动态调整机制，依法加强对民办园收费的价格监管，完善学前教育资助制度。四是研制普惠性学前教育的指导标准。加强普惠性幼儿园的质量监管。健全促进普惠性民办幼儿园发展的外部支持系统，构建统一的普惠性民办幼儿园教育质量评估标准，构建政府与普惠性民办幼儿园双向互动的评估反馈机制。

补齐学前教育师资短板。据测算，目前我国学前教育缺100万名教师、90万名保育员。教师成为学前教育发展的短板，普及有质量的学前教育，必须加强学前教育师资建设。一是提高学前教育教师的待遇和地位。认真落实公办园教师工资待遇保障政策，实施乡村公办园教师生活补助政策，合理确定营利性民办幼儿园教师的工资收入，完善幼儿园教师职称评聘标准，畅通职称评聘通道，提高高级职称比例。二是完善幼儿教师培养体系。建成以本专科为主体的幼儿园教师培养体系，扩大本专科层次培养规模及学前教育专业公费师范生招生规模，大力培养初中毕业起点的五年制专科学历的幼儿园教师，扩大有质量教师供给。创新培养模式，优化培养课程体系，突出保教融合，加强实践类课程建设。建立师范院校学前教育专业质量认证和保障体系。三是健全教师培训制度。建立幼儿园教师专业成长机制，健全培训课程标准，实行定期培训和全员轮训制度，建立国家、省、县三级培训网络。创新培训模式，支持师范院校与优质幼儿园协同建立培训基地，强化专业学习与跟岗实践相结合，切实提高教师专业水平和科学保教能力。四是严格教师队伍管理。落实教师资格准入与定期注册制度，严格执行幼儿园园长、教师专业标准，坚持公开招聘制度，全面落实幼儿园教师持证上岗，把好入口关。强化师德师风建设，通过加强师德教育、完善考评制度、加大监察监督、建立信用记录、完善诚信承诺和失信惩戒机制等措施，提高教师职业素养，培养职业情怀。

在普及普惠基础上实现健康优质发展。随着学前教育普及率的大幅提高，学前教育发展的重心转向安全优质，更加突出健康发展，关键是要持续提升幼儿园保教质量。一是全面改善办园条件。按照国家标准要求，改善幼儿园园舍条件，合理布局空间、设施，激发幼儿自主探索学习。二是注重保教结合。遵循幼儿身心发展规律，树立科学保教理念，建立良好师幼关系。探索幼儿园课程游戏化建设，鼓励支持幼儿通过亲近自然、直接感知、实际操作、亲身体验等方式学习探索，促进幼儿快乐健康成长。开展幼儿园“小学化”专项治理行动，实施幼小科学衔接行动计划，坚决克服和纠正“小学化”倾向。三是完善学前教育教研体系。健全各级学前教育教研机构，充实教研队伍，落实教研指导责任区制度，加强园本教研、区域教研，加强对薄弱园的专业引领和实践指导。四是健全质量评估监测体系。制定幼儿园保教质量评估指南，完善幼儿园质量评估标准，健全分级分类评估体系，建立专业化质量评估队伍，定期向社会公布评估结果，加强幼儿园保育教育资源监管。

（2）研究解决好义务教育优质均衡发展问题。

《中华人民共和国义务教育法》规定，义务教育是国家统一实施的所有适龄儿童、少年必须接受的教育，是国家必须予以保障的公益性事业。我国义务教育已经实现全面普及、公平均衡发展。进入新时代，义务教育展现出对良好教育生态的追求，发展目标正向优质均衡发展转变，要大力深化教育教学改革，全面提高义务教育质量，着力解决“大班额”、中小学生“减负”等群众关心的热点难点问题。

着力解决中小学择校热问题。自 20 世纪 90 年代以来，我国大中城市中择校现象逐渐显现和扩大，各级政府和教育主管部门出台了一系列政策规范治理择校问题。在政策的总体思路上，经历了从禁止择校，到“堵”“疏”结合，再到以均衡发展破解择校问题的转变过程。最初，择校及其收费问题被认为是部门和行业不正之风的表现，政策上要求学校不得搞“计划外”招生，向学生收取高额费用。从 1995 年开始，政府强调对择校生高收费问题进行综合治理，并认识到义务教育阶段乱收费和“择校生”问题，不单纯是收费行为不规范的问题，进而提出加强薄弱学校的建设，逐步缩小学校间办学水平上的差距。同时，鼓励和支持社会团体、公民个人依法开办民办学校，以满足家长的择校要求。21 世纪初，义务教育阶段学校均衡发展的呼声日高。修订的《中华人民共和国义务教育法》贯彻了教育公平与义务教育均衡发展的精神，为促进义务教育均衡发展、有效治理择校难题提供了有力的支撑，以均衡发展解决择校问题成为政府和社会的共识。只有坚持均衡发展、标准化发展、一体化发展，实现区域内义务教育均衡发展，注重优质教育的生成，扩大优质教育资源覆盖面，提供可选择的优质特色教育，使人人各得其所，各择其校，才能真正让人民满意。2014 年，《国务院关于深化考试招生制度改革的实施意见》提出，完善中小学招生办法破解择校难题；推进九年义务教育均衡发展，完善义务教育免试就近入学的具体办法，试行学区制和九年一贯对口招生；改进高中阶段学校考试招生方式；实行优质普通高中和优质中等职业学校招生名额合理分配到区域内初中的办法；进一步落实和完善进城务工人员随迁子女就学和升学考试。

消除城镇义务教育学校“大班额”问题。随着我国城镇化的深入推进，户籍制度改革、二孩开放、子女教学升学政策不断完善，广大家长对优质教育资源的需求与教育供给之间的矛盾日益突出，使得城镇义务教育资源的承载力也越来越大，城区学校出现超出额定人数的大班级现象。“大班额”现象导致一系列的问题，如阻碍义务教育的公平发展、不利于教育教学的管理、影响教育质量的提高等。加快公共教育均衡发展，消除城镇学校“大班额”现象，成为加快我国教育现代化的重要任务。一是合理配置教育资源，统筹城乡教育公平。例如：师资公平，配齐农村各学科教师（包括艺术类学科教师），提高农村地区教师待遇，稳定农村教师队伍；设施公平，改造、新建农村地区薄弱学校，完善校舍图书资料、信息技术、多媒体、学生饮食等软硬件设备，缩小与城镇学校差距；在“互联网＋教育”时代实现信息资源共享，城际、乡际、校际教育资源共享，让农村学校及学生享受到优质资源，努力让每个孩子都能享有公平而有质量的教育。二是调整城镇学校区域分布结构，完善学校建设。制定完善农村学校布局规划和乡村小规模学校、乡镇寄宿制学校办学标准，设好镇小、镇中、村小、村中学校布局，为避免不必要的资源闲置与浪费，对生源极少的农村学校进行整合优化，以中心学校为主体、为基础，周边学校为补充；加大经费投入，进行城区新校区建设，扩大城区学校容纳力；为扩充教育资金来源，适应市场经济发展，应积极鼓励和支持民办学校参与教育事业发展，这样既实现了义务教育均衡发展，又满足了社会对教育的不同需求。三是强化义务教育学校监督管理机制，落实“大班额”瘦身计划。将“大班额”实际情况纳入当地政府和学校目标考核中，督促各地、各校抓紧落实；义务教育学校应当坚决遵守教育法律法规，规范招生制度，坚持就近面试入学原则，不随意招收插班生、择校生、“人情生”，严格执行入学、转校制度，划片招生；当地教育行政主管部门应成立督查小组，对学校班额情况进行专项监查，防止学校为利益驱使随意增加班额。

切实减轻中小学生课业负担。中小学生减负是一个备受关注的话题，有着深刻的社会文化背景，既是基础教育领域的“老大难”问题，也是一个社会问题。人力资本竞争与博弈、用人制度缺陷、社会评价误导是产生学业负担过重的社会历史根源；传统人才观、功利主义教育价值取向是产生学业负担过重的思想基础；教育质量低是产生学生学业负担过重的教育内部原因。这正是改革开放40多年来高考制度不断改革而依然无法改变现状的根本症结所在。伴随着教育改革的系统深入，人们对于解决减负问题有了更多期待。减轻中小学生繁重的课业负担，已成为回应人民群众关切的切入点，办好人民满意教育的突破口，以及全面深化基础教育体制机制改革的重点任务。减轻中小学生课业负担是一项系统工程，必须统筹学校、社会和家庭教育。一是引导社会和家长切实转变减负观念。要让社会和家长调整对“减负”的目标期待，认识到真正的减负是要减去强化应试、机械刷题、超前超标培训等造成的不必要、不合理的负担，让学生的负担保持在适度范围之内，鼓励学生履行应尽的学习义务，完成国家课程方案和课程标准规定的学习内容，养成刻苦学习的品质；应按照学生全面发展的要求科学减负，同时补足德育、体育、美育和劳动实践等短板，优化学生课业负担；要坚持因材施教，提供选修课程、弹性作业和帮扶辅导，积极拓展学生的学习空间，保障学生达到国家规定的学业质量标准。二是规范校外培训机构发展。2018年2月，教育部办公厅等四部门《关于切实减轻中小学生课外负担开展校外培训机构专项治理行动的通知》启动治理校外培训机构、清理杯赛、规范校外线上培训机构、全面提升义务教育质量，解决学生减负问题。2018年8月，国务院办公厅《关于规范校外培训机构发展的意见》发布，标志着校外培训机构管理的有关制度体系基本建立。针对“线下减负线上增负”等新现象，2019 年 7 月，教育部等六部门《关于规范校外线上培训的实施意见》发布，探索“互联网+监管”机制，提出实施备案审查制度，全面推行黑白名单制度，促使校外教育培训回归育人的正常轨道。三是系统推进“减负”工作。2018 年底，教育部等九部门联合印发《中小学生减负措施》，第一次全面系统推进中小学生减负工作，明确了学校、校外培训机构、家庭和政府各方的责任。学校要发挥主体作用，强化课堂的主阵地作用，通过深化教育教学改革提质增效，精准分析学情，建立中小学课后服务制度，注重差异化教学和个别化指导，让学生在学校和课堂上就能够弄懂学好，解决好学生学习上“吃不饱”、“消化不了”、需求多样等问题。家长需要转变“拼娃”观念，树立科学的育儿观念，理性帮助孩子设定人生目标。政府和教育行政部门要扭转“唯分数”倾向，真正改变“一考定终身”局面，从根本上改革评价体系，通过提高质量、优化课程、科学评价等举措综合施策，提升智育水平，深化中高考命题改革和招生入学改革，取消初中学业水平考试大纲，将实验操作纳入初中学业水平考试，加强对课程、教学、作业和考试评价等重要环节的研究，将对教育教学改革起到重要的引导作用。

（3）转变普通高中育人方式。

普通高中教育是国民教育体系的重要组成部分，在人才培养中起着承上启下的关键作用。办好普通高中教育，对于巩固义务教育普及成果、增强高等教育发展后劲、进一步提高国民整体素质具有重要意义。针对普通高中存在的素质教育实施不全面、片面应试教育倾向严重、唯分数唯升学率评价教育质量等突出问题，国务院办公厅《关于新时代推进普通高中育人方式改革的指导意见》明确，推进普通高中育人方式改革在体系上要坚持立德树人根本任务，处理好“五育”的相对独立性与整体性的关系，在具体目标上要处理好综合素质、学生发展核心素养与学科核心素养之间的关系，在教学组织上要处理好选课走班与加强集体主义教育之间的关系。

构建全面培养体系。一是突出德育时代性。坚持把立德树人融入思想道德教育、文化知识教育、社会实践教育各环节，厚植爱党爱国爱人民思想情怀，立志听党话、跟党走，树立远大志向。二是强化综合素质培养。改进科学文化教育，培养学生创新思维和实践能力，提升人文素养和科学素养；强化体育锻炼，修订学生体质健康标准及评价办法，丰富运动项目和校园体育活动，培养体育兴趣、运动习惯、体育技能；加强美育工作，培养学生艺术感知、创意表达、审美能力和文化理解素养；重视劳动教育，制定劳动教育指导纲要，统筹开展好生产性、服务性和创造性劳动，使学生养成劳动习惯、掌握劳动本领、树立热爱劳动的品质。三是拓宽综合实践渠道。健全社会教育资源有效开发配置的政策体系，因地制宜打造学生社会实践大课堂，建设一批稳定的学生社会实践基地，充分发挥教育资源的重要育人作用，定期组织学生深入社会开展志愿服务和体验活动。三是完善综合素质评价。完善综合素质评价实施办法，强化对学生爱国情怀、遵纪守法、创新思维、体质达标、审美能力、劳动实践等方面的评价，建立学生综合素质评价信息管理系统，建立健全信息确认、公示投诉、申诉复议、记录审核等监督保障与诚信责任追究制度，客观真实、简捷有效地记录学生突出的表现。

优化课程实施。一是全面实施新课程新教材。结合推进高考综合改革，全面实施普通高中新课程，使用新教材，组织开展国家级示范性培训、校长教师全员培训和中西部贫困地区专项培训，遴选一批新课程培训基地学校和新课程新教材实施示范区示范校，发挥引领带动作用。二是完善学校课程管理。开齐开足体育与健康、艺术、综合实践活动和理化生实验等课程，加强学校特色课程建设，鼓励普通高中与中等职业学校课程互选、学分互认、资源互通，促进普职融通。严格学分认定管理，加强课程实施监管。

创新教学组织管理。一是有序推进选课走班。依据学科人才培养规律、高校招生专业选考科目要求和学生兴趣特长，因地制宜、有序实施选课走班，满足学生不同发展需要。构建规范有序、科学高效的选课走班运行机制。二是深化课堂教学改革。培养学生学习能力，促进学生系统掌握各学科基础知识、基本技能、基本方法，培养适应终身发展和社会发展需要的正确价值观念、必备品格和关键能力。积极探索基于情境、问题导向的互动式、启发式、探究式、体验式等课堂教学，注重加强课题研究、项目设计、研究性学习等跨学科综合性教学，认真开展验证性实验和探究性实验教学，适当增加探究性、实践性、综合性作业。三是优化教学管理。完善普通高中教学管理规范，强化教学常规管理，严格执行教学计划，严禁超课标教学、抢赶教学进度和提前结束课程，严禁组织有偿补课，切实减轻学生过重课业负担。减少高中统考统测和日常考试，加强考试数据分析，认真做好反馈，引导改进教学。

加强学生发展指导。一是注重指导实效。加强对学生理想、心理、学习、生活、生涯规划等方面的指导，帮助学生树立正确理想信念、正确认识自我，提高选修课程、选考科目、报考专业和未来发展方向的自主选择能力。二是健全指导机制。建立学生发展指导制度，通过学科教学渗透、开设指导课程、举办专题讲座、开展职业体验等方式对学生进行指导。注重利用高校、科研机构、企业等各种社会资源，构建学校、家庭、社会协同指导机制。

2. 研究解决好职业教育高质量服务经济社会发展问题

职业教育肩负着培养多样化人才、传承技术技能、促进就业的重要职责，承担着努力培养数以亿计的高素质劳动者和技术技能人才的历史重任，被视为深化教育领域综合改革的战略突破口和转方式调结构惠民生的战略支点。改革开放以来，职业教育为我国经济社会发展提供了有力的人才和智力支撑，现代职业教育体系框架全面建成，服务经济社会发展能力和社会吸引力不断增强，具备了基本实现现代化的诸多有利条件和良好工作基础。随着我国进入新的发展阶段，产业升级和经济结构调整不断加快，各行各业对技术技能人才的需求越来越紧迫，职业教育的重要地位和作用越来越凸显。但是，与发达国家相比，与建设现代化经济体系、建设教育强国的要求相比，我国职业教育还存在着体系建设不够完善、职业技能实训基地建设有待加强、制度标准不够健全、企业参与办学的动力不足、有利于技术技能人才成长的配套政策尚待完善、办学和人才培养质量水平参差不齐、区域发展不平衡等问题，职业教育不被人们普遍接受，甚至出现了宁愿辍学也不读职业学校的现象，折射出的当前职业教育面临的短板不容忽视。

2014 年，全国职业教育工作会议在北京召开，习近平总书记做出重要批示：“职业教育是国民教育体系和人力资源开发的重要组成部分，是广大青年打开通往成功成才大门的重要途径，肩负着培养多样化人才、传承技术技能、促进就业创业的重要职责，必须高度重视、加快发展。”[①] 2014 年，《国务院关于加快发展现代职业教育的决定》，提出建立产教深度融合、中职高职衔接、职业教育与普通教育相互沟通的现代职业教育体系。同时，建立高职生均拨款制度，与本科享受同等待遇。没有职业教育现代化就没有教育现代化。2019 年 1 月 24 日，国务院印发《国家职业教育改革实施方案》，提出把职业教育摆在教育改革创新和经济社会发展中更加突出的位置，着力培养高素质劳动者和技术技能人才，大幅提升新时代职业教育现代化水平，为促进经济社会发展和提高国家竞争力提供优质人才资源支撑。质量是职业教育的生命线。发展新时代的现代职业教育，要针对职业教育改革发展中的突出问题，着力补齐教学实施、师资队伍等短板，促进职业教育内涵发展，办出特色和水平。

（1）完善国家职业教育制度体系。

健全国家职业教育制度框架。将标准化建设作为统领职业教育发展的突破口，完善职业教育体系。建立健全学校设置、师资队伍、教学教材、信息化建设、安全设施等办学标准，引领职业教育服务发展、促进就业创业。健全德技并修、工学结合的育人机制，深化产教融合、校企合作，育训结合，健全多元化办学格局，推动企业深度参与协同育人。推进资历框架建设，探索实现学历证书和职业技能等级证书互通衔接。

提高中等职业教育发展水平。把发展中等职业教育作为普及高中阶段教育和建设中国特色职业教育体系的重要基础，保持高中阶段教育职普比大体相当。加大对民族地区、贫困地区和残疾人职业教育的政策、金融支持力度，落实职业教育东西协作行动

① 中共中央文献研究室．习近平关于社会主义社会建设论述摘编．北京：中央文献出版社，2017：48.

计划。积极招收初高中毕业未升学学生、退役军人、退役运动员、下岗职工、返乡农民工等接受中等职业教育。服务乡村振兴战略，为广大农村培养以新型职业农民为主体的农村实用人才。鼓励中等职业学校联合中小学开展劳动和职业启蒙教育，将动手实践内容纳入中小学相关课程和学生综合素质评价。

推进高等职业教育高质量发展。把发展高等职业教育作为优化高等教育结构和培养大国工匠、能工巧匠的重要方式，培养服务区域发展的高素质技术技能人才。建立“职教高考”制度，完善“文化素质＋职业技能”的考试招生办法，提高生源质量。在学前教育、护理、养老服务、健康服务、现代服务业等领域，扩大对初中毕业生实行中高职贯通培养的计划。实施中国特色高水平高等职业学校和专业建设计划，建设一批引领改革、支撑发展、中国特色、世界水平的高等职业学校和骨干专业（群）。

完善高层次应用型人才培养体系。完善学历教育与培训并重的现代职业教育体系，畅通技术技能人才成长渠道。发展以职业需求为导向、以实践能力培养为重点、以产学研用结合为途径的专业学位研究生培养模式，开展本科层次职业教育试点，探索长学制培养高端技术技能人才。服务军民融合发展，把与军队相关的职业教育纳入国家职业教育大体系，推动优质职业教育资源向军事人才培养开放，建立军地网络教育资源共享机制，支持适合的退役军人进入职业院校和普通本科高校接受教育和培训，推动退役、培训、就业有机衔接。

（2）构建职业教育国家标准。

完善教育教学标准。发挥标准在职业教育质量提升中的基础性作用。按照专业设置与产业需求对接、课程内容与职业标准对接、教学过程与生产过程对接的要求，完善中等、高等职业学校设置标准，规范职业院校设置；实施教师和校长专业标准，推进专业目录、专业教学标准、课程标准、顶岗实习标准、实训条件建设标准（仪器设备配备规范）建设。巩固和发展国务院教育行政部门联合行业制定国家教学标准、职业院校依据标准自主制定人才培养方案的工作格局。

实施1+X证书制度。深化复合型技术技能人才培养培训模式改革，启动1+X证书制度试点工作，鼓励职业院校学生在获得学历证书的同时，积极取得多类职业技能等级证书，拓展就业创业本领，缓解结构性就业矛盾。严把职业技能等级证书质量关，各类职业技能等级证书具有同等效力，持有证书人员享受同等待遇。

开展高质量职业培训。落实职业院校实施学历教育与培训并举的法定职责，面向在校学生和全体社会成员开展职业培训。围绕现代农业、先进制造业、现代服务业、战略性新兴产业，推动职业院校在技术技能人才紧缺领域大力开展职业培训。引导行业企业深度参与技术技能人才培养培训，促进职业院校加强专业建设、深化课程改革、增强实训内容、提高师资水平，全面提升教育教学质量。畅通技术技能人才职业发展通道，鼓励其持续获得适应经济社会发展需要的职业培训证书，引导和支持企业等用人单位落实相关待遇。

实现学习成果的认定、积累和转换。制定符合国情的国家资历框架。加大职业教育贯通培养，推进国家学分银行建设，探索建立职业教育个人学习账号，促进学习成果积累转化，为技能人才终身学习、持续成长拓宽通道。

（3）促进产教融合、校企“双元”育人。

坚持知行合一、工学结合。借鉴“双元制”等模式，总结现代学徒制和企业新型学徒制试点经验，校企共同研究制订人才培养方案，及时将新技术、新工艺、新规范纳入教学标准和教学内容，强化学生实习实训。紧贴市场、紧贴产业、紧贴职业设置专业，健全专业设置定期评估机制。健全专业教学资源库，建立共建共享平台的资源认证标准和交易机制。加强职业教育在线精品课程、校企“双元”合作开发的国家规划教材建设，随信息技术发展和产业升级情况及时动态更新专业教材。适应“互联网＋职业教育”发展需求，推进虚拟工厂等网络学习空间建设和普遍应用。完善教材选用制度和教学用书目录，增加实训实操教学，完善符合职业教育特点的考核评价机制。

推动校企全面加强深度合作。职业院校应当根据自身特点和人才培养需要，主动与具备条件的企业在人才培养、技术创新、就业创业、社会服务、文化传承等方面开展合作。学校积极为企业提供所需的课程、师资等资源，企业应当依法履行实施职业教育的义务，利用资本、技术、知识、设施、设备和管理等要素参与校企合作，促进人力资源开发。建立产教融合型企业认证制度，对进入目录的产教融合型企业给予“金融＋财政＋土地＋信用”的组合式激励，并按规定落实相关税收政策。厚植企业承担职业教育责任的社会环境，推动职业院校和行业企业形成命运共同体。

打造高水平实训基地。建设一批资源共享，集实践教学、社会培训、企业真实生产和社会技术服务于一体的高水平职业教育实训基地。面向先进制造业等技术技能人才紧缺领域，建设具有辐射引领作用的高水平专业化产教融合实训基地；鼓励职业院校建设或校企共建一批校内实训基地，提升重点专业建设和校企合作育人水平。探索创新实训基地运营模式，推动开放共享，为社会公众、职业院校在校生取得职业技能等级证书和企业提升人力资源水平提供有力支撑。

打造“双师型”教师队伍。完善职业院校、应用型本科高校专业教师资格准入、任用管理等制度，注重从企业选聘教师，推动企业工程技术人员、高技能人才和职业院校教师双向流动，优化教师队伍能力结构。加强职业技术师范院校建设，培养优秀职教师资。实施职业院校教师素质提高计划，建立“双师型”教师培养培训基地，落实教师在企业或实训基地实训、轮训制度，选派职业院校专业骨干教师赴国外研修访学。组建高水平、结构化教师教学创新团队，教师分工协作进行模块化教学。

（4）构建多元办学格局。

推动企业和社会力量举办高质量职业教育。政府部门加快推进职能转变，由注重“办”职业教育向“管理与服务”过渡。发挥企业重要办学主体作用，鼓励支持有条件的企业特别是大企业举办高质量职业教育。完善企业经营管理和技术人员与学校领导、骨干教师相互兼职兼薪制度。支持和规范社会力量兴办职业教育培训，鼓励发展股份制、混合所有制等职业院校和各类职业培训机构。建立公开透明规范的民办职业教育准入、审批制度，探索民办职业教育负面清单制度，建立健全退出机制。

做优职业教育培训评价组织。职业院校和应用型本科高校按照国家教学标准和规定职责完成教学任务和职业技能人才培养。调动社会力量助力校园办学，以社会化机制公开招募并择优遴选培训评价组织，依据国家有关法规和职业标准、教学标准完成职业技能培训。

（5）完善技术技能人才保障政策。

提高技术技能人才待遇水平。《国家职业教育改革实施方案》指出：“职业教育与普通教育是两种不同教育类型，具有同等重要地位。”打通职业教育体系纵向和横向的上升通道，支持技术技能人才凭技能提升待遇，鼓励企业职务职级晋升和工资分配向关键岗位、生产一线岗位和紧缺急需的高层次、高技能人才倾斜。建立国家技术技能大师库和大师工作室。积极推动职业院校毕业生在落户、就业、参加机关事业单位招聘、职称评审、职级晋升等方面与普通高校毕业生享受同等待遇。逐步提高技术技能人才特别是技术工人收入水平和地位，建立与办学规模、培养成本、办学质量等相适应的财政投入制度，推动形成人人皆可成才、人人尽展其才的良好环境。

3. 研究解决好高等教育内涵发展问题

伴随高等教育大众化进程，高校的发展面临着诸多新的问题与挑战，推动高校内涵发展成为社会普遍关心的问题。要落实党委领导下的校长负责制，着眼于教好学好管好推进改革，探索形成符合学校特点的管理制度，改善和优化高校教学质量评价，促进高等学校科学定位、差异化发展，全面提高高等教育质量，让更多的人共享高等教育改革成果。

（1）统筹推进世界一流大学和一流学科建设。

建设世界一流大学和一流学科，是党中央、国务院做出的重大战略决策，对于提升我国教育发展水平、增强国家核心竞争力、奠定长远发展基础，具有十分重要的意义。2015 年 10 月 24 日，国务院印发《统筹推进世界一流大学和一流学科建设总体方案》，明确提出坚持以中国特色、世界一流为核心，以立德树人为根本，以支撑创新驱动发展战略、服务经济社会发展为导向，加快建成一批世界一流大学和一流学科，提升我国高等教育综合实力和国际竞争力。到 2020 年，若干所大学和一批学科进入世界一流行列，若干学科进入世界一流学科前列；到 2030 年，更多的大学和学科进入世界一流行列，若干所大学进入世界一流大学前列，一批学科进入世界一流学科前列，高等教育整体实力显著提升；到21世纪中叶，一流大学和一流学科的数量和实力进入世界前列，基本建成高等教育强国。

建设一流师资队伍。深入实施人才强校战略，强化高层次人才的支撑引领作用，加快培养和引进一批活跃在国际学术前沿、满足国家重大战略需求的一流科学家、学科领军人物和创新团队，聚集世界优秀人才。遵循教师成长发展规律，以中青年教师和创新团队为重点，优化中青年教师成长发展、脱颖而出的制度环境，培育跨学科、跨领域的创新团队，增强人才队伍可持续发展能力。加强师德师风建设，培养和造就一支有理想信念、有道德情操、有扎实学识、有仁爱之心的优秀教师队伍。

培养拔尖创新人才。坚持立德树人，突出人才培养的核心地位，着力培养具有历史使命感和社会责任心，富有创新精神和实践能力的各类创新型、应用型、复合型优秀人才。加强创新创业教育，大力推进个性化培养，全面提升学生的综合素质、国际视野、科学精神和创业意识、创造能力。合理提高高校毕业生创业比例，引导高校毕业生积极投身“大众创业、万众创新”。完善质量保障体系，将学生成长成才作为出发点和落脚点，建立导向正确、科学有效、简明清晰的评价体系，激励学生刻苦学习、健康成长。

提升科学研究水平。以国家重大需求为导向，提升高水平科学研究能力，为经济社会发展和国家战略实施做出重要贡献。坚持有所为有所不为，加强学科布局的顶层设计和战略规划，重点建设一批国内领先、国际一流的优势学科和领域。提高基础研究水平，争做国际学术前沿并行者乃至领跑者。推动加强战略性、全局性、前瞻性问题研究，着力提升解决重大问题能力和原始创新能力。大力推进科研组织模式创新，依托重点研究基地，围绕重大科研项目，健全科研机制，开展协同创新，优化资源配置，提高科技创新能力。打造一批具有中国特色和世界影响的新型高校智库，提高服务国家决策的能力。建立健全具有中国特色、中国风格、中国气派的哲学社会科学学术评价和学术标准体系。营造浓厚的学术氛围和宽松的创新环境，保护创新、宽容失败，大力激发创新活力。

传承创新优秀文化。加强大学文化建设，增强文化自觉和制度自信，形成推动社会进步、引领文明进程、各具特色的一流大学精神和大学文化。坚持用价值观引领知识教育，把社会主义核心价值观融入教育教学全过程，引导教师潜心教书育人、静心治学，引导广大青年学生勤学、修德、明辨、笃实，使社会主义核心价值观成为基本遵循，形成优良的校风、教风、学风。加强对中华优秀传统文化和社会主义核心价值观的研究、宣传，认真汲取中华优秀传统文化的思想精华，做到扬弃继承、转化创新，并充分发挥其教化育人作用，推动社会主义先进文化建设。

着力推进成果转化。深化产教融合，将一流大学和一流学科建设与推动经济社会发展紧密结合，着力提高高校对产业转型升级的贡献率，努力成为催化产业技术变革、加速创新驱动的策源地。促进高校学科、人才、科研与产业互动，打通基础研究、应用开发、成果转移与产业化链条，推动健全市场导向、社会资本参与、多要素深度融合的成果应用转化机制。强化科技与经济、创新项目与现实生产力、创新成果与产业对接，推动重大科学创新、关键技术突破转变为先进生产力，增强高校创新资源对经济社会发展的驱动力。

实现关键环节突破。加快推进人才培养模式改革，推进科教协同育人，完善高水平科研支撑拔尖创新人才培养机制。加快推进人事制度改革，积极完善岗位设置、分类管理、考核评价、绩效工资分配、合理流动等制度，加大对领军人才倾斜支持力度。加快推进科研体制机制改革，在科研运行保障、经费筹措使用、绩效评价、成果转化、收益处置等方面大胆尝试。加快建立资源募集机制，在争取社会资源、扩大办学力量、拓展资金渠道方面取得实质进展。

（2）加快建设高水平本科教育。

严格教育教学管理。一是把思想政治教育贯穿人才培养全过程。坚持把立德树人成效作为检验高校一切工作的根本标准，用习近平新时代中国特色社会主义思想铸魂育人，构建高校思想政治工作体系，形成“三全育人”工作格局。二是激励学生刻苦学习。切实加强学风建设，教育引导学生爱国、励志、求真、力行。提升学业挑战度，强化人才培养方案、教学过程和教学考核等方面的质量要求。合理增加学生阅读量和体育锻炼时间，积极组织学生参加社会调查、生产劳动、志愿服务、公益活动、科技发明和勤工助学等实践活动。三是全面提高课程建设质量。加强课程体系整体设计，实施国家级和省级一流课程建设“双万计划”，积极发展“互联网+教育”，探索智能教育新形态，推动课堂教学革命。严格课堂教学管理，严守教学纪律，确保课程教学质量。四是推动高水平教材编写使用。做好马克思主义理论研究和建设工程重点教材统一使用工作，推动教材体系向教学体系转化。支持高水平专家学者编写既符合国家需要又体现个人学术专长的高水平教材，充分发挥教材育人功能。五是改进实习运行机制。健全大学生实习法律制度，完善各类用人单位接收大学生实习的制度保障。优化实习过程管理，强化实习导师职责，支持建设一批共享型实习基地。强化实践育人，深化产教融合、校企合作，建成一批对区域和产业发展具有较强支撑作用的高水平应用型高等学校。六是深化创新创业教育改革。挖掘和充实创新创业教育资源，强化创新创业协同育人，建好创新创业示范高校和万名优秀创新创业导师人才库，推进国家级大学生创新创业训练计划。七是推动科研反哺教学。强化科研育人功能，高校应及时把最新科研成果转化为教学内容，激发学生专业学习兴趣。加强对学生科研活动的指导，加大科研实践平台建设力度，推动国家级、省部级科研基地更大范围开放共享。统筹规范科技竞赛和竞赛证书管理，以赛促教、以赛促学。八是加强学生管理和服务。积极推动高校建立书院制学生管理模式，开展“一站式”学生社区综合管理模式建设试点工作，配齐配强学业导师、心理辅导教师、校医等，建设师生交流活动专门场所。九是严把考试和毕业出口关。完善过程性考核与结果性考核有机结合的学业考评制度，加强考试管理，加强学生体育课程考核，科学合理制定本科毕业设计（论文）要求，严格学士学位标准和授权管理，严把学位授予关。

深化教育教学制度改革。一是完善学分制。支持高校进一步完善学分制，扩大学生学习自主权、选择权。建立健全本科生学业导师制度，为学生制定个性化培养方案、做好学业生涯规划。推进模块化课程建设与管理，丰富优质课程资源，支持高校建立与学分制改革和弹性学习相适应的管理制度，加强校际学分互认与转化实践。完善学分标准体系，建立学业预警、淘汰机制。支持高校按照一定比例对特别优秀的学士学位获得者予以表彰。二是深化高校专业供给侧改革。构建自主性、灵活性与规范性、稳定性相统一的专业设置管理体系。完善人才需求预测预警机制，推动本科高校形成招生计划、人才培养和就业联动机制，建立健全高校本科专业动态调整机制。以新工科、新医科、新农科、新文科建设引领带动高校专业结构调整优化和内涵提升。深入实施“六卓越一拔尖”计划2.0，全面实施一流本科专业建设“双万计划”，完善本科专业类国家标准，推动质量标准提档升级。三是推进辅修专业制度改革。促进复合型人才培养，推行辅修专业制度。确定辅修课程体系、学分标准和学士学位授予标准。建立健全与主辅修制度相适应的人才培养与资源配置、管理制度联动机制。四是支持符合条件的高校创新人才培养模式，开展双学士学位人才培养项目，为学生提供跨学科学习、多样化发展机会。推进双学士培养项目与现有教学资源的共享，实现学科交叉基础上的差异化、特色化人才培养。五是稳妥推进跨校联合人才培养。支持高校实施联合学士学位培养项目，发挥不同特色高校优势，协同提升人才培养质量。六是全面推进质量文化建设。完善专业认证制度，有序开展保合格、上水平、追卓越的本科专业三级认证工作。完善高校内部教学质量评价体系，建立以本科教学质量报告、学院本科教学评价、专业评价、课程评价、教师评价、学生评价为主体的全链条多维度高校教学质量评价与保障体系。把评估、认证等结果作为教育行政部门和高校政策制定、资源配置、改进教学管理等方面的重要决策参考。要构建自觉、自省、自律、自查、自纠的大学质量文化，将质量意识、质量标准、质量评价、质量管理等落实到教育教学各环节，内化为师生的共同价值追求和自觉行动。加快形成以学校为主体，以教育部门为主导，行业部门、学术组织和社会机构共同参与的中国特色、世界水平的质量保障制度体系。

（3）优化高等教育结构。

我国传统的高等教育结构受国家产业布局、区域经济布局和区域文化优势的影响，存在区域发展不均衡、地区差距较大、“两级管理、两级办学”体制不能完全适应经济社会发展的需要等突出问题。《中国教育现代化 2035》提出要分类建设一批世界一流高等学校，建立完善的高等学校分类发展政策体系，引导高等学校科学定位、特色发展。面对建设教育强国的总体部署和战略设计的要求，必须对高等教育结构进行重新思考。一是紧密结合区域发展和人口数量布局高等学校。按照区域发展总体要求，统筹和优化高等教育资源配置，全方位、宽领域、多渠道加强区域间的交流合作，形成合理的人才培养结构体系，发展与地方经济社会相适应的新兴专业。二是加强高校分类建设与管理。根据不同类型和层次高校的办学特点和对资源的需求情况，实行差异化的资源分配管理，采取不同的评估体系和评价标准，积极推动一批地方本科高校向应用型高校转型发展。三是对接产业转型升级，优化高等教育学科专业结构。重点面向现代农业、先进制造业、现代服务业、战略性新兴产业，科学合理设置高等学校专业，推动新兴学科专业特别是交叉性、复合性学科专业集群的发展，推动战略性新兴产业等急需的新专业、学科集群建设。四是加大高层次人才的培养力度。建立以基础科学研究和国家科学研究重大项目为引领的“双引擎”机制，构建高等院校与国家级研究中心、国家级智库协作培养高层次人才体系和机制，加大复合型、应用型和技能型人才培养比重。五是加强对中西部高等教育的支持力度。统筹推进中西部高校综合实力提升工程、中西部高校基础能力建设工程、对口支援西部高校计划、省部共建等工作，大力推进部省合建工作，引导和支持中西部高校增强“造血”功能。

4. 研究解决好全民终身学习问题

随着现代信息技术的快速发展，人类社会生产方式发生了系统性变革，社会对人类知识和技能更新的要求在不断加快，人们对终身学习的需求呈爆发式增长。过去以知识传授和为职业做准备的传统教育已经无法适应这个高度信息化、智能化、个性化的新时代；学习已经超越学校场域空间的限制，转变为人人学习、时时学习、终身学习的社会活动。建设学习型社会与终身教育体系已成为新时代教育改革的重要战略目标。党的十八大正式提出"完善终身教育体系，建设学习型社会"。习近平总书记强调："努力发展全民教育、终身教育，建设学习型社会，努力让每个孩子享有受教育的机会，努力让近 13 亿人民享有更好更公平的教育，获得发展自身、奉献社会、造福人民的能力。"[①] 2019 年 2 月，中共中央、国务院印发《中国教育现代化 2035》，明确提出"更加注重面向人人，更加注重终身学习"，"建成服务全民终身学习的现代教育体系"。

（1）建立全民终身学习的制度环境。

健全学习机制是构建服务全民终身学习的教育体系的保障。服务全民终身学习教育体系，不仅囊括人生各个阶段的教育，而且涵盖不同横切面上不同形式及类别的教育，时间长，跨度大，范围广，牵涉部门多。这不仅需要顶层设计的支撑，明确目标要求，完善组织、考核、监督等相关政策，还需要地方相关部门根据各地发展实际，加强各类资源的统筹，建立国家资历框架，构建党委领导、政府统筹、教育部门主管、相关部门配合、相关团体支持、社区主动融入、市场有效介入、群众广

① 习近平主席在联合国"教育第一"全球倡议行动一周年纪念活动上发表视频贺词. 人民日报，2013-09-27 (3).

泛参与的终身学习教育协同发展机制，建立跨部门跨行业的工作机制和专业化支持体系，形成全民积极向学、随时随地可学的制度环境，推进全民终身学习，建设学习大国，大力提高国民素质。

（2）构建服务全民的终身学习体系。

服务全民终身学习的教育体系是国家基本公共服务制度体系的重要组成部分，构建这一体系是让改革发展成果更多惠及全体人民的题中应有之义，对满足人民日益增长的美好生活需要具有重要意义。建立终身学习体系，必须坚持以学习者为中心，要拓宽社会成员终身学习通道，搭建沟通各级各类教育、衔接多种学习成果的终身学习立交桥，实现多种学习渠道、学习方式、学习过程的相互衔接。在正规教育、非正规教育、非正式学习领域创新服务业态，平衡政府和市场资源配置机制，构建更加开放畅通的人才成长通道，完善招生入学、弹性学习及继续教育制度，建立健全国家学分银行制度和学习成果认证制度，畅通转换渠道，为学习者提供方便、灵活、个性化的学习条件，提供多次选择机会，满足个人多样化学习的发展需要，形成多样化教育与学习服务有序健康发展格局。

（3）更加注重共建共享。

坚持政府主导、全社会多元参与，坚持人人尽责、人人享有，多渠道扩大教育供给，构建全社会共同参与建设、共同参与治理、共同分享成果的教育发展新格局。强化职业学校和高等学校的继续教育与社会培训服务功能，开展多类型多形式的职工继续教育。扩大社区教育资源供给，加快发展城乡社区老年教育，推动各类学习型组织建设。灵活运用新技术是构建服务全民终身学习的教育体系的推动力。以“互联网＋”推动构建服务全民终身学习的教育体系是实现教育信息化的必然要求。要充分发挥高等院校、职业院校、科研院所、各级党校、各类教育基地的资源供给优势，将其有效转化为网络教育优质资源。要搭建以学习者为导向的资源共享平台，建立覆盖各类人群、方式灵活的终身学习服务体系；建立网络化、立体化的全民终身学习的教育平台，缩减地域和城乡之间的教育资源配置差异。

5. 研究解决好教师队伍建设这个关键问题

百年大计，教育为本；教育大计，教师为本。教师承载着传播知识、传播思想、传播真理的历史使命，肩负着塑造灵魂、塑造生命、塑造人的时代重任，是教育发展的第一资源，是国家富强、民族振兴、人民幸福的重要基石。习近平总书记深刻指出，教师是“立教之本、兴教之源”，教师是人类灵魂的工程师，是人类文明的传承者，承载着传播知识、传播思想、传播真理，塑造灵魂、塑造生命、塑造新人的时代重任，要求各级党委和政府从战略高度来认识教师工作的极端重要性，提出“把加强教师队伍建设作为基础工作”，倡导“全社会广泛了解教师工作的重要性和特殊性，让尊师重教蔚然成风”，要“改善教师待遇，关心教师健康，维护教师权益”①，提高教师地位。

当今世界正处在大发展大变革大调整之中，新一轮科技和工业革命正在孕育，新的增长动能不断积聚。全面建设社会主义现代化国家的新征程迫切要求推进教育现代化，人民对公平而有质量的教育的向往更加迫切。面对新方位、新征程、新使命，我国教师队伍建设还不能完全适应。有的地方对教育和教师工作重视不够，在教育事业发展中重硬件轻软件、重外延轻内涵的现象还

① 习近平．做党和人民满意的好老师：同北京师范大学师生代表座谈时的讲话．人民日报，2014-09-10（1）．

比较突出；师范教育体系有所削弱，对师范院校支持不够；有的教师素质能力难以适应新时代人才培养需要，思想政治素质和师德水平需要提升，专业化水平需要提高；教师特别是中小学教师职业吸引力不足，地位待遇有待提高；教师城乡结构、学科结构分布不尽合理，准入、招聘、交流、退出等机制还不够完善，管理体制机制亟须理顺。时代越是向前，知识和人才的重要性就愈发突出，教育和教师的地位和作用就愈发凸显。我们要从战略和全局高度充分认识教师工作的极端重要性，把全面加强教师队伍建设作为一项重大政治任务和根本性民生工程，建设一支政治素质过硬、业务能力精湛、育人水平高超的高素质教师队伍。

（1）健全师德师风建设长效机制。

我国 1 600 多万名教师躬耕于各级各类学校和幼儿园，支撑起世界上最庞大最复杂的教育体系，培养了一大批社会主义建设者和接班人。绝大多数教师能够敬重学问、恪守职责、教书育人、严于律己、为人师表，但也有极少数教师理想信念模糊，育人意识淡薄，对“学高为师，身正为范”理念认识不深刻，对教师职业认识不正确，对何谓教师、为何要为人师表、如何教书育人等问题的认识存在偏差，甚至违背师德要求，伤害儿童青少年身心健康、危害国家利益，玷污了神圣的教师职业形象。

党的十八大以来，习近平总书记对教师先后提出了“三个牢固树立”、“四有”好老师、“四个引路人”、“四个相统一”、“三个传播”、“三个塑造”的殷切希望，一再要求“要加强师德师风建设，引导广大教师以德立身、以德立学、以德施教”。习近平总书记关于新时代教师队伍师德师风建设的重要论述，深刻揭示了教师发展的内在规律，赋予了师德师风新的时代内涵，为加强新时代教师队伍建设，打造中华民族“梦之队”的筑梦人提供了根本遵循。

师德师风是评价教师队伍素质的第一标准。2018 年 11 月，教育部印发《新时代高校教师职业行为十项准则》《新时代中小学教师职业行为十项准则》《新时代幼儿园教师职业行为十项准则》、《关于高校教师师德失范行为处理的指导意见》和《幼儿园教师违反职业道德行为处理办法》，修订了《中小学教师违反职业道德行为处理办法》。一系列政策规章的出台，明确了新时代教师职业规范，为每个教师划定了师德底线。

加强师德师风建设，要把提高教师思想政治素质和职业道德水平摆在首要位置，把社会主义核心价值观贯穿教书育人全过程，突出全员全方位全过程师德养成。教师要牢固树立“四个自信”，忠于党的教育事业，在“培养什么人、怎样培养人以及为谁培养人”上旗帜鲜明，时刻牢记“老师是第一身份、教书是第一工作、上课是第一责任”①，遵循教书育人规律、学生成长规律，“坚持教书和育人相统一，坚持言传和身教相统一，坚持潜心问道和关注社会相统一，坚持学术自由和学术规范相统一”②，全心全意做学生锤炼品格、学习知识、创新思维、奉献祖国的引路人。要实施师德师风建设工程，开展教师宣传国家重大题材作品立项，推出一批让人喜闻乐见、能够产生广泛影响、展现教师时代风貌的影视作品和文学作品，发掘师德典型，讲好师德故事，加强引领，注重感召，弘扬楷模，形成强大正能量。要注重加强对教师思想政治素质、师德师风等的监察监督，强化师德考评，体现奖优罚

① 教育部部长陈宝生：高校教师不管荣誉多高 老师是第一身份 教书是第一工作 上课是第一责任.（2018 - 11 - 06）［2019 - 11 - 07］. http：//www.moe.gov.cn/jyb_xwfb/s5147/201811/t20181106_353734.html.

② 习近平．习近平谈治国理政：第 2 卷. 北京：外文出版社，2017：379.

劣，推行师德考核负面清单制度，建立教师个人信用记录，完善诚信承诺和失信惩戒机制，着力解决师德失范、学术不端等问题。要加强教师党支部和党员队伍建设，将全面从严治党要求落实到每个教师党支部和教师党员，把党的政治建设摆在首位，用习近平新时代中国特色社会主义思想武装头脑，选优配强教师党支部书记，坚持党的组织生活各项制度，加强对党员教师的日常管理监督，充分发挥教师党支部教育管理监督党员和宣传引导凝聚师生的战斗堡垒作用，充分发挥党员教师的先锋模范作用。

（2）实施教师教育振兴行动计划。

一是加大对师范院校支持力度。建立以师范院校为主体、高水平非师范院校参与的中国特色师范教育体系，推进地方政府、高等学校、中小学“三位一体”协同育人。制定师范院校建设标准和师范类专业办学标准，开展师范类专业认证，确保教师培养质量。适时提高师范专业生均拨款标准，提升师范教育保障水平。改革招生制度，鼓励部分办学条件好、教学质量高的院校的师范专业实行提前批次录取或采取入校后二次选拔方式，选拔有志于从教的优秀学生进入师范专业。加强教师教育学科建设，教育硕士、教育博士授予单位及授权点向师范院校倾斜。强化教师教育师资队伍建设，在专业发展、职称晋升和岗位聘用等方面予以倾斜支持。

二是支持高水平综合大学开展教师教育。推动一批有基础的高水平综合大学成立教师教育学院，设立师范专业，积极参与基础教育、职业教育教师培养培训工作。整合优势学科的学术力量，凝聚高水平的教学团队。发挥专业优势，开设厚基础、宽口径、多样化的教师教育课程。创新教师培养形态，突出教师教育特色，重点培养教育硕士，适度培养教育博士，造就学科知识扎实、专业能力突出、教育情怀深厚的高素质复合型教师。

三是全面提高基础教育教师质量。推进教师培养供给侧结构性改革，大力培养初中毕业起点的五年制专科层次幼儿园教师，为义务教育学校侧重培养素质全面、业务见长的本科层次教师，为高中阶段教育学校侧重培养专业突出、底蕴深厚的研究生层次教师，大力推动研究生层次教师培养。以实践为导向优化教师教育课程体系，强化教学基本功和教学技能训练。加强紧缺薄弱学科教师、特殊教育教师和民族地区双语教师培养。开展基础教育教师全员培训，推动信息技术与教师培训的有机融合，切实提升教学水平，搭建教师培训与学历教育衔接的“立交桥”，促进教师终身学习和专业发展。加强中小学校长队伍建设，加大培训力度，提升校长办学治校能力，支持教师和校长大胆探索，创新教育思想、教育模式、教育方法，形成教学特色和办学风格，营造教育家脱颖而出的制度环境。

四是努力建设高素质“双师型”的职业院校教师队伍。继续实施职业院校教师素质提高计划，建立一支技艺精湛、专兼结合的双师型教师队伍。加强职业技术师范院校建设，支持高水平学校和大中型企业共建双师型教师培养培训基地，建立高等学校、行业企业联合培养双师型教师的机制。切实推进职业院校教师定期到企业实践，不断提升实践教学能力。建立企业经营管理者、技术能手与职业院校管理者、骨干教师相互兼职制度。

五是加强高素质创新型高等学校教师队伍。服务创新型国家和人才强国建设、世界一流大学和一流学科建设，实施好“万人计划”等重大人才项目，培养一批具有国际影响力的学科领军人才和青年学术英才。加强高端智库建设，汇聚培养一大批哲学社会科学名家名师。在高等学校高层次人才遴选和培育中要突出教书育人，让科学家同时成为教育家。全面开展高等学校教师教学能力提升培训，重点面向新入职教师和青年教师，为高等学校培养人才、培育生力军。结合“一带一路”倡议和人文交流机制，有序推动国内外教师双向交流。着力提高教师专业能力，搭建教师发展平台，组织研修活动，开展教学研究与指导，推进教学改革与创新。

（3）深化教师管理综合改革。

一是创新和规范中小学教师编制配备。适应加快推进教育现代化的紧迫需求和城乡教育一体化发展改革的新形势，充分考虑新型城镇化、全面二孩政策及高考改革等带来的新情况，根据教育发展需要，采取多种形式增加教师总量，优先保障教育发展需要。落实城乡统一的中小学教职工编制标准，出台公办幼儿园人员配备规范、特殊教育学校教职工编制标准。创新编制管理，加大教职工编制统筹配置和跨区域调整力度，实行教师编制配备和购买工勤服务相结合，满足教育快速发展需求。

二是优化义务教育教师资源配置。实行义务教育教师“县管校聘”。深入推进县域内义务教育学校教师、校长交流轮岗，实行教师聘期制、校长任期制管理，推动城镇优秀教师、校长向乡村学校、薄弱学校流动，实行学区（乡镇）内走教制度。逐步扩大农村教师特岗计划实施规模，适时提高特岗教师工资性补助标准，鼓励优秀特岗教师攻读教育硕士。鼓励地方政府和相关院校为乡村学校及教学点培养“一专多能”教师，优先满足老少边穷地区教师补充需要。实施银龄讲学计划，鼓励支持乐于奉献、身体健康的退休优秀教师到乡村和基层学校支教讲学。

三是完善中小学教师准入和招聘制度。完善教师资格考试政策，将修习教师教育课程、参加教育教学实践作为认定教育教学能力、取得教师资格的必备条件。严格教师准入，提高入职标准，重视思想政治素质和业务能力，逐步提升教师学历水平。建立符合教育行业特点的中小学、幼儿园教师招聘办法，遴选乐教适教善教的优秀人才进入教师队伍。按照中小学校领导人员管理暂行办法，明确任职条件和资格，规范选拔任用工作，激发办学治校活力。

四是深化中小学教师职称和考核评价制度改革。适当提高中小学中级、高级教师岗位比例，畅通教师职业发展通道，实现职称与教师聘用衔接。将中小学教师到乡村学校、薄弱学校任教经历作为申报高级教师职称和特级教师的必要条件。推行中小学校长职级制改革，拓展职业发展空间，促进校长队伍专业化建设。进一步完善职称评价标准，建立符合中小学教师岗位特点的考核评价指标体系，坚持德才兼备、全面考核，突出教育教学实绩，引导教师潜心教书育人。实行定期注册制度，建立完善教师退出机制，提升教师队伍整体活力。加强中小学校长考核评价，督促提高素质能力，完善优胜劣汰机制。

五是健全职业院校教师管理制度。完善职业院校教师资格标准，探索将行业企业从业经历作为认定教育教学能力、取得专业课教师资格的必要条件。落实职业院校用人自主权，推动固定岗和流动岗相结合的职业院校教师人事管理制度改革。适应产业发展和参与全球产业竞争需求，大力引进行业企业一流人才，吸引具有创新实践经验的企业家、高科技人才、高技能人才等到职业院校兼职任教。完善职业院校教师考核评价制度，双师型教师考核评价要充分体现技能水平和专业教学能力。

六是深化高等学校教师人事制度改革。严把高等学校教师选聘入口关，实行思想政治素质和业务能力双重考察。严格教师职业准入，将新入职教师岗前培训和教育实习作为认定教育教学能力、取得高等学校教师资格的必备条件。适应人才培养结构调整需要，优化高等学校教师结构，加大聘用具有其他学校学习工作和行业企业工作经历教师的力度。推动高等学校教师职称制度改革，向高等学校下放评审权，由高等学校自主组织职称评审、自主评价、按岗聘任。推行高等学校教师职务聘任制改革，加强聘期考核。深入推进高等学校教师考核评价制度改革，突出教育教学业绩和师德考核，将教授为本科生上课作为基本制度。

（4）不断提高教师地位待遇。

维护教师职业尊严和合法权益，确立公办中小学教师作为国家公职人员特殊的法律地位，建设现代学校制度，突出教师主体地位，充分发挥教师在高等学校办学治校中的作用。完善中小学教师待遇保障机制，健全中小学教师工资长效联动机制和教师收入分配激励机制，确保中小学教师平均工资收入水平不低于或高于当地公务员平均工资收入水平，绩效工资分配向班主任和特殊教育教师倾斜。大力提升乡村教师待遇，深入实施乡村教师支持计划，认真落实艰苦边远地区津贴，加强乡村教师周转宿舍建设，在培训、职称评聘、表彰奖励等方面向乡村青年教师倾斜，加快乡村青年教师成长步伐。维护民办学校教师权益，完善民办学校教师社会保障机制，依法保障和落实民办学校教师权利。推进高等学校教师薪酬制度改革，建立体现以增加知识价值为导向的收入分配机制，完善适应高等学校教学岗位特点的内部激励机制，加大对教学型名师的岗位激励力度。弘扬尊师重教的社会风尚。加大教师表彰力度，大力宣传教师中的“时代楷模”和“最美教师”，持续开展国家级教学名师、国家级教学成果奖评选表彰，重点奖励贡献突出的教学一线教师，鼓励社会团体、企事业单位、社会组织对教师出资奖励，开展尊师活动，营造尊师重教良好社会风尚。

全面深化教育体制机制改革

党的十八大以来，以习近平同志为核心的党中央坚持把教育摆在优先发展的战略位置，全面深化教育领域综合改革，推出一批标志性、引领性的改革举措，取得了明显成效，教育公共服务水平和教育治理能力不断提升，中国特色社会主义教育制度体系进一步完善。当前，我国教育改革发展已进入一个新的阶段，全面深化教育体制机制改革具有重要的理论和实践意义。深刻认识教育体制机制改革的重要意义，牢牢把握深化教育体制机制改革的基本原则，健全立德树人系统化落实机制，完善教育事业的综合配套机制，将为不断提高教育质量、推动教育事业向高质量发展提供坚实的制度保障和不竭的前进动力。

一、教育体制机制改革意义重大

党的十八大以来，在以习近平同志为核心的党中央坚强领导下，在习近平新时代中国特色社会主义思想指引下，教育战线继往开来、开拓进取，全面深化综合改革，我国教育事业取得了历史性成就，发生了历史性变革，实现了全方位、系统性的整体提升。2017 年，中共中央办公厅、国务院办公厅印发的《关于深化教育体制机制改革的意见》提出，我国深化教育体制机制改革的主要目标是：到 2020 年，教育基础性制度体系基本建立，形成充满活力、富有效率、更加开放、有利于科学发展的教育体制机制，人民群众关心的教育热点难点问题进一步缓解，政府依法宏观管理、学校依法自主办学、社会有序参与、各方合力推进的格局更加完善，为发展具有中国特色、世界水平的现代教育提供制度支撑。

1. 改革开放以来教育改革发展的主要成就

改革开放以来，党和国家始终把教育放在优先发展的战略地位。历任党和国家领导人都特别重视教育事业的发展。改革开放初期，邓小平同志在1985年全国教育工作会议上明确指出："我们国家，国力的强弱，经济发展后劲的大小，越来越取决于劳动者的素质，取决于知识分子的数量和质量。一个十亿人口的大国，教育搞上去了，人才资源的巨大优势是任何国家比不了的。"[①] 1994年，江泽民同志在全国教育工作会议上明确指出："只有把教育搞上去，才能从根本上增强我国的综合国力，才能在激烈的国际竞争中取得战略主动地位。"[②] 2010年，胡锦涛同志在全国教育工作会议上明确指出，"教育是民族振兴、社会进步的基石，是提高国民素质、促进人的全面发展的根本途径"[③]。2018年，习近平同志在全国教育大会上明确指出"坚持把优先发展教育事业作为推动党和国家各项事业发展的重要先手棋"[④]。习近平总书记在党的十九大报告中把教育作为保障和改善民生的第一个问题来论述，在报告中指出："建设教育强国是中华民族伟大复兴的基础工程，必须把教育事业放在优先位置，深化教育改革，加快教育现代化，办好人民满意的教育。"[⑤]

（1）教育改革加快了教育发展，各级各类教育取得了跨越式发展。

---

① 邓小平．邓小平文选：第3卷．北京：人民出版社，1993：120.

② 江泽民．江泽民文选：第1卷．北京：人民出版社，2006：370.

③ 胡锦涛．在全国教育工作会议上的讲话．人民日报，2010－09－09（2）.

④ 坚持中国特色社会主义教育发展道路 培养德智体美劳全面发展的社会主义建设者和接班人．人民日报，2018－09－11（1）.

⑤ 习近平．决胜全面建成小康社会 夺取新时代中国特色社会主义伟大胜利：在中国共产党第十九次全国代表大会上的报告．北京：人民出版社，2017：45.

在学前教育方面，1978 年，我国学前教育入园率只有 10.6%；2019 年，学前教育毛入园率达到了 83.4%。2010 年，《国务院关于当前发展学前教育的若干意见》发布，明确提出学前教育是终身学习的开端，是国民教育体系的重要组成部分，是重要的社会公益事业，要求各级政府把发展学前教育摆在更加重要的位置。在义务教育方面，1978 年，我国小学升初中的比例只有 60.5%；2019 年，九年义务教育巩固率达到 94.8%。2006 年 9 月 1 日，正式实施的《中华人民共和国义务教育法》明确规定“实施义务教育，不收学费、杂费”，国家从法律的层面确立了义务教育经费保障机制，保证了义务教育制度的实施。2007 年春开始免除全国农村义务教育学杂费，2008 年秋全国城市义务教育阶段实行免除学杂费。义务教育阶段彻底实行免费，对中国教育来说具有划时代意义。义务教育全免费可以说是改革开放以来中国教育成就的重要标志。在高中教育方面，1990 年，高中阶段毛入学率仅为 26%；2019 年，高中阶段毛入学率达到 89.5%。在高等教育方面，1978 年，高等教育毛入学率只有 1.55%；2019 年，高等教育毛入学率达到了 51.6%，实现了高等教育的普及化。在特殊教育方面，2019 年全国共有特殊教育学校 2 192 所，特殊教育学校共有专任教师 6.24 万人，在校生 79.46 万人。在民办教育方面，2019 年全国共有各级各类民办学校 19.15 万所，招生 1 774.33 万人。[①]

（2）教育改革促进了教育公平，实现了“有学上”“上好学”。

改革开放以来，教育公平实现了全学段全覆盖。1986 年颁布实施的《中华人民共和国义务教育法》赋予了全国适龄儿童接受义务教育的权利。2006 年 6 月 29 日修订通过的《中华人民共和

① 2019 年全国教育事业发展统计公报.（2020－05－20）［2020－11－08］. http：//www.moe.gov.cn/jyb_sjzl/sjzl_fztjgb/202005/t20200520_456751.html.

国义务教育法》规定“实施义务教育，不收学费、杂费”，明确国家将义务教育全面纳入财政保障范围；同年施行的“两免一补”政策，进一步使我国教育公平的模样逐渐清晰。1977 年恢复高考，给予了全国人民公平接受高等教育的权利，至此中国高等教育开始了全新的发展。2002 年以前是中国高等教育精英教育时期，2002 年以后逐步实现了中国高等教育大众化，从 2006 年起，高等教育转向重质量发展阶段。2010 年启动的三期学前教育三年行动计划，推动学前教育迈入优质普惠新阶段；2014 年实行的特殊教育提升计划，基本实现特殊教育各县覆盖；中职教育建立起以免学费、发放国家助学金为主的资助政策体系。由于历史、地区等多种原因，我国城乡间、行业间、中西部间居民收入差距较大，出现了经济收入过低导致辍学的问题。对此，国家发布了一系列资助和助学政策，义务教育阶段免费和“两免一补”政策，中职教育免费和国家助学金政策，高等教育国家奖学金、国家励志奖学金、国家助学金等政策。近年越发健全的教育资助制度和助学体系，促进了学生教育机会公平。针对历史上形成的城乡隔离导致的城乡教育之间的差距，20 世纪 90 年代以来国家实行了一系列政策，推动公共教育协调发展，坚持把教育资源向农村、中西部地区、贫困地区、民族地区、边疆地区倾斜，逐步缩小了城乡、区域教育发展差距。健全的城乡教育一体化制度促进了学生教育过程公平。

（3）教育改革提高了教育质量，教育事业向高质量发展。

改革开放以来，在党和国家的高度关注之下，我国教育事业取得了长足发展，我国教育总体发展水平进入世界中上行列。[①]

---

① 陈宝生．我国现在教育总体水平已经跃居世界中上行列（2019－09－26）[2020－11－08]. http：//www.moe.gov.cn/jyb_xwfb/xw_zt/moe_357/jyzt_2019n/2019_zt24/fbh/fbhmtbd/201909/t20190926_401188.html.

2010年《国家中长期教育改革和发展规划纲要（2010—2020年）》颁布，标志着我国教育发展进入了以体制综合改革和公平、质量提升为主要特征的教育转型期，教育发展成效由单一质量、局部高质量向全面高质量、高水平均衡发展跨越。高校毕业生就业制度改革打破了“包分配”“包当干部”的传统模式，建立起了“市场导向、政府调控、学校推荐、学生与用人单位双向选择”的新机制，有力地推动了高等教育主动加强与经济和社会的联系，努力提高人才培养质量。高等教育管理体制改革改变了高等学校“条块分割”的局面，促使高等教育适应市场经济要求，不断提高办学质量。通过以“共建、调整、合作、合并”为主要形式的高等教育管理体制改革，部门办学的体制得到了根本改变。“互联网＋教育”的新兴教育运行模式正在慢慢改变中国教育现状，运用互联网、云计算、大数据等新一代信息技术，打破传统组织方式、教学流程，建立更有效率的教育平台，形成了与信息时代相适应的新型教育生态系统。当前，“互联网＋教育”已经成为我国推进教育信息化、推动教育高质量发展、让教育发展成果更多更公平惠及全体人民的重要抓手和重点发展方向。在教育体系上，公办民办并举、校内校外并存、职前与职后相互补充、线上与线下相互呼应的多样化教育体系也初步形成。总的来看，我国教育总体上已经跨越了规模扩张阶段，迈进以提高质量、促进公平为核心的发展阶段，教育发展进入新时代。

2. 新时代为深化教育体制机制改革提出了新要求

党的十八大以来，以习近平同志为核心的党中央始终坚持把教育摆在优先发展的战略位置，始终把办好人民满意的教育作为工作的基本要求。新时代，教育体制机制改革有新方向、新目标、新要求。在习近平新时代中国特色社会主义思想的指导下，要继续坚持教育优先发展战略，推动全面深化教育综合改革，健全立德树人落实机制，推动教育事业现代化发展。

（1）全面深化教育综合改革。

在全国教育大会上，习近平总书记明确指出，要“深化办学体制和教育管理改革，充分激发教育事业发展生机活力”①。全面深化教育综合改革就是破除各种体制机制障碍，进而推动教育全面发展的根本动力。一是要把教育评价改革作为“最硬一仗”来推进。“唯分数、唯升学、唯文凭、唯论文、唯帽子”②，这“五唯”是当前教育评价指挥棒方面存在的根本问题，是当前教育改革中难啃的“硬骨头”。破除“五唯”问题，才能从根本上纠正教育功利化倾向，还教育清静、清爽、清新之风。深化高考、中考改革，狠抓考试评价环节，形成更加全面、综合、公平的评价制度。③ 二是要继续大力度深化教育管理方式改革。针对学校各项评比多、检查多的问题，要按照中共中央办公厅统筹规范督查检查考核工作的要求，去除形式主义，把检查、评比精简、合并，建立切实高效的评比制度。依托“互联网＋”技术，尽量实现信息化操作，方便人民群众，建设人民满意的服务型政府。三是要高质量深化改革。继续推进“双一流”高校建设，积极谋划世界一流大学和一流学科培育计划，建设一批中国特色、世界一流的高校。全面提升高校科研创新能力，深入推进高等学校科技创新军民融合发展。四是要深化开放促进改革。新时代的教育是开放的、全方位的。要对接“一带一路”建设，把教育资源“投进

①② 坚持中国特色社会主义教育发展道路 培养德智体美劳全面发展的社会主义建设者和接班人. 人民日报，2018-09-11（1）.

③ 陈宝生. 落实落实再落实：在2019年全国教育工作会议上的讲话.（2019-01-29）[2020-11-08]. http://www.moe.gov.cn/jyb_xwfb/moe_176/201901/t20190129_368518.html.

去”，积极促成和世界一流大学合作办学，将高质量、符合中国需求的“引进来”。要对接国家科技创新需要，进一步做好出国留学服务工作，鼓励留学生学有所成、报效祖国。要积极参与国际教育治理，加大参与教育领域国际规则和标准研究制定的力度，提升中国教育国际影响力、感召力和塑造力。

（2）健全立德树人落实机制。

党的十八大以来，习近平总书记高度重视立德树人，在各种场合多次论述立德树人相关问题。习近平总书记反复强调：坚持把立德树人作为根本任务。一是要全面贯彻党的教育方针，使社会主义办学方向更加鲜明。加强理想信念教育，坚持把社会主义核心价值观融入国民教育全过程。深化中国特色社会主义和中国梦宣传教育，创新思想政治工作的方法、途径、载体，构建大中小学一体化德育体系，培养德智体美全面发展的社会主义建设者和接班人。全面加强大中小学领导班子建设，坚持完善高校党委领导下的校长负责制，推进高校院系、中小学、民办学校、中外合作办学院校党组织建设，提升各类各级学校党建工作质量。[①]坚决拥护以习近平同志为核心的党中央，进一步增强中国特色社会主义道路自信、理论自信、制度自信、文化自信，提升实现中国梦的信心。二是要始终坚持以人民为中心，把立德树人、学生的全面发展作为目标。必须把培养全面发展中国特色社会主义事业的合格建设者和可靠接班人作为教育的根本任务，造就一代又一代拥护党的领导和社会主义道路的优秀人才。在教育教学中，坚持德智体美劳五育并举，大力弘扬社会主义核心价值观，大力传承中华优秀传统文化，注重对现代科学技术最新成果的掌握，

① 刘延东．深入学习贯彻党的十九大精神，全面开创教育改革发展新局面．中国校外教育，2018（7）．

鼓励学生的独立性和批判性思维，培养学生的人文精神与人文合作的团队精神，提高学生的全面素质，造就具有创新精神和创新能力的优秀人才，为建设创新型国家，实现中华民族伟大复兴提供有力的人才支持。

（3）推进教育事业现代化发展。

教育现代化是普及、质量、公平、结构等方面整体水平的提升。党和国家在深入分析教育发展趋势和进行国际比较的基础上，提出了到 2020 年教育现代化取得重要进展，2035 年总体实现教育现代化、迈入教育强国行列的总体目标。一是要树立现代化的教育理念。《中国教育现代化 2035》提出“八个更加注重”的基本理念：更加注重以德为先、更加注重全面发展、更加注重面向人人、更加注重终身学习、更加注重因材施教、更加注重知行合一、更加注重融合发展、更加注重共建共享。① 二是要以提高教育质量为重点。提高教育质量，要认真贯彻党的教育方针，开足开齐国家课程，改进教育方式，提高课堂教学的质量；要激发学生的好奇心和学习兴趣，使学生愿意学、乐于学、自主学；要培养学生的创新思维和实践能力，优化知识结构、丰富社会实践，使学生在学习和实践活动中成长。三是要着力加强教师队伍的建设。教育大计，教师为本，高素质专业化创新型教师队伍是加快教育现代化的关键。习近平总书记强调，坚持把教师队伍建设作为基础工作。要大力加强师德师风建设，教师要以德修身、以德立学、以德施教、以德育德。要振兴教师教育，加大对师范院校的支持力度，改革课程和教学，培养高素质、专业化、创新型教师。四是要锐意改革，激发教育活力。要深化“放管服”改革，

---

① 顾明远．新时代推进教育现代化要怎么做．光明日报，2019－03－5（13）．

转变政府职能，强化监管能力，创新服务方式，坚持依法治教、依法办学、依法治校，建立多元参与的协同治理新机制。要以问题为导向，深化教育领域综合改革。

3. 教育体制机制改革是推动我国教育事业不断发展的根本动力

中共中央办公厅、国务院办公厅印发的《关于深化教育体制机制改革的意见》是为了深化教育体制机制改革，全面贯彻党的教育方针，坚持社会主义办学方向，全面落实立德树人根本任务等内容所提出的意见，是新时代教育体制机制改革的纲领性文件，提出了教育体制机制改革的指导思想、目标任务、重大原则，描绘了教育体制机制改革的新蓝图、新愿景、新目标，汇集了教育体制机制改革的新思想、新论断、新举措。继续深化教育体制机制改革是我国教育事业发展的根本动力，继续坚持改革创新，完善教育事业运行机制，是实现我国教育治理能力和治理体系现代化、不断增强中国特色社会主义教育自信、持续推进我国教育事业各项工作的重要保障。

（1）教育体制机制改革是我国教育治理能力和治理体系现代化的重要抓手。

《中共中央关于全面深化改革若干重大问题的决定》提出：全面深化改革的总目标是完善和发展中国特色社会主义制度，推进国家治理体系和治理能力现代化。教育是国之大计、党之大计，对实现我国治理体系和治理能力现代化具有重要的推动作用，深入学习《中共中央关于坚持和完善中国特色社会主义制度 推进国家治理体系和治理能力现代化若干重大问题的决定》，把握核心要求，结合教育实践，不断完善我国教育制度，确保中央各项决策部署落地见效。推进我国教育治理能力和治理体系现代化是新时代教育机制体制改革的重大命题和核心任务。要不断坚持和完善党对教育工作全面领导的制度体系，把党的领导贯穿教育工作的各个方面；要全面落实立德树人根本要求，深入开展理想信念教育，引导学生坚定拥护中国共产党领导，树立中国特色社会主义共同理想，构建以社会主义核心价值观为引领的大中小幼一体化德育体系；要构建服务全民终身学习的教育体系，推动学前教育公益普惠发展，深化义务教育城乡一体化发展，进一步普及特殊教育和高中阶段教育，巩固职业教育百万扩招成果，加快发展继续教育、成人教育和老年教育，解决好教育供给能力问题，打造面向每个人的教育；[①] 要不断提高运用法治思维和法治方式抓治理的能力，深化教育领域“放管服”改革，转变政府职能，优化管理方式，建立长效公平的评比机制，提升教育管理效能。深化教育体制机制改革，不断完善与中国特色社会主义市场经济相适应的教育体制机制，将继续推动教育治理能力和治理体系现代化进程。

(2) 教育体制机制改革是不断增强中国特色社会主义教育自信的重要动力。

习近平总书记在庆祝中国共产党成立95周年大会上旗帜鲜明地指出，中国共产党人“坚持不忘初心、继续前进”，就要坚持“四个自信”即“中国特色社会主义道路自信、理论自信、制度自信、文化自信”。党的十八大以来，我国教育事业坚持中国特色社会主义办学方向，围绕立德树人根本任务，满足人民文化需求，教育体制机制进行了一系列切实有效的改革，奠定了中国教育自信的基础。教育要发展，关键看改革。继续推动教育体制机制改革，要充分总结历史经验，积极改革推新，把改革成果落到实处。

① 陈宝生．推进教育治理体系和治理能力现代化．旗帜，2019 (11).

要深化教育发展，破除教育体制机制障碍，完善各级各类教育制度，构建全民教育体系；要坚持教育公平，积极推动免费义务教育全面覆盖，完善全学段资助体系，推动中西部地区、贫困地区、民族地区教育普及；要提高教育质量，积极推进教育信息化建设，推动全国高校“双一流”建设，引进世界高质量教育资源，提升中国教育国际影响力。近年来，中国教育取得了巨大成就，世界排名稳步上升，教育体系逐步完善，教育质量持续提高，中国教育的不断创新、改革为世界教育提供了“中国模式”。面向未来，要“大力推进教育体制改革创新，才能使我国教育越办越好、越办越强”[①]，要继续提升教育自信，全面深化教育体制机制改革，为世界教育发展贡献更多的中国智慧。

（3）教育体制机制改革是做好各项教育工作的切实保障。

改革是教育事业发展的根本动力。历史已经证明，在中国教育事业发展过程之中，每一次改革都使我国教育得到了长足的发展。改革是解决问题的根本途径，又在不断解决问题之中深化，改革是长期的、持续的。切实解决好当前我国教育发展面临的问题，必须持续深化教育体制机制改革，为中国教育事业注入新的活力。要坚持以改革推动发展、以改革提高质量、以改革增强活力，通过改革创新办出具有中国特色、世界水平、人民满意的现代教育。[②] 教育投入机制改革为教育发展夯实了基础，健全的教育财政投入机制加强了教育经费管理，依法保障教师待遇解决了教师的后顾之忧，大力发展信息化教育提升了师生信息化修养。立德树人机制为教育发展提供了理想信念支撑，深入学习社会主

① 大力推进教育体制改革创新：论学习贯彻习近平总书记全国教育大会重要讲话．人民日报，2018－09－17（2）．

② 刘自成．牢固树立新时代中国特色社会主义教育自信．中国教育报，2017－11－02（6）．

义核心价值观，坚持社会主义办学方向，坚持党的领导，培养德智体美劳全面发展的社会主义建设者和接班人。全民教育保障机制提升了人民获得感，学前教育普惠发展、义务教育持续推进、高中教育普及攻坚、高等教育高质量发展、民族教育质量提升、特殊教育各县覆盖，持续完善教育资助体系。教育体制机制改革为教育发展破除了障碍，深化教育评价改革、深化管理方式改革、深化教育高质量改革、深化教育对外发展改革，以改革促教育发展。以体制机制创新为重点，系统推进育人方式、办学模式、管理体制、保障机制改革，进一步解放和发展教育生产力，让新时代中国特色社会主义教育之路在改革创新中越走越宽广。

习近平总书记指出，改革只有进行时、没有完成时。我国教育制度的“四梁八柱”已经搭建起来，进入了“全面施工内部装修”的阶段。新时代教育基本制度的建设，要深刻领会习近平总书记关于教育的重要论述的精神实质，准确理解党的教育方针，认真把握教育在中华民族伟大复兴中的作用和使命，充分体现创新、协调、绿色、开放、共享的发展理念，深入贯彻以人民为中心的发展思想，蹄疾步稳直面问题、切中时弊，破解体制机制难题，引导教育全面适应社会主义事业发展需要，取得更加丰硕的成果。①

二、深化教育体制机制改革的基本原则

《关于深化教育体制机制改革的意见》指出，深化教育体制机制改革的主要目标是：“教育基础性制度体系基本建立，形成充满

---

① 刘磊明，邓友超．坚定中国特色社会主义教育的制度自信．光明日报，2019－02－12 (13).

活力、富有效率、更加开放、有利于科学发展的教育体制机制，人民群众关心的教育热点难点问题进一步缓解，政府依法宏观管理、学校依法自主办学、社会有序参与、各方合力推进的格局更加完善，为发展具有中国特色、世界水平的现代教育提供制度支撑。”① 推进教育体制机制改革的进程，需要遵循坚持扎根中国与融通中外、坚持目标导向与问题导向、坚持“放管服”结合、坚持顶层设计与基层探索相结合的基本原则。

1. 坚持扎根中国与融通中外相结合

坚持扎根中国与融通中外相结合是深化教育体制机制改革的基本原则。坚持扎根中国，指的是深化教育体制机制改革要继承我国优秀教育传统，立足我国国情，遵循教育规律，坚定不移走中国特色社会主义教育发展道路。人才培养体系必须立足于培养什么人、怎样培养人这个根本问题来建设，可以借鉴国外有益做法，但必须扎根中国大地办大学。古今中外，每个国家都会按照自己的政治要求培养人才。世界一流大学都是在服务自己的国家发展中成长起来的。我国拥有独特的历史、文化和国情，我国的教育体制机制改革必须走自己的道路，扎根中国大地、形成更高水平的人才培养体系。一方面，以马克思主义为指导，把思想政治工作贯穿教育教学全过程，全面贯穿党的教育方针。坚持党对高校的领导，坚持社会主义办学方向，把我们的特色和优势有效转化为培养社会主义建设者和接班人的能力。另一方面，扎根中国大地办教育，深厚的传统文化底蕴不容忽视，深耕中华优秀传统文化教育，是历史的必然选择。《完善中华优秀传统文化教育指导纲要》指出：“中华优秀传统文化是中华民族语言习惯、文化传

① 关于深化教育体制机制改革的意见.（2017－09－24）［2020－11－08］. http：//www.gov.cn/xinwen/2017－09/24/content_5227267.htm.

统、思想观念、情感认同的集中体现，凝聚着中华民族普遍认同和广泛接受的道德规范、思想品格和价值取向，具有极为丰富的思想内涵。”① 中华文化源远流长，博大精深，坚守中华文化立场，能够使我们在世界多样文化激荡中站稳脚跟，在教育教学过程中树立文化自信。

坚持融通中外，指的是深化教育体制机制改革要结合我国优秀传统文化，吸收世界先进办学治学经验，构建起适合我国国情的教育体制机制，坚定不移地走中国特色社会主义教育发展道路。在全球化的语境中，世界各国之间的政治、经济和文化交流逐渐增多，我们逐渐认识和了解到其他国家值得借鉴的先进教育经验。因此，在面对世界先进的办学治学经验时，一方面，我们应当持开放性的态度，开拓国际视野，比较中西教育体制机制的不同之处，合理借鉴国外成功经验，取长补短实现自身发展。教育是人类进步的阶梯，是人类精神发育的重要标志，更是一个国家推动社会经济发展的重要动力，想要谋求发展的国家和民族必须重视教育的作用。在教育体制机制上，中西方的教育理念、培养方式、教学方式各有不同。例如，很多发达国家的大学采取宽进严出的教育模式，能够有效地保障教育质量和学习成果，我国可据此思考，为保障大学生的教育质量和学习成果提供一条实践道路。另一方面，我们应当结合优秀传统文化教育理念和发达国家先进办学治学理念，打造出既不同于传统教育，也不同于当代西方教育，而是立足本国国情，坚持一切从实际出发，继承而不守旧，借鉴而不照抄，领跑而不追随的中国教育发展的特色之路。“世界上不会有第二个哈佛、牛津、斯坦福、麻省理工、剑桥，但会有第一

① 完善中华优秀传统文化教育指导纲要.（2014－03－28）[2020－11－08]. http：//www.moe.gov.cn/srcsite/A13/s7061/201403/t20140328_166543.html.

个北大、清华、浙大、复旦、南大等中国著名学府。”[①] 总之，融通中外旨在将中国传统优秀教育理念和西方先进办学治学经验相融合，走出一条属于中国、具有中国特色的教育发展之路。

在深化教育体制机制改革之路上，坚持扎根中国与融通中外相结合的基本原则，对实现中华民族伟大复兴具有重要意义。“文化是一个国家、一个民族的灵魂。文化兴国运兴，文化强民族强。没有高度的文化自信，没有文化的繁荣兴盛，就没有中华民族伟大复兴。”[②] 扎根中国与融通中外相结合的原则可以使中国特色社会主义文化内涵更加丰富，更加与时俱进，坚定中国特色社会主义文化自信，为我国教育体制机制的建设提供养料。第一，中华优秀传统文化是中华民族的突出优势，是我国重要的文化软实力，有着深厚的历史渊源和广泛的现实基础。在教育教学过程中，贯穿中华优秀传统文化，能够使学生们认识到中华文化源远流长，博大精深，值得更好地传承与发展，坚定中华优秀传统文化自信。第二，认真吸收西方先进的治学办学经验是中华民族敢于自我批评、自我改进的表现，也是与时俱进的表现。要实现中国特色社会主义文化自信，不仅要坚守中华优秀传统文化自信，更要推动中国特色社会主义文化的不断进步。只有不断吸收西方先进治学办学经验，才能推动教育体制机制改革，丰富中国特色社会主义文化的内涵，为构筑中国特色社会主义文化自信道路提供有益借鉴。坚持扎根中国与融通中外的基本原则，深化教育体制机制改革，是文化繁荣兴盛、文化高度自信的必然要求。

---

① 习近平．青年要自觉践行社会主义核心价值观：在北京大学师生座谈会上的讲话．北京：人民出版社，2014：13.

② 习近平．决胜全面建成小康社会 夺取新时代中国特色社会主义伟大胜利：在中国共产党第十九次全国代表大会上的报告．北京：人民出版社，2017：40－41.

2. 坚持目标导向与问题导向相结合

坚持目标导向与问题导向相结合是深化教育体制机制改革的基本原则。坚持目标导向指的是紧紧围绕既定目标开展工作，以实现美好理想为工作目的，始终在目标指引的方向和道路上持续奋进。目标导向是一种极为重要的思维方式，用坚定的目标指引方向，对目标的完成形成清晰的认知，可以在实践中保持较高的积极性。深化教育体制机制改革的目标是坚持以人民为重，促进教育公平、提高教育质量，扩大改革受益面，增强人民群众获得感，着眼全局，长远探索解决根本性、深层次的问题。由于现存教育体制机制的不完善，教育面临发展动力不足等问题，人们逐渐认识到微观层面的教学改革必须以宏观的体制机制改革突破为前提，这样才能事半功倍。因此，我们必须明确教育体制机制改革是一个长期的、复杂的、系统的工程，目标导向作为一种思维方式可以引导参与教育体制机制改革的工作人员在长期过程中实现教育体制机制现代化，在短期过程中解决人民群众反映强烈的突出问题，最终将教育体制机制改革的目标导向落实到两个方面：第一，要在教育体制机制改革的长期实践中坚定以人民为中心，促进教育公平、提高教育质量的目标导向；第二，要“经常对照蓝图和既定的任务，不断检视自身工作，偏离正确方向的事情坚决不做，停滞或放缓前进步伐的事情坚决不做，背离或妨碍实现美好理想的事情坚决不做”①，如果一旦发现以上问题，要立即纠正，保证教育体制机制改革始终在正确的方向和道路上前行。

坚持问题导向指的是针对现实中的各种问题，奔着问题去、扭住问题改，把真正解决问题作为工作目标。中国共产党人干革

① 赵晋泰．坚持问题导向和目标导向相统一．中国纪检监察报，2019-01-24（7）.

命、搞建设、抓改革，从来都是为了解决中国的现实问题。教育体制机制改革也是一样的逻辑。切实做到坚持问题导向，关键要敢于直面问题。问题是客观存在的，不以人的主观意志为转移，无论是否回避，问题就在那里，回避问题只会产生更大的问题。针对人民群众反映强烈的突出问题，集中攻坚、综合改革、重点突破，实现好、维护好、发展好人民群众的根本利益，不断满足人民群众的新意愿、新需求。关于教育体制机制改革的问题，人民始终关心如何实现教育公平、提高教育质量。一方面，促进教育公平，要找出阻碍教育公平的原因。区域间经济、政治、文化等发展不平衡，导致教育资源分布不均。人们为了给子女提供更好的教学环境，往往耗费大量的精力争取“名校”名额。因此，教育体制机制改革要注重教学资源的分配问题，使各区域各学校均衡发展。另一方面，要提高教育质量，还需着眼于教学内容、教学模式等教学体系中的微观内容，重视学生的主体性，发挥学生的主观能动性。教育质量关系着家庭的发展、社会的发展，更关系着国家的发展。教育公平和教育质量既是人民关心的问题，也是国家发展的问题。坚持问题导向，着眼于人们反映强烈的突出问题，挨个解决，完善教育体制机制。

在深化教育体制机制改革之路上，坚持目标导向和问题导向相结合的基本原则，对提高教育体制机制的效率具有重要意义。一方面，坚持目标导向是为教育体制机制改革确立一种思维模式，树立长期目标和短期目标，提高参与教育体制机制改革工作人员的积极性。要切实做到坚持目标导向，真正明晰并严格执行教育体制机制改革的具体内容，并在实践的过程中不断检视自身工作，确保实际工作的方向没有偏离既定目标范围。另一方面，坚持问题导向是为落实教育体制机制改革确立方向，以人民反映强烈的突出问题为重点，逐个解决，获得人民群众的好感，反作用于教育体制机制改革。以人民为中心，坚持人民的问题就是改革需要解决的问题。要将教育体制机制改革与人民的需求相结合，促进人民对教育体制机制改革的理解，不断推进改革进程。目标导向和问题导向的结合是理想和现实的结合，我们既可以看到教育体制机制改革的未来发展方向，又能看到教育体制机制改革取得的实际效果。坚持目标导向和问题导向相结合，是要在实现美好理想的方向、道路和任务中，不断地解决前进中遇到的各种困难和问题，在不断克服困难、解决问题中向着既定目标迈进。既针对问题，又紧盯目标，在不断解决问题中向着既定目标不断砥砺奋进，不断把我们的美好理想变成现实，大大提高教育体制机制改革的效率。

3. 坚持“放管服”相结合

坚持“放管服”相结合是深化教育体制机制改革的基本原则。坚持“放”指的是，在教育教学领域，把该放的权力坚决放下去，政府减少不必要的干预，充分发挥学校办学的自主性、积极性。政府重新定位自身的角色，厘清政府、市场、社会的相互关系，有效控制和弥补政府在管理上的越位、缺位和错位，真正让政府归位。我们要明确教育体制机制改革中“放”的目的，“放”是为了释放教育改革的活力和创造力，促使学校在改革中敢于自我革新。在过去“放”的过程中，理论上已经谈了很多关于“放”的内容，但是在实践中容易出现偏差，出现了嘴上说放，行动未放的局面。为此，深化教育体制机制改革要重视如何落实“放”的问题。我国地域辽阔，教育体制机制改革涉及的区域发展程度各有不同，因此，政府在制定政策时应该考虑到足够的执行弹性，给予学校一定的自主权力，建立政府、学校、社会相结合的教育体制机制。破除束缚教育改革发展的体制机制障碍，给学校松绑减负、剪除烦苛，让学校拥有更大的办学自主权，激发广大教学科研人员教书育人、干事创业的积极性和主动性，培养符合社会主义现代化建设需要的各类创新人才。

坚持“管”指的是，放管结合，教育行政部门不是不“管”，而是“放”与“管”结合起来，把该管的事项切实管住管好。长期以来，政府在教育领域中履行职责，会出现“以审代管、以罚代管”的行为。这一行为不利于学校发挥自主活力，在一定程度上阻碍了教育体制机制改革的进程。因此，在深化教育体制机制改革的过程中，厘清政府、学校、社会之间的关系成了改革的重要内容之一。首先，要对“管”的范围进行界定，政府要“管”的是办学方向、标准和质量的规范引导，制定有针对性、实效性和操作性强的监管办法和措施，避免出现权力真空现象，实施以分类管理、目标管理和宏观管理为特征的弹性管理。其次，明确放管结合的目的是政府回归本位，学校发挥自主性。在放管结合中，政府还需要进一步完善社会组织激励约束机制，不断提升社会组织教育参与的能力，弥补教育领域中的政府失灵和市场失灵的问题，建立良好的教育公共治理机制，加强事中事后监管，构建政府、学校、社会之间的新型关系。适当的“管”有助于充分发挥政府的职能作用，规范学校的行为。放管结合有助于释放学校的自主性，激发学校的创新性，激活教育体制机制改革的动力。

坚持“服”指的是，优化服务改革，增强政府的服务意识，为教育体制机制改革创造良好的环境。目前，教学生态环境仍然存在着不少问题，如学校秩序维护、家长与学校之间矛盾的处理问题等。政府行政部门可以替学校分担部分安全责任，与学校共同治理安全环境，维护正常的教学秩序。学校和家长在学生的教育问题出现分歧时，政府行政部门可以作为中间人进行调解处理，了解分歧内容和现实情况，依据事实积极维护学校、教师、家长、学生等各方的权益。政府应坚定自身的服务立场，强化服务意识，明确作为学校、社会之间的关系调控者身份。政府不是为学校日常办事提供服务，而是为学校专业办学提供良好的环境，为教师专业发展和学生全面发展提供优质课程、良好平台等。一方面，要明确“服”的具体范围，服务于大的环境，而非学校办学的各项规定，如调控学校和社会之间的关系、为学校的无法自主决定但应该做的内容下决策等。另一方面，要认清关于“服”的角色定位，政府是作为调控者的角色参与教育体制机制改革，服务于宏观。

在深化教育体制机制改革之路上，坚持“放管服”相结合的基本原则，对推进国家治理体系和治理能力现代化具有重要意义。坚持简政放权是为了激发学校、社会等与教育有关的各方活力，为教育体制机制改革注入新的活力，推动教育体制机制改革的进程。坚持放管结合是为了充分发挥学校和政府各自的作用，政府摆正位置，学校自主创新，使教育教学能够真正发挥培养人才的作用。坚持优化服务改革是符合政府职能改革的趋势，对政府在教育教学中的角色进行重新定位，界定政府的服务范围，构建起政府、学校、社会之间的新型关系。“放管服”三者的结合可以使政府权力下放、政府在位管理、服务改革深化保持在一个合适的范围之内。国家发展与教育发展是相辅相成的关系，在教育领域坚持“放管服”相结合的原则，深化简政放权、放管结合、优化服务改革，把该放的权力坚决放下去，把该管的事项切实管住管好，加强事中事后监管，构建政府、学校、社会之间的新型关系。

4. 坚持顶层设计与基层探索相结合

坚持顶层设计与基层探索是深化教育体制机制改革的基本原则。坚持顶层设计指的是运用系统论的方法，从全局的角度，对某项任务或者某个项目的各方面、各层次、各要素统筹规划，以集中有效资源、高效快捷地实现目标。在教育大发展的时期，顶层设计发挥了至关重要的作用，极大地解放了思想，开创了教育发展大好局面。1985年《中共中央关于教育体制改革的决定》出台，开启了中国教育体制改革的大幕。推进“地方负责、分级管理”的九年制义务教育；调整中等教育结构，大力发展职业技术教育；改革高等学校的招生分配制度，扩大高等教育办学自主权。这些极大地激发了全民关心教育、支持教育、办好教育的积极性和创造性，极大地激发了教育的活力，推进中国实现从人口大国向人力资源大国的转变。顶层设计彰显出了独特的优势所在。20世纪90年代，顶层设计开启了普及义务教育的攻坚战，最终在21世纪初基本实现了全面普及义务教育。由此可以看出，顶层设计与教育结构、治理改革、资源分配等教育体制机制改革中的宏观方向息息相关，可以通过大方向上的调整来把控整个教育体制机制改革的节奏，从而完成深化教育体制机制改革的目标。然而，我国是一个幅员辽阔、人口众多、社情复杂的多民族国家，“顶层设计”侧重高层改革决策，难以在基层具体情况中面面俱到，更不可能应对地方改革发展过程中遇到的所有问题和挑战。地方基层简单、死板地遵从、执行“顶层设计”，必然会刻舟求剑、水土不服。“要鼓励地方、基层、群众解放思想、积极探索，鼓励不同区域进行差别化试点，善于从群众关注的焦点、百姓生活的难点中寻找改革切入点，推动顶层设计和基层探索良性互动、有机结合。”①

① 中共中央组织部党建研究所. 党的建设大事记. 北京：党建读物出版社，2018：226.

坚持基层探索指的是地方创造性地执行、创新性地落实改革各项决策措施，不断推进理论和实践创新，及时制定适宜地方发展需要的细则规定，让改革更加精准地对接发展所需、基层所盼、民心所向，进而确保教育体制机制改革的系统性、整体性、协同性。习近平总书记强调：中央通过的改革方案落地生根，必须鼓励和允许不同地方进行差别化探索。[①] 只有反映最基层的民情，触摸最基层的问题，进行最基层的探索，才能让一切劳动、知识、技术、管理、资本的活力竞相迸发，让改革发展成果更公平地惠及全体人民群众。基层探索一方面可以使中央的改革方案在地方上大胆落实和推进，推动中央各项决策措施惠及民众；另一方面可以通过探索实践得出真实的反馈效果，为理念具体化提供实践参照，不断推进理论和实践的创新。基层探索不仅是顶层设计落地开花的重要一环，更是全面深化改革的生命之源。在教育领域的基础探索，既可以适应各地方的经济、政治和文化的发展水平，因地制宜，顺势而为，充分发挥出各地方所特有的教育优势，又可以真正落实惠及社会、惠及民众，促进教育公平、提高教育质量，做地方人民满意的事，获得人民群众的理解与支持。

在深化教育体制机制改革之路上，坚持顶层设计与基层探索相结合的基本原则，对深化教育体制机制改革具有重要意义。基层探索，意味着摸着石头过河，在“无人区”探路，为顶层设计提供脚本、积累经验。顶层设计则讲求全局，是自上而下的系统谋划，将基层探索的经验转化成更大范围的成果。从基层探索到顶层设计，呈现出从特殊到一般、从部分到整体逐步提升的思维层次，既是唯物辩证法的生动体现，也充分说明了实践是检验真

① 中共中央组织部党建研究所. 党的建设大事记. 北京：党建读物出版社，2018：309.

理的唯一标准。这条路不是一帆风顺的，需要付出一定的代价。因此，我们要科学认识从基层探索到顶层设计的试错价值，探索成功了可以推广经验，供其他地区借鉴，探索失败了也不会出现颠覆性的错误。加强系统谋划，注重与《国家中长期教育改革和发展规划纲要（2010—2020 年）》等做好衔接。要尊重基层首创精神，充分调动地方和学校改革的积极性、主动性、创造性，及时将成功经验上升为制度和政策。坚持顶层设计与基层探索相结合，弥补了顶层设计容易脱离现实且得不到正确的实践反馈的缺点，又能够使顶层设计真切地与地方实际情况相结合，推动地方教育体制机制改革，充分发挥基层的主动性、创造性和积极性，使地方政府和学校都能够各尽其职，各尽其用，还充分发挥了顶层设计的引领和指导作用，保证教育体制机制改革在大方向上的正确性和稳定性。

三、健全立德树人系统化落实机制

教育是国之大计、党之大计。习近平总书记在 2018 年 9 月 10 日的全国教育大会上指出："要把立德树人融入思想道德教育、文化知识教育、社会实践教育各环节，贯穿基础教育、职业教育、高等教育各领域，学科体系、教学体系、教材体系、管理体系要围绕这个目标来设计，教师要围绕这个目标来教，学生要围绕这个目标来学。凡是不利于实现这个目标的做法都要坚决改过来。"[①] 国无德不兴，人无德不立。立德树人是提高国民素质、建设人力资源强国的战略行动。在当前我国教育改革发展的新阶段，

① 坚持中国特色社会主义教育发展道路 培养德智体美劳全面发展的社会主义建设者和接班人. 人民日报，2018-09-11 (1).

从全局和战略高度出发，为不断提高德育工作的针对性、实效性，就必须坚持育人为本、德育为先，健全立德树人系统化落实机制，把立德树人作为教育的根本任务。

1. 坚持和完善党对教育事业的全面领导

党的十八大以来，在以习近平同志为核心的党中央领导下，我国教育事业通过一系列改革和建设，取得了巨大成就。历史和实践证明，唯有坚持党对教育事业的全面领导，坚持社会主义办学方向，坚定中国特色社会主义教育之路，才能实现教育强国、民族复兴；唯有牢牢掌握党对教育工作的领导权，才能办好我们的教育。健全立德树人系统化落实机制，首先必须坚持和完善党对教育事业的全面领导。在全国教育大会上的重要讲话中，对于新时代教育改革发展，习近平总书记提出了一系列新理念新思想新观点，集中阐述了“九个坚持”，其中第一项就是“坚持党对教育事业的全面领导”，突出强调了党对教育事业的极端重要性，为我国教育事业贯彻落实党的领导提出了明确要求，也为我国实现教育现代化、建设教育强国、办好人民满意的教育指明了政治方向，提供了根本遵循。

（1）深入开展理想信念教育，引导学生坚定拥护中国共产党领导。

理想信念教育是全部教育事业的基石。习近平总书记在全国教育大会上强调：“我国是中国共产党领导的社会主义国家，这就决定了我们的教育必须把培养社会主义建设者和接班人作为根本任务，培养一代又一代拥护中国共产党领导和我国社会主义制度、立志为中国特色社会主义奋斗终身的有用人才。这是教育工作的根本任务，也是教育现代化的方向目标。”① 引导学生坚定拥护中

① 坚持中国特色社会主义教育发展道路 培养德智体美劳全面发展的社会主义建设者和接班人. 人民日报，2018－09－11（1）.

国共产党的领导，是理想信念教育的关键。

毋庸置疑，在如何看待执政党、国家等问题上，不仅关系着中国特色社会主义事业发展的重大原则，也是思想政治理论课的核心关注点。因此，教会学生如何运用马克思主义的正确立场、观点、方法从整体上把握这些问题，坚定学生的政治立场，引导学生拥党爱国，增强对中国特色社会主义国家的认同，是学校思想政治理论课程设置的目的之一。当代学生群体思想活跃、接受能力强，然而限于成长经历的特殊性，虽然物质条件优越，但尚未广泛接触社会政治活动，政治认知、政治能力等方面并不成熟。由于目前一些学校思想政治教育尚未突破传统模式，教育手段单一，再加上社会中不良环境和歪风邪气等方面的因素影响，许多学生理想信念结构失衡，导致其往往是以一种脱离现实的旁观者身份感受着社会和时代的变革，理想信念淡化，政治意识模糊，并不具备与祖国共命运的情怀和精神解放的觉悟，甚至在理想认知、信念实践方面误入歧途。

因此，在纷繁复杂的多元文化和多元价值观面前，深入开展理想信念教育，引导学生坚定拥护中国共产党领导，既有助于学生的灵魂塑造，也能更好地对学生落实社会主义核心价值观教育，从而支撑起他们的精神大厦。这不仅是加强和改进学生思想政治教育的现实需要，也是引导和促进学生健康成长与全面发展的战略需要。

(2) 树立中国特色社会主义共同理想。

中国特色社会主义共同理想，是社会主义核心价值体系的重要组成部分。所谓“共同理想”，就是共同的价值追求、价值取向和价值目标。在不同的历史阶段，中国共产党以共同的理想信念，将全民族的力量凝聚起来，创造出了辉煌的业绩，为中华民族书写了灿烂篇章。事实证明，有了共同理想，才能有共同步调。这种以认知理性为基础的价值理性，往往能激发起社会成员的爱国热情和为之献身的坚强意志。无论过去、现在或将来，共同理想都是中国共产党人的巨大优势。这种优势伴随着经济社会的深刻变化、社会意识的多样化而持续保持。在人们思想观念日益多样化的今天，我国依然需要一个坚强的精神支柱，以此有效凝聚各方面的智慧和力量，打牢全党全国各族人民团结奋斗的思想基础。这个精神支柱，就是代表广大人民根本利益、并为社会各个阶层广泛认可和接受的中国特色社会主义共同理想。

中国特色社会主义共同理想不仅是社会主义核心价值体系的主题，也是凝聚和统一学生群体思想的有力武器。作为国家宝贵的人才资源，广大学生群体是祖国的未来、民族的希望，是推动历史发展和社会前进的重要力量。在全国教育大会上的讲话中，习近平总书记特别强调，要在坚定理想信念上下功夫，教育引导学生树立共产主义远大理想和中国特色社会主义共同理想。

由于社会转型时期价值多样化，在腐朽价值观等不正之风的侵蚀下，学生群体理想信念结构失衡，对社会、国家的责任感和使命感在逐渐削弱。因此，要提高学生群体基本的政治素质，将其培养成中国特色社会主义事业的合格建设者和可靠接班人，就必须加强思想政治教育工作，树立中国特色社会主义共同理想，使他们认识到只有把个人理想与社会共同理想统一起来，肩负起振兴中华的历史责任，才能更好地实现自己的人生价值。

（3）增强中国特色社会主义道路自信、理论自信、制度自信、文化自信。

党的十八大以来，习近平总书记高度关注民族自尊心的培育，强调全党要更加自觉地增强道路自信、理论自信、制度自信、文化自信。作为中国特色社会主义的重大理论创新，“四个自信”是中国特色社会主义现代化建设实践中形成的重要精神成果，是实现中华民族伟大复兴中国梦的精神动力。在当前教育改革发展的新阶段，引导学生群体增强“四个自信”，也是目前我国高校思政教育中的核心内容，具有广泛而深刻的现实意义。

当今社会，科技高度发达，互联网信息呈爆炸式发展，广大学生群体极易受到社会不良思想以及国外势力别有用心的政治、文化渗透，对中国特色社会主义道路和中国传统文化产生迷茫与怀疑，造成理想信念模糊、价值取向功利化的恶果。为坚定当代学生的政治信仰和对祖国的深情厚谊，使其成为推动中国未来发展的中流砥柱，作为理论宣传和价值观培养的主要阵地，全国高校要积极传播“四个自信”的相关理论，促进思想政治教育的创新和改革，才能不断提升立德树人的水平。思政课教师应主动克服思想政治教育工作中的灌输性和机械化，在活跃的、轻松的课堂氛围中，通过日常的学习不断积累有关“四个自信”教育的经验、事例、故事，深入浅出地进行理论知识的传授，引导学生在潜移默化中不断增强中国特色社会主义的道路自信、理论自信、制度自信和文化自信。

2. 构建以社会主义核心价值观为引领的一体化德育体系

社会主义核心价值观明确了立德树人的价值根据和标准，将国家层面的价值目标、社会层面的价值取向和个人层面的价值准则融为一体，引领了德育的全过程。社会主义核心价值观引领下的一体化德育体系建设，既是落实国家教育战略的必然要求，也是实现德育目标的关键所在。为实现大中小幼各学段德育的有效衔接与最优化整合，使大中小幼各学段德育衔接贯通、相辅相成，社会主义核心价值观引领下的一体化德育体系建设，对大中小幼德育进行了全方位、多角度的整体设计和综合考量。健全立德树人系统化落实机制，最大限度优化德育教育的顶层设计，增强德育教育的科学性，必须构建以社会主义核心价值观为引领的一体化德育体系。

（1）推进社会主义核心价值观内化于心、外化于行。

习近平总书记曾在北京大学师生座谈会上指出："核心价值观，其实就是一种德，既是个人的德，也是一种大德，就是国家的德、社会的德。国无德不兴，人无德不立。如果一个民族、一个国家没有共同的核心价值观，莫衷一是，行无依归，那这个民族、这个国家就无法前进。"① 关注青少年的身心特点并适应其成长规律，以系统和终身发展的逻辑建构学校"一体化大德育"体系，引导青少年发展良好的道德品质、获得可持续发展的关键能力，是当前学校教育改革和创新发展的一项重要工作。

从"大德育"的角度来看，家庭、社会和学校通过有机结合而形成的德育网络是德育的最佳结构系统。而任务的实现，则主要是靠学校教育来完成。作为一项系统工程，德育工作不仅独立完整地存在于各个学段，也一脉相承地贯穿在大中小幼各学段学校教育的过程中。幼儿德育是启蒙，小学德育是基础，中学德育是关键，大学德育是升华。德育的实施必须把握具体教育对象的心理特点和成长规律，不仅要遵循知识传授的规律，也要遵循价值认同的规律，紧密围绕社会主义核心价值观实施，合理设计德育手段，正确选择德育方法，科学安排德育内容。既要照顾不同年龄段学生自身的特点，也要使大中小幼各个学段之间能够实现最有效的衔接。在德育内容上，针对不同学段学生的认知和接受

① 习近平．青年要自觉践行社会主义核心价值观：在北京大学师生座谈会上的讲话．北京：人民出版社，2014：4.

能力，要与学生知识结构和成长阶段相契合。在德育形式和方法上，要注重各个学段内部的德育整体有效衔接，充分发挥全体教师、各门课程的德育作用和功能，把德育渗透到学校教育的方方面面，真正实现德育工作的有效衔接，推进社会主义核心价值观内化于心、外化于行。

（2）深入开展以爱国主义为核心的民族精神和以改革创新为核心的时代精神教育、道德教育、社会责任教育、法治教育。

作为一个民族的灵魂和本民族文化的精髓，民族精神是推动国家发展进步、生生不息的强大精神支柱，体现了一个民族的内在，反映了一个国家的凝聚力。中华民族在 5 000 多年的发展历程中，形成了以爱国主义为核心的团结统一、爱好和平、勤劳勇敢、自强不息的伟大民族精神，成为中国人民继往开来的强大精神动力。

在长期艰苦卓绝的奋斗历程中，中国共产党人形成的井冈山精神、长征精神、延安精神、西柏坡精神、抗洪精神、载人航天精神和抗震救灾精神，将中华民族勤劳勇敢、吃苦耐劳的民族精神发扬光大。作为一种强大的精神力量，时代精神始终激励着中国人民顽强进取、百折不挠，是凝聚党心民心、激励全党和全体人民为实现国家富强、民族振兴共同奋斗的重要法宝。

伟大的事业需要伟大的精神。实现中华民族伟大复兴的中国梦，是当代中国爱国主义的鲜明主题。要大力弘扬伟大的爱国主义精神，大力弘扬以改革创新为核心的时代精神，为实现中华民族伟大复兴的中国梦提供共同精神支柱和强大精神动力。将民族精神和时代精神作为引领当代学生前行的精神旗帜，既是时代提出的要求，也是当代学生成长的现实需求。以爱国主义为核心的民族精神和以改革创新为核心的时代精神培养当代学生，对于中国梦的实现有十分重要的作用。因此，全国各大高校必须深入开展以爱国主义为核心的民族精神和以改革创新为核心的时代精神教育、道德教育、社会责任教育、法治教育，要把弘扬和培养民族精神和时代精神作为主要任务，将当代学生培养成一批内外兼修高素质的优秀人才，增强整个民族的凝聚力、感召力和创造力，为实现中华民族伟大复兴提供有力保证。

（3）加强中华优秀传统文化、革命文化和社会主义先进文化教育。

习近平总书记在庆祝中国共产党成立 95 周年大会上的讲话中强调："在 5 000 多年文明发展中孕育的中华优秀传统文化，在党和人民伟大斗争中孕育的革命文化和社会主义先进文化，积淀着中华民族最深层的精神追求，代表着中华民族独特的精神标识。"① 在党的十九大报告中，习近平进一步指出："中国特色社会主义文化，源自于中华民族五千多年文明历史所孕育的中华优秀传统文化，熔铸于党领导人民在革命、建设、改革中创造的革命文化和社会主义先进文化，植根于中国特色社会主义伟大实践。"② 作为中国文化不同历史阶段的产物，中华优秀传统文化、革命文化、社会主义先进文化一脉相承，是推动中国特色社会主义文化繁荣兴盛的重要力量。

作为中国未来建设的生力军，当代学生应承担起弘扬中国文化的责任。为加强中华优秀传统文化教育，各类学校在深入贯彻落实中共中央办公厅、国务院办公厅《关于实施中华优秀传统文化传承发展工程的意见》时，应将中华优秀传统文化纳入教学体

① 习近平．在庆祝中国共产党成立 95 周年大会上的讲话．人民日报，2016-07-02（2）.

② 习近平．决胜全面建成小康社会 夺取新时代中国特色社会主义伟大胜利：在中国共产党第十九次全国代表大会上的报告．北京：人民出版社，2017：41.

系，积极开设中华优秀传统文化教育课程和讲座报告，向学生推荐阅读中华优秀传统文化经典，或开展戏曲、书法、传统体育等校园活动；在革命文化和社会主义先进文化教育方面，可结合学校实际，为开展党史、国史、改革开放史和社会主义发展史学习教育，打造工作载体和活动品牌，教育引导学校师生继承革命传统，传承红色基因。

3. 完善全员、全过程、全方位育人的体制机制

高校思想政治工作关系高校培养什么样的人、如何培养人以及为谁培养人这个根本问题。要坚持把立德树人作为中心环节，把思想政治工作贯穿教育教学全过程，实现全程育人、全方位育人，努力开创我国高等教育事业发展新局面。健全立德树人系统化落实机制，必须着力构建“三全育人”工作体系，不断提升人才培养的针对性和实效性，切实肩负起培养德智体美劳全面发展的社会主义建设者和接班人的神圣使命。

（1）充分发掘各门课程的德育内涵。

育人工作具有整体性。全国各大高校应充分发掘各门课程的德育内涵，构建德智体美劳全面培养的教育体系，建立责任清单，强化工作举措，推进教学、管理、服务等部门协同联动，将育人工作贯穿到学生从入学到毕业的各阶段，覆盖到全校各班级，融入学生学习生活各方面，共唱育人“合奏曲”。

为充分发掘各门课程的德育内涵，培养德智体美劳全面发展的社会主义合格建设者和可靠接班人，必须大力加强教师队伍建设，进一步优化教师素质结构，让广大教师以德立身、以德立学、以德施教，做党和人民满意的好老师，促使学生价值观端正、知识丰富、能力全面。要求专业课教师、思想政治理论课教师、哲学社会科学课教师、辅导员、班主任、管理干部等多个岗位的育

人要素，将育人职能贯穿其工作始终，做到教学与科研兼顾、教书与育人兼顾、信道与传道兼顾、立己德与树人德兼顾，坚持专业素养、职业素养、政治素养、人格素养一体化发展。

高校在深入推进教育教学改革、深化人才培养机制和教学方式改革的过程中，应创建多元、普惠、个性化的人才培养模式，构建育人新模式，营造育人新生态，全面提升人才培养水平。在推进思想政治工作的过程中，要与党建工作充分结合，使马克思主义学科与各学科特别是哲学社会科学各学科融合、交叉，汇聚协同育人的智慧和力量，通过有效开展大学生理想信念教育，培育和践行社会主义核心价值观，塑造学生健全的人格、向善的人性和高尚的人品，使其成为担当民族复兴大任的时代新人。

（2）创新思想政治教育方式方法。

高校是培养人才的重要场所。能否培养出社会主义现代化建设的合格建设者和可靠接班人，既取决于高校的办学水平和教学实力，也与有效开展思想政治教育密不可分。思想政治工作涉及世界观、人生观和价值观，既要贯穿高等教育的始终，也应贯穿学生成长成才的始终。为办好具有中国特色的社会主义大学，推动高等教育的健康发展，必须把高校思想政治教育摆在十分突出的位置。

高校思想政治教育属于意识形态工作。由于当代大学生思维活跃，乐于接受新鲜事物，伴随着互联网技术的不断发展与自媒体技术不断进步，传统说教式的思想政治教育已经很难对其产生吸引力，不能适应新的形势发展和要求，也无法引发学生共鸣，这对于新常态下做好思想政治工作带来了新的挑战。做好高校思想政治工作，要因事而化、因时而进、因势而新。当下国内国际意识形态的斗争十分复杂，各大高校又是各种思潮互相交织、互相碰撞的地方，因此，高校思想政治教育要与时俱进，坚持创新驱动，不断探索新方法，尝试新手段，必须有声有色接地气，才能实实在在出成效。

创新高校思想政治教育方式方法，首先应避免空洞的说教，主动以学生关心的情感问题、学业问题、就业问题等热点问题作为突破口，在内容建设上多下功夫，将世界观、人生观和价值观与学生的实际生活紧密联系起来，这样才能使思想政治教育落地有声。其次，开展高校思政工作，通过各种自媒体，以学生喜闻乐见的方式推动工作的开展，构建与青年学生的“专属”交流通道，增进情感认同、思想认同和行为认同。最后，组织和构建高雅的品牌校园文化活动，也能使青年学生在广泛的社会实践中感受社会主义核心价值观的魅力和高校思政教育工作的重要意义，通过参与锻炼自己明确责任的能力和担当，从而获得人生的启迪、智慧的光芒和精神的力量。

(3) 加强学校、家庭和社会教育的有机结合。

学校教育离不开社会大环境。社会环境中不良现象的存在与不正之风的误导，也会污染学校德育工作的纯洁性。为促进学校精神文明建设工作的健康开展，就必须加强学校、家庭和社会教育的有机结合，大力推进学校、社会、家庭一体化育人，提升丰富家庭教育资源，充分利用社会教育资源，达到多方位合力育人的效果。

政府要为高校教育工作积极创造一个良好的社会环境，努力清除腐败，扭转不健康的社会风气；学生家长和社会各界人士也应对学校的工作给予力所能及的帮助与支持。同时，学校要利用当地政府、社区有关会议，介绍学校及学生的情况，宣传有关政策精神，取得社会的理解和支持。对于社会环境中出现的一些不良现象，学校要从实际出发，坚持对学生进行正面教育，适当剖析这些不良现象产生的原因、不良后果及对策，使学生增强“免疫力”。同时，学校在教育管理的过程中，也要变“封闭式”教育为“开放式”教育，通过正视问题、解决问题来提高学生判断是非、识别真伪、鉴别美丑的能力，使其学会合理过滤社会信息，科学辩证地看待问题。

总而言之，为创设一个有利于青少年学习、成长的良好环境，必须使学校教育、家庭教育和社会教育有机地结合起来，一切从实际出发、密切协作，才能有效完善全员、全过程、全方位育人的体制机制，培养出适应新世纪建设和发展需要的人才。

4. 健全促进学生身心健康、全面发展的长效机制

教育事业已经成为体现国家综合国力、推动社会前进发展的主要动力。在教育改革发展的新阶段，要求教育事业以更科学、更系统的方式研究出更适合学生发展需求的教育方针，从而在充分改善教学环境的基础上提升综合教育成效。健全促进学生身心健康、全面发展的长效机制，强化学生关键能力培养，是健全立德树人系统化落实机制的题中应有之义。中共中央办公厅、国务院办公厅于 2017 年 9 月印发的《关于深化教育体制机制改革的意见》，明确提出在培养学生基础知识和基本技能的过程中，要注重培养支撑终身发展、适应时代要求的关键能力。这些关键能力，即认知能力、合作能力、创新能力和职业能力。

（1）认知能力。

认知能力是学生实现有效学习的重要因素，影响着学生的学业水平和学习能力，对保证教学质量具有重要意义。培养学生的认知能力，就要让学生走出思维定式，并克服从众心理，使其具备独立思考、逻辑推理、信息加工能力以及语言表达和文字写作

的素养，养成终身学习的意识和能力。

思维定式是人们在解决问题时，因过去经验的影响而产生的一种心理倾向。它虽然可以使人们在处理日常事务和一般性问题时驾轻就熟、得心应手，但在面临新情况、新问题时却会可能成为一种思维枷锁。在十多年的教育过程中，学生们既学到了很多知识，也渐渐形成了按部就班的思维定式。因此，要破除这种思维枷锁，就必须注重培养学生开拓创新的意识和随机应变的能力。

从众心理是创造性思维的一大障碍。在很多环境下，学生个人因受群体的影响和压力，会在知觉、判断及行为上倾向于与群体中多数人一致。因此，培养学生的认知能力，还要让学生克服从众心理，不随波逐流，不人云亦云，善于独立思考，敢于标新立异。

（2）合作能力。

随着知识经济时代的到来，各种信息不断更新，科学技术迅猛发展。由于多种学科文化相互交叉，社会对人才的需求呈现多样化趋势。在很多情况下，单靠个人的能力已经很难应对错综复杂的问题。而克服各种困难的最佳方法，就是将多种人才汇集起来，利用集体智慧发挥团队优势。因此，用人单位招聘毕业生的重要测试指标，就是学生的合作能力。让学生更快更好地适应社会，不仅关系着学校教育能否实现“以学生为本”，还影响着每个大学生综合素质的提高和未来职业的发展。

合作能力是建立在正确的世界观、人生观、价值观基础之上的一种协同工作精神。要培养学生的合作能力，高校就必须在授课过程中，结合当代大学生的思想状况，改进教育模式，改善教学方法。教师要善于培养学生的集体意识和集体荣誉感，从而提高学生的团队合作意识和团队协作能力。此外，学校还应鼓励学生参加社会实践活动，落实学生合作精神的培养，使学生更好地将理论与实践相结合，在沟通交往中感受竞争与合作的社会氛围，塑造优秀的团队合作能力，提高自身的专业技术水平。

（3）创新能力。

作为当代科技发展的主旋律，创新是一个民族进步的灵魂，也是一个国家兴旺发达的不竭动力。要提高国家的创新能力，就必须在教育工作中不断提高青少年的创新能力。

为了培养学生的创新能力，教师在备课时要认真地分析教材，精心地设计问题，给学生提供创新的机遇。要将人类进行知识创造的过程形象地展现在学生面前，使其进行积极的思考、探索。教师应提供充分的时间，给学生以创新的机会，不能仅仅将课例中的教学环节改成教师展示，通过“填鸭式”的教学模式来“节约”时间。教师要像课例中那样，为学生创设一个良好的活动空间，让学生在这个空间中去发现、探索、创造。只有让学生在教学过程中亲自感悟到知识信息的来龙去脉，才能逐渐养成创新的习惯，形成创新的意识和能力。

（4）职业能力。

随着社会科学技术升级引发的专业人才要求变化，在现代产业链下，众多产业岗位要求的人才，不仅应具备专业技术技能，还要具备现代职业素养。要为社会推送更多具备职业素养的专业人才，全国各大高校必须引导学生适应社会需求，树立爱岗敬业、精益求精的职业精神，践行知行合一，积极动手实践和解决实际问题，为我国教育事业的深化发展做出力所能及的贡献。

要培养学生的职业能力，就必须构建出更优良的教育环境，推动教育事业的良性发展。学校应以现代职业岗位需要的知识、技能和经验为导向，及时调整专业教学内容，切实增强人才培养的时效性，解决教学内容老化问题。为了发展学生的专业能力和职业素养，学校还应努力构建一种动态的课程体系，主动对接社会发展新要求，及时调整专业教学内容，积极开展学校与社会团体的深度合作，为培养学生的职业能力共享教育资源，从而有效提升毕业生的就业竞争力，使其更好适应现代社会发展需要。

四、推进教育事业体制机制综合改革

党的十八大以来，教育领域的改革取得了明显成效，教育公共服务水平和教育治理能力不断提升，中国特色社会主义教育制度体系也进一步完善。但是，我们也清醒地看到，当前我国教育改革发展已经进入了新阶段，教育内外环境、资源条件、评价标准等都发生了重大而深刻的变化。“在充分肯定教育事业发展成就的同时，我们也要清醒地认识到，教育优先发展地位需进一步巩固，教育发展还存在不平衡、不协调的问题，学前教育、职业教育、继续教育仍是教育体系中的突出短板，教师队伍还不能适应提升质量与促进公平的新要求，教育对外开放的水平不够高，等等。这些都是我国教育事业面临的新问题新挑战。”[①] 针对以上问题，在 2020 年全国教育大会上，习近平总书记对建立全新的教育体系、建立高质量的教师队伍、创新教育体制机制、统筹家庭学校政府社会力量等方面做出了系统部署。

1. 深化基础教育体制机制改革

改革开放以来，我们在全面普及九年义务教育、推进高等教育的大众化方面取得了很大成绩。最近五年又提出高中阶段教育

---

① 王炳林．全面深化教育领域综合改革．中国教育报，2017－09－15（1）．

和学前教育的普及目标。在我国快速发展的过程中，教育领域也出现了发展不平衡的问题，如区域、城乡、校际的教育水平发展不平衡，不同群体间教育机会的不平衡，教育体制内部与现实需求的不平衡。习近平总书记在党的十九大报告中明确指出：推动城乡义务教育一体化发展，高度重视农村义务教育，办好学前教育、特殊教育和网络教育，普及高中阶段教育，努力让每个孩子都能享有公平而有质量的教育。这就是在教育大国向教育强国转变过程中，教育改革要体现出对弱势群体教育需求的关注，努力实现优质均衡。

学前教育是各级各类教育中的薄弱环节，集中表现为资源短缺、投入不足、“入园难”、“入园贵”等问题突出。这就要求创新学前教育普惠健康发展的体制机制。一是理顺学前教育管理体制和办园体制，推动落实“国务院领导、省市统筹、以县为主”的学前教育管理体制。鼓励拓宽学前教育资源准入渠道，增加多元化的办园模式，提供质量合格的普惠性服务。2019 年全国共有幼儿园 28.12 万所，比 2018 年增加 1.45 万所，增长 5.44%。学前教育毛入园率达到 83.4%，比 2018 年提高 1.7 个百分点。[①] 二是建立健全学前教育教师准入机制，配备专业化教师队伍，不仅要增加幼儿园的数量，还要增加专职教师。各地通过公开招考、免费师范生、核定编制政府购买服务等多种方式，补足配齐幼儿园教师。2019 年全国幼儿园专任教师 276.31 万人，比 2018 年增加 18.17 万人，增长 7.04%。[②] 三是通过课程改革，加强科学保教，坚决纠正“小学化”倾向。以幼儿身心健康发展为前提，根据实际情况，合理安排学习生活时间，建立统一的教育标准，课程改革实现寓教于乐，

①② 2019 年全国教育事业发展统计公报. (2020-05-20) [2020-11-08]. http://www.moe.gov.cn/jyb_sjzl/sjzl_fztjgb/202005/t20200520_456751.html.

同时加强监管力度，从办学数量转向办学质量，规范办园行为。

义务教育是教育工作的重中之重。当城乡免费义务教育全面普及，从根本上解决了适龄儿童少年“有学上”问题后，我国区域之间、城乡之间、学校之间办学水平和教育质量的差距逐渐出现，人民群众不断增长的高质量教育需要与供给不平衡不充分之间的矛盾不断凸显，推进义务教育均衡发展成为必然选择。这就要求完善义务教育均衡优质发展的体制机制。一是针对义务教育学生课外负担重的问题，要建立以学生发展为本的新型教学关系。要改进教学方式和学习方式，变革教学组织形式，创新教学手段，改革学生评价方式；要切实减轻学生过重课外负担，建立健全课后服务制度，改善家庭教育，规范校外教育培训机构，营造健康的教育生态，大力宣传普及适合的教育才是最好的教育、全面发展、人人皆可成才、终身学习等科学教育理念。二是针对义务教育城乡发展不协调问题，推动学校标准化建设，要统一城乡学校建设标准、城乡教师编制标准、生均公用经费基准定额、基本装备配置标准。三是针对城市大班额计划推进改革。要扩建、改建、新建校园宿舍，增加学位供给，同时大力提升乡村教学水平，让农村孩子留在家门口上学；要切实改变农村和贫困地区教育薄弱面貌，着力提升乡村教育质量，加大对薄弱地区的扶持力度，加强教师资源的统筹安排，均衡配置贫困地区的师资力量。四是针对择校难问题，改进管理模式。要试行学区化管理，探索集团化办学，采取委托管理、强校带弱校、学校联盟、九年一贯制等灵活多样的办学形式；要完善入学制度，统筹设计小学入学、小升初、高中招生办法。①

① 关于深化教育体制机制改革的意见.（2017-09-24）[2020-11-08]. http://www.gov.cn/xinwen/2017-09/24/content_5227267.htm.

普通高中教育是教育工作的关键时期，必须把习近平新时代中国特色社会主义思想铸魂育人放在首要位置，必须突出德育时代性，强化综合素质培养，拓宽实践渠道，构建学生全面发展的素质教育。一是针对高中时期片面追求升学率，育人教育缺失、教学理念落后、管理机制僵化、文化封闭、资源稀少等问题，深化普通高中教育教学改革，实施新修订的普通高中课程方案和课程标准，增强课程的选择性和适应性，有序推进选课走班机制，优化教学管理，培养学生综合素养，稳妥推进高考改革，促进高中教育从“应试”教育模式向“全面育人”教育方式转变。二是针对民族问题，要完善民族教育加快发展机制，建立民族团结教育常态化机制，深入开展国情教育和形势政策教育，推进爱国主义教育和民族团结教育进教材、进课堂、进头脑，加大对少数民族和民族地区教育支持力度。三是针对特殊孩子的歧视问题和保障问题，要完善特殊教育融合发展机制，改进特殊教育育人方式，强化随班就读，建立健全融合教育评价、督导检查和支持保障制度。四是针对政府职能转变尚未到位，学校自主发展、自我约束机制尚不健全，社会参与教育治理和评价还不充分等问题，要健全支持和规范民办教育发展的制度，引导社会力量进入非营利性民办学校，保障民办学校享有与公办学校平等的法律地位，健全财政、土地、登记、收费等方面支持民办学校发展的相关政策，健全监管机制。要推动学习型社会建设，加大政府扶持，鼓励社会各行各业、各类学校和培训机构开展继续教育，要以开阔眼界、提升技能和培养情操为导向，健全促进终身学习的制度体系。

2. 深化职业教育体制机制改革

职业教育是我国教育事业的重要组成部分。近年来，我国经济发展进入新常态，从高速增长转向中高速增长，经济增长更趋平稳，增长动力更趋多元，供给侧结构性改革持续推进，经济结构优化升级，发展前景更加稳定。职业教育改革发展的外部环境发生显著变化，迫切需要技术技能人才的有力支撑，这是职业教育全面提升质量的新机遇。这就要求我们牢固树立新发展理念，服务建设现代化经济体系和实现更高质量的就业需要，对接科技发展趋势和市场需求，完善职业教育和培训体系，优化学校、专业布局，深化办学体制改革和育人机制改革，以促进就业和适应产业发展需求为导向，鼓励和支持社会各界特别是企业积极支持职业教育，着力培养高素质劳动者和技术技能人才。

针对我国职业教育存在技术技能人才成长的配套政策不完善、办学和人才培养质量水平参差不齐等问题，强调要健全德技并修、工学结合的育人机制。坚持以就业为导向，狠抓教学、教材、教师，着力培养学生的工匠精神、职业道德、职业技能和就业创业能力；坚持工学结合，坚持学中做、做中学，总结现代学徒制和企业新型学徒制经验，推动形成具有职业教育特色的人才培养模式；坚持学历教育与培训并重，提高中等职业教育发展水平，推进高等职业教育高质量发展，完善高层次应用型人才培养体系，畅通技术技能人才成长渠道。

针对我国职业教育存在体系建设不够完善、制度标准不够健全、课程体系和教材建设不够实际等问题，必须完善专业动态调整机制，完善教学标准，创新教学方式，改善实训条件，加强和改进公共基础课教学，严格教学管理，发挥标准在职业教育质量提升中的基础性作用。一是按照专业设置与产业需求对接、课程内容与职业标准对接、教学过程与生产过程对接的要求，完善中等、高等职业学校设置标准，提升职业院校教学管理和教学实践能力。[①] 二是政府积极支持职业培训，促进各行各业参与到技术型人才的培养中，加快课程体系建设，增加实际操作培训，提高师资水平，实现理论联系实际的专业改革。三是深化复合型技术技能人才培养培训模式改革，面向在校学生和全体社会成员开展职业培训，借鉴国际职业教育培训的普遍做法，制订工作方案和具体管理办法，启动“1+X”证书制度试点工作，为现代制造业、现代服务业、现代农业发展和职业教育现代化提供人才支持。四是理顺职业教育管理体制，教育部门统筹规划本地区职业教育工作，具体负责职业院校学历教育，人力资源社会保障部门具体负责以职业技能为主的职业资格培训和管理，推动设区市中心城区中等职业学校由设区市统一举办和管理。

针对我国职业教育存在职业技能实训基地建设薄弱、企业参与办学动力不足等问题，要促进产教融合、校企合作的办学模式，强化服务经济社会发展的能力。一是鼓励支持各行各业参与办学，健全参与体制机制和支持政策，实训教育要贯彻人才培养的全过程，促进职业教育与经济社会需求对接。二是推动校企全面加强深度合作，学校积极为企业提供所需的课程、技术、人才等资源，企业应当依法履行实施职业教育的义务，积极实现与学校的联合办学，开展国家产教融合建设试点，利用企业现有的场地、技术、知识和设备等，提高学员的实际操作能力。三是深化政府、学校和企业的合作，共同打造一批具有实践操作、产业对接和社会服务等优点的实业教育培训基地。四是充分发挥行业主管部门的指导、评价和服务作用，支持行业组织推进校企合作、发布人才需求信息、参与教育教学、开展人才质量评价，明确企事业单位承

① 国务院关于印发国家职业教育改革实施方案的通知.（2019-02-13）[2020-11-08]. http://www.gov.cn/zhengce/content/2019-02/13/content_5365341.htm.

担学生社会实践和实习实训的职责义务与鼓励政策。

3. 深化高等教育体制机制改革

高等教育处于教育体系的顶端，是科技（第一生产力）、创新（第一动力）和人才（第一资源）的重要结合点。我国高等教育发展方向要同我国发展的现实目标和未来方向紧密联系在一起，为人民服务，为中国共产党治国理政服务，为巩固和发展中国特色社会主义制度服务，为改革开放和社会主义现代化建设服务。如何稳步地从高等教育大国迈向高等教育强国，党和政府十分重视。通过多年的高等教育改革发展，我国高等教育事业取得了巨大成就，但是也面临诸多矛盾和问题，这就需要健全促进高等教育内涵发展的体制机制。

针对学生关键能力培养不足、学生个性化教育缺失、校企合作不顺等问题，强调要创新人才培养机制。一是高等学校要把人才培养作为中心工作，全面提高人才培养能力，强调研究生的教育改革，注重学术性研究生的专业素养和创新能力培养，注重应用型研究生的创新能力和实践能力培养。二是不同类型的高等学校要探索适应自身特点的培养模式，要为国家经济社会发展服务，要承担重大科研项目任务，着重培养适应社会需要的创新型、复合型、应用型人才。三是要把创新创业教育贯穿人才培养全过程，建立健全学科专业动态调整机制，使学科与就业、创业对接，推动高校形成就业与招生计划、人才培养联动的机制，完善“教育-实践”体系，加强教材和实训基地建设，完善学分制，实施灵活的学习制度，鼓励教师创新教学方法，促进协同培养人才制度化。

针对科研成果转化能力不足、哲学社会科研支持力度不够、科研成果评价重量轻质等问题，强调要深化科研体制改革，坚持以高水平的科研支撑高质量的人才培养。一是加大基础研究支持力度，扩大各大高校基础科研费用数额，培养创新型人才，搭建创新平台，鼓励有组织的科研活动，建设有能力的科研创新队伍，实现研究成果的价值转化，使高校研究成果与经济社会发展的需要对接。二是加大哲学社会科学研究支持力度，完善中国特色哲学社会科学学科体系、学术体系、话语体系，构建中国特色的学术标准和学术评价体系，完善服务发展能力，鼓励高校选派科研人员研究社会问题，为中国发展献计献策，加强高等学校的智库建设，推进高等学校开展前瞻性、政策性研究，积极参与决策咨询。三是全面推进科研评价机制改革，建立问题导向、符合实际、服务社会和规范驱动等多元评价标准，注重科技创新质量和实际贡献，同时也要加强学术道德建设，真正做到德才兼修。

针对高等教育自主性差、管理方式落后、同质化倾向严重等问题，强调完善依法自主办学机制。一是依法落实高等学校办学自主权，完善中国特色现代大学制度，政府将该放的权力真正下放给高校，落实高校在教育经费使用、职称评定、课题申报、课程设置等多方面的自主权，为高校自主办学提供内在的动力支持；坚持和完善党委领导下的校长负责制，发挥党委领导核心作用；健全高校二级院系党政共同负责制，形成集体领导、党政分工合作、协调运行的工作机制。二是改进高等教育管理方式，深化“放管服”改革，加大协同推进力度，把属于学校自主发展的权力还给学校，明确和保障学校的自主权利，学校自主办学、自主决策、自主管理、自主承担相应的责任和义务。三是研究制定高等学校分类设置标准，制定分类管理办法，促进高等学校学科专业结构优化，大力扶持新兴交叉学科专业，努力办好特色学科专业，逐步形成与经济社会发展相适应的学科专业动态调节机制，统筹推进世界一流大学和一流学科建设，提升我国高等教育综合实力和国际竞争力，培养一流人才，产出一流成果。

4. 深化教育保障体制机制改革

新形势下，改革开放和社会主义现代化建设对教育和学习提出了新的更高要求。面对教师队伍建设不健全、教育投入不足、教育标准、评价、监督体系不完善等问题，改革教育保障体制机制迫在眉睫。具体而言，就是要通过运用现代治理方式，优化教育管理，实现教育部门综合配套机制的完善，达到深化教育领域“放管服”的改革。在深化教育保障体制机制方面，要重点创新教师管理制度，保障广大教师的合法权益，并不断完善教育投入机制，健全教育宏观管理体制。具体表现在以下几个方面：

创新教师管理制度。一是要健全师德建设长效机制。实施教师教育振兴行动计划，加强教师职业理想、职业道德教育培养，构建覆盖各级各类教育的师德建设制度体系，建立教师国家荣誉制度，把师德考核纳入教师的选拔任用中，大力弘扬尊师重教的社会风尚，努力提高教师政治地位、社会地位、职业地位。二是要改进各级各类教师管理机制。创新编制管理模式，落实幼儿园教职工配备标准，严格中小学教师资格准入，健全职业院校的双师型教师管理制度，深化高等学校教师管理制度改革，改进特殊教育学校教师管理制度。三是要切实提高教师待遇。完善中小学教师绩效工资制度，改进绩效考核办法，使绩效工资充分体现教师的工作量和实际业绩，确保教师平均工资水平不低于当地公务员平均工资水平；扩大高校收入分配自主权，在核定的绩效工资总量内，高校自主决定本单位绩效工资分配形式和分配办法；完善特殊教育教师工资保障机制和职业院校内部收入分配激励机制；落实艰苦边远地区津贴、乡镇工作补贴，依据艰苦边远程度实行差别化补助。

健全教育投入机制。一是要完善财政投入机制。合理划分教育领域财政事权和支出责任，保证国家财政性教育经费支出占国内生产总值比例一般不低于4%，确保一般公共预算教育支出逐年只增不减，各地应结合各地教育的实际标准需求，逐步健全各级教育预算拨款制度和投入机制。[①] 国家财政性教育经费使用，坚持向老少边穷地区倾斜，向家庭经济困难学生倾斜，向薄弱环节、关键领域倾斜。二是要完善教育转移支付制度。合理安排一般性转移支付和专项转移支付，加大省级统筹力度。对各种经费加强监管、保障安全、提高效率。三是要丰富多元化的学生资助体系，完善国家奖学金、助学金政策，提高资助精准度，实现国家资助、学校奖助、社会捐助、学生自助“四位一体”的发展型资助体系。

健全教育宏观管理体制。一是要完善教育标准体系，研究制定从学前教育到高等教育各学段的人才培养教育标准，完善学校办学条件标准。二是要建立健全教育评价制度。由于教育评估多是政府部门自上而下推动的结果，作为教育评估的主体之一的第三方评估组织，普遍存在自治化水平不高、公信力不足等问题。[②] 这就要求建立贯通大中小幼的教育质量监测评价制度，建立标准完善、目标准确、主体多元、能力自主、学段完整的教育质量评价体系，构建政府、学校、社会等多元参与的评价体系，建立健全教育督导部门统一负责的教育评估监测机制，发挥专业机构和社会组织作用，增强评价的专业性、独立性和客观性。三是要完善教育督导体制，促进教育督导机构独立行使职能，落实督导评估、检查验收、质量监测的法定职责，建立健全教育督导制度，

① 关于深化教育体制机制改革的意见.（2017－09－24）[2020－11－08]. http://www.gov.cn/xinwen/2017－09/24/content_5227267.htm.

② 漆玲玲.美国高等教育质量第三方评估模式及其启示.教育探索，2014（7）.

提高教育督导水平，加强对政府和学校规范办学的监督，提升依法履职能力。四是要完善教育立法和实施机制，加强教育信息的透明度，提高服务部门的效能，提升教育法治化水平。

教育是国之大计、党之大计。中国教育未来的改革攻坚任重道远，我国教育正面临新的形势和任务，最根本的就要在以习近平同志为核心的党中央坚强领导下，牢牢把握教育改革发展的“九个坚持”，系统深化育人方式、办学模式、管理体制、保障机制等方面的改革，对接现实、提高效率、实现公平、促进人的全面发展。逢山开路，遇水架桥，只要不断推进教育体制机制改革，我们就一定能在加快推进教育现代化、建设教育强国、办好人民满意的教育上不断取得更大的成就。

参考文献

著作类

马克思，恩格斯．马克思恩格斯全集：第40卷．北京：人民出版社，1982.

马克思，恩格斯．马克思恩格斯文集：第10卷．北京：人民出版社，2009.

马克思，恩格斯．马克思恩格斯选集：第3卷．3版．北京：人民出版社，2012.

马克思，恩格斯．马克思恩格斯选集：第4卷．3版．北京：人民出版社，2012.

列宁．列宁选集：第2卷．3版修订版．北京：人民出版社，2012.

毛泽东．毛泽东选集：第1卷．2版．北京：人民出版社，1991.

邓小平．邓小平文选：第3卷．北京：人民出版社，1993.

江泽民．江泽民文选：第1卷．北京：人民出版社，2006.

江泽民．全面建设小康社会 开创中国特色社会主义事业新局面：在中国共产党第十六次全国代表大会上的报告．北京：人民出版社，2002.

习近平．出席第三届核安全峰会并访问欧洲四国和联合国教科文组织总部、欧盟总部时的演讲．北京：人民出版社，2014.

习近平．决胜全面建成小康社会 夺取新时代中国特色社会主义伟大胜利：在中国共产党第十九次全国代表大会上的报告．北京：人民出版社，2017.

习近平．青年要自觉践行社会主义核心价值观：在北京大学师生座谈会上的讲话．北京：人民出版社，2014.

习近平．习近平谈治国理政：第1卷．2版．北京：外文出版社，2018.

习近平．习近平谈治国理政：第2卷．北京：外文出版社，2017.

习近平．习近平谈治国理政．北京：外文出版社，2014.

习近平．在庆祝改革开放40周年大会上的讲话．北京：人民出版社，2018.

习近平．在深入推动长江经济带发展座谈会上的讲话．北京：人民出版社，2018.

习近平．在中国科学院第十九次院士大会、中国工程院第十四次院士大会上的讲话［N］．北京：人民出版社，2018.

习近平．之江新语．杭州：浙江人民出版社，2007.

本书编写组．习近平总书记教育重要论述讲义．北京：高等教育出版社，2020.

关于教育体制改革的文件．北京：人民出版社，1985.

关于深化新时代学校思想政治理论课改革创新的若干意见．北京：人民出版社，2019.

国家中长期教育改革和发展规划纲要（2010—2020年）．北京：人民出版社，2010.

柯林伍德．柯林伍德自传．陈静，译．北京：北京大学出版社，2005.

李玲，郑家福．教育体制综合改革发展报告．北京：高等教育出版社，2017.

联合国教科文组织．反思教育：向“全球共同利益”的理念转变?．北京：教育科学出版社，2015.

申素平，等．从法制到法治：教育法治建设之路．上海：华东师范大学出版社，2018.

石伟平．中国教育改革 40 年：职业教育．北京：科学出版社，2020.

王伟光．社会主义通史：第 8 卷．北京：人民出版社，2011.

薛二勇．中国教育改革回溯与前瞻．武汉：湖北教育出版社，2018.

杨东平．2020：中国教育改革方略．北京：人民出版社，2010.

杨东平．我国教育改革与发展 30 年//邹东涛．发展和改革蓝皮书：中国经济发展和体制改革报告 No.1．北京：社会科学文献出版社，2008.

杨颖秀．教育法学．4 版．北京：中国人民大学出版社，2019.

湛中乐．高校行政权力与学术权力运行机制研究．北京：北京大学出版社，2018.

张卓玉．第二次教育革命是否可能：人本主义的回答．北京：商务印书馆，2009.

中共中央关于构建社会主义和谐社会若干重大问题的决定．北京：人民出版社，2006.

中共中央关于坚持和完善中国特色社会主义制度 推进国家治理体系和治理能力现代化若干重大问题的决定．北京：人民出版社，2019.

中共中央关于全面深化改革若干重大问题的决定. 北京：人民出版社，2013.

中共中央文献研究室．邓小平思想年谱（1975—1997）. 北京：中央文献出版社，1998.

中共中央文献研究室．十八大以来重要文献选编：上. 北京：中央文献出版社，2014.

中共中央文献研究室．习近平关于全面建成小康社会论述摘编. 北京：中央文献出版社，2016.

中共中央文献研究室．习近平关于全面深化改革论述摘编. 北京：中央文献出版社，2014.

中共中央文献研究室．习近平关于社会主义社会建设论述摘编．北京：中央文献出版社，2017.

中共中央宣传部．习近平新时代中国特色社会主义思想学习纲要. 北京：学习出版社，2019.

中华人民共和国教育法律法规全书. 北京：中国法制出版社，2019.

周光礼，周祥．教育与未来：中国教育改革之路. 北京：中国人民大学出版社，2016.

朱旭东．中国教育改革开放 40 年（十二卷）. 北京：北京师范大学出版社，2019.

文章类

胡锦涛．在全国教育工作会议上的讲话. 人民日报，2010－09－09（2）.

习近平．关于坚持和发展中国特色社会主义的几个问题. 求是，2019（7）.

习近平．关于《中共中央关于全面深化改革若干重大问题的决定》的说明．人民日报，2013－11－16（1）.

习近平致首届清华大学苏世民书院开学典礼的贺信．人民日报，2016－09－11（1）.

习近平．决胜全面建成小康社会 夺取新时代中国特色社会主义伟大胜利：在中国共产党第十九次全国代表大会上的报告．人民日报，2017－10－28（1）.

习近平．谋求持久发展 共筑亚太梦想：在亚太经合组织工商领导人峰会开幕式上的演讲．人民日报，2014－11－10（2）.

习近平致国际教育信息化大会的贺信．人民日报，2015－05－24（1）.

习近平．在北京大学师生座谈会上的讲话．人民日报，2018－05－02（2）.

习近平．在庆祝改革开放40周年大会上的讲话．人民日报，2018－12－19（2）.

习近平．在庆祝中国共产党成立95周年大会上的讲话．人民日报，2016－07－02（2）.

习近平．在学习《胡锦涛文选》报告会上的讲话．人民日报，2016－09－30（2）.

习近平．做党和人民满意的好老师：同北京师范大学师生代表座谈时的讲话．人民日报，2014－09－10（1）.

习近平主持召开学校思想政治理论课教师座谈会强调 用新时代中国特色社会主义思想铸魂育人 贯彻党的教育方针落实立德树人根本任务．人民日报，2019－03－19（1）.

习近平主席在联合国“教育第一”全球倡议行动一周年纪念

活动上发表视频贺词. 人民日报，2013－09－27（3）.

孙春兰．深入学习贯彻习近平总书记关于教育的重要论述，奋力开创新时代教育工作新局面. 人民教育，2018（20）.

人民日报社论：办好人民满意的教育. 人民网，2018－09－12.

大力推进教育体制改革创新：论学习贯彻习近平总书记全国教育大会重要讲话．人民日报，2018－09－17（2）.

坚持党对教育事业的全面领导：论学习贯彻习近平总书记全国教育大会重要讲话. 人民日报，2018－09－18（2）.

努力培养担当民族复兴大任的时代新人：论学习贯彻习近平总书记在教育文化卫生体育领域专家代表座谈会上重要讲话. 人民日报，2020－09－24（1）.

坚持中国特色社会主义教育发展道路 培养德智体美劳全面发展的社会主义建设者和接班人. 人民日报，2018－09－11（1）.

清华大学苏世民学者项目启动仪式在京举行. 人民日报，2013－04－22（1）.

庆祝改革开放40周年大会在京隆重举行. 人民日报，2018－12－19（1）.

万玉凤，董鲁皖龙．中国教育的发展动力：庆祝改革开放40年系列述评·深化改革篇. 中国教育报，2018－12－10（1）.

杨明．全面深化改革的马克思主义意蕴. 红旗文稿，2018（18）.

杨小微，金哲，胡雅静．从移植到探新 中国教育改革实验40年. 中国教育报，2018－06－07（6）.

中共中央、国务院印发《中国教育现代化2035》. 人民教育，2019（5）.

JONES J B，FLINT L J. The creative imperative：school librarians and teachers cultivating curiosity together. Santa Barbara：Libraries Unlimited，2013.

RENZULLI J S. What makes a problem real：stalking the illusive meaning of qualitative differences in gifted education. Gifted child quarterly，1982，26 (4).

电子资源类

陈宝生．我国现在教育总体水平已经跃居世界中上行列［R/OL］(2019 - 09 - 26)［2020 - 11 - 08］. http：//www.moe.gov.cn/jyb_xwfb/xw_zt/moe_357/jyzt_2019n/2019_zt24/fbh/fbhmtbd/201909/t20190926_401188.html.

2019 年全国教育事业发展统计公报［R/OL］. (2020 - 05 - 20)［2020 - 11 - 08］. http：//www.moe.gov.cn/jyb_sjzl/sjzl_fztjgb/202005/t20200520_456751.html.

完善中华优秀传统文化教育指导纲要［2014］3 号［A/OL］. (2014 - 03 - 28)［2020 - 11 - 08］. http：//www.moe.gov.cn/srcsite/A13/s7061/201403/t20140328_166543.html.

国务院关于印发统筹推进世界一流大学和一流学科建设总体方案的通知. (2015 - 11 - 05)［2020 - 11 - 07］. http：//www.moe.gov.cn/jyb_xxgk/moe_1777/moe_1778/201511/t20151105_217823.html.

绘制新时代加快推进教育现代化建设教育强国的宏伟蓝图：教育部负责人就《中国教育现代化 2035》和《加快推进教育现代化实施方案（2018—2022 年）》答记者问. (2019 - 02 - 23)［2020 - 11 - 07］. http：//www.moe.gov.cn/jyb_xwfb/s271/201902/t20190223_370865.html.

教育部．中共中央办公厅、国务院办公厅印发《加快推进教育现代化实施方案（2018—2022 年）》.（2019－02－23）[2020－11－17]. http：//www. moe. gov. cn/jyb_xwfb/s6052/moe_838/201902/t20190223_370859. html.

袁贵仁．在 2013 年全国教育工作会议上的讲话.（2013－01－24）[2020－11－07]. http：//www. moe. gov. cn/publicfiles/business/htmlfiles/moe/moe_176/201301/147151. html.

中共中央关于教育体制改革的决定.[2020－11－07]. http：//www. moe. gov. cn/jyb_sjzl/moe_177/tnull_2482. html.

中共中央、国务院印发《中国教育现代化 2035》.（2019－02－23）[2020－11－07]. http：//www. gov. cn/xinwen/2019－02/23/content_5367987. htm.

中共中央办公厅、国务院办公厅印发《关于做好新时期教育对外开放工作的若干意见》.（2016－04－29）[2020－11－07]. http：//www. gov. cn/home/2016－04/29/content_5069311. htm.

后　记

《坚持深化教育改革创新》是中国教育报刊社《中国高等教育》期刊与中国人民大学教育学院组织编写的“新时代马克思主义教育理论创新与发展研究”丛书之一。本书以习近平新时代中国特色社会主义思想为统领，紧紧围绕习近平总书记关于教育的重要论述，以习近平总书记在全国教育大会上提出“九个坚持”中的“坚持深化教育改革创新”为主要内容，系统研究、深刻阐释习近平总书记关于教育的新思想新观点新战略。

本书由西南政法大学党委书记樊伟教授领衔，文学平、刘云生、王志、王丽萍、曹为共同撰写，具体为：前言由樊伟教授撰写，“改革是教育事业发展的根本动力”由西南政法大学文学平教授撰写，“更加注重教育改革的系统性、整体性、协同性”由重庆市教育评估院院长刘云生研究员撰写，“运用法治思维和法治方式深化教育领域综合改革”由西南政法大学王志博士撰写，“及时研究解决教育改革发展的重大问题和群众关心的热点问题”由重庆师范大学王丽萍副研究员撰写，“全面深化教育体制机制改革”由西南政法大学曹为副教授撰写。本书在写作、出版过程中得到了中国人民大学靳诺书记的支持和帮助，中国教育报刊社《中国高等教育》总编辑唐景莉对本书的策划给予了全程指导，中国人民大学教育学院和中国人民大学出版社多次组织专题研究，中国人民大学出版社王雪颖编辑对书稿提出了宝贵修改意见，对著作出版给予了关心；在本书写作过程当中，我们参考了众多专家的研究成果，由于篇幅的限制，有可能在注释当中未能标明。在此一并致谢。

习近平总书记关于教育的重要论述内涵丰富，同时在不断丰富和发展。本书在写作过程中难免会存在不足之处，欢迎广大读者提出宝贵的意见和建议。

2020 年初冬

图书在版编目（CIP）数据

坚持深化教育改革创新/樊伟等著．--北京：中国人民大学出版社，2021.10

（新时代马克思主义教育理论创新与发展研究丛书/靳诺总主编）

ISBN 978-7-300-29766-8

Ⅰ.①坚…　Ⅱ.①樊…　Ⅲ.①教育改革-研究-中国　Ⅳ.①G521

中国版本图书馆 CIP 数据核字（2021）第 160897 号

国家出版基金项目
新时代马克思主义教育理论创新与发展研究丛书
总主编　靳　诺
执行主编　翟　博　张　剑
坚持深化教育改革创新
樊　伟等　著
Jianchi Shenhua Jiaoyu Gaige Chuangxin

出版发行	中国人民大学出版社		
社　　址	北京中关村大街 31 号	**邮政编码**	100080
电　　话	010－62511242（总编室）		010－62511770（质管部）
	010－82501766（邮购部）		010－62514148（门市部）
	010－62515195（发行公司）		010－62515275（盗版举报）
网　　址	http://www.crup.com.cn		
经　　销	新华书店		
印　　刷	涿州市星河印刷有限公司		
规　　格	170 mm×240 mm　16 开本	**版　　次**	2021 年 10 月第 1 版
印　　张	17.25 插页 2	**印　　次**	2021 年 10 月第 1 次印刷
字　　数	194 000	**定　　价**	68.00 元